Inhalt

W0341233

Vorwort

Das vorliegende Buch ist aus Vorlesungen hervorgegangen, die wir an den Universitäten Bamberg und Regensburg gehalten haben; es richtet sich, der Reihe UNI-Wissen entsprechend, in erster Linie an Studierende des Faches Hispanistik. Unser Ziel ist es, einen kompakten Überblick über die Geschichte des europäischen Spanisch von den Anfängen bis zur Gegenwart zu geben; dabei liegt der Schwerpunkt auf der externen Sprachgeschichte, die interne Entwicklung der Phonologie, der Morphologie, der Syntax und des Wortschatzes wird nur in Auswahl behandelt. Die Geschichte des lateinamerikanischen Spanisch bleibt bis auf wenige Hinweise ausgeklammert.

Eine spanische Sprachgeschichte in deutscher Sprache fehlt bislang. Natürlich gibt es eine Reihe von auf Spanisch verfassten Sprachgeschichten: Zu nennen sind hier neben dem Standardwerk von Rafael Lapesa, der *Historia de la lengua española,* z. B. die Werke von Coloma Lleal (1990) und von Cano Aguilar (1992), deren Lektüre unserer Erfahrung nach jedoch vielen Studierenden im Grundstudium schwer fällt. Die *Einführung in die Sprachgeschichte der Iberischen Halbinsel* von Antonio Tovar (^{3}1989) hat lediglich die Herausbildung der Sprachräume auf der Pyrenäenhalbinsel zum Gegenstand, nicht aber die eigentliche Geschichte der spanischen Sprache. Wir haben uns daher entschlossen, den genannten Büchern eine weitere Sprachgeschichte an die Seite zu stellen, die sich sowohl als Begleitlektüre für sprachgeschichtliche Veranstaltungen als auch zum Selbststudium eignet. Dabei waren uns die kurzen sprachgeschichtlichen Überblicke in den Werken *Die spanische Sprache* (^{2}1995) von Berschin / Fernandez / Sevilla, *Einführung in die spanische Sprachwissenschaft* (^{2}1993) von Dietrich / Geckeler und *Gesprochene Sprache in der Romania* (1990) von Koch / Oesterreicher eine wertvolle Hilfe.

Die Vorgabe, die 2000jährige Geschichte der spanischen Sprache auf weniger als 200 Seiten zu komprimieren, führt zwangläufig dazu, dass wir auf vieles verzichten mussten und einzelne Aspekte nicht in der wünschenswerten Weise vertiefen konnten. Wir möchten jedoch den Studierenden mit diesem Buch vor allem eine erste Orientierung ermöglichen und hoffen, dass die ausführliche Bibliographie zu einer weiterführenden Beschäftigung mit einzelnen Themenbereichen einlädt.

Zu herzlichem Dank verpflichtet sind wir Prof. Dr. Jürgen Lang (Erlangen), Dr. Josef Felixberger (Regensburg), Dr. Julia Mitko (Regensburg) und Dr. Monika Sokol (Bayreuth), die den Text kritisch gelesen und kommentiert haben. Ferner danken wir Karolin Heil M. A. und Dr. Ulrike Scholz, die sich mit großem Engagement der Erstellung und Bearbeitung des Manuskripts gewidmet haben.

Annegret Bollée und Ingrid Neumann-Holzschuh
im November 2002

Einführung

1 Das Spanische in der Romania

Romania

Das Spanische gehört zur Familie der romanischen Sprachen, die sich im ehemaligen Römischen Reich aus dem gesprochenen Latein entwickelt haben. Die sog. Romania wird in folgende Sprachen untergliedert: Rumänisch, Dalmatisch[1], Italienisch, Sardisch, Rätoromanisch, Französisch, Okzitanisch, Katalanisch, Spanisch und Portugiesisch. Aufgrund sprachlicher Merkmale lassen sie sich der Ost- oder Westromania zuordnen, deren Grenze über den Apenninen-Kamm verläuft: zur Ostromania gehören das Rumänische, das Dalmatische und das Italienische mit den Dialekten Mittel- und Süditaliens, zur Westromania die Dialekte Oberitaliens, das Rätoromanische, die Sprachen der Galloromania (Französisch, Okzitanisch) und der Iberoromania (Katalanisch, Spanisch, Portugiesisch). Das Katalanische wird bisweilen auch als eine Art Brücke („lengua puente") zwischen Gallo- und Iberoromania angesehen; das Sardische nimmt eine Sonderstellung ein.

Neue Romania

Durch die europäische Expansion in der Kolonialzeit wurden romanische Sprachen nach Amerika, Afrika und Asien getragen: das Französische nach Nordamerika, in die Karibik und in Teile Afrikas, das Portugiesische nach Brasilien, Afrika (Angola, Mosambik) und Asien (Macao, Osttimor). Das Verbreitungsgebiet des Spanischen umfasst außer dem europäischen Mutterland und den Kanarischen Inseln die ehemaligen Kolonien in Mittel- und Südamerika von Mexiko bis Argentinien mit der Ausnahme Brasiliens[2]. Eine große Rolle spielt das Spanische mittlerweile auch in den Vereinigten Staaten von Nordamerika, ferner dient es in Äquatorial-Guinea als Amtssprache. In Israel und einigen Balkanstaaten sowie in den USA gibt es noch Sprecher des Judenspanischen. Spanische bzw. iberoromanische Kreolsprachen werden auf den Philippinen (Chabacano), in Kolumbien (Palenquero) und auf den Inseln Curaçao, Bonaire und Aruba (Papiamentu) gesprochen (Berschin u. a. 1995:16–37).

---

1 Das Dalmatische, an der Adriaküste um Ragusa (heute Dubrovnik) und auf den vorgelagerten Inseln gesprochen, hat sich in letzten Resten bis Ende des 19. Jhs. auf der Insel Veglia (heute Krk, zu Kroatien gehörig) gehalten.

2 Zum spanischen Staatsgebiet gehören ferner die Städte Ceuta und Melilla in Marokko; Gibraltar wird von Großbritannien verwaltet.

2 Die Periodisierung der spanischen Sprachgeschichte

Ausbau und Überdachung

Die Geschichte der spanischen Sprache im engeren Sinne beginnt im Mittelalter, mit der lateinisch-romanischen Diglossie, dem Beginn der Verschriftung des *romance* und den ältesten Sprachdenkmälern. In der bisherigen Forschung und in den Sprachgeschichten wird sie unterschiedlich in Epochen eingeteilt; häufig findet sich eine Zweiteilun g, die auf Menéndez Pidal zurückgeht, und zwar in eine alte Epoche bis zum 15. Jh. und in die Neuzeit ab dem 16. Jh. (Marcos Marín 1992).

Bei jeder Periodisierung stellt sich natürlich die Frage nach den Kriterien, die man dafür zugrunde legen will: Jahrhunderte, Daten der politischen Geschichte, die Literaturgeschichte, die interne Sprachentwicklung oder Eingriffe durch sprachnormierende Instanzen wie die 1713 gegründete Real Academia Española. Für die Periodisierung der italienischen Sprachgeschichte ist in jüngerer Zeit von Thomas Krefeld (1988) ein Vorschlag gemacht worden, der von neueren Forschungen zu Mündlichkeit und Schriftlichkeit ausgeht und der Einteilung die verschiedenen Phasen des Ausbaus von Schriftsprachen und der Überdachung der Dialekte zugrunde legt. Mit **Sprachausbau** sind die Entwicklung einer Schriftsprache und der allmähliche „Ausbau" der Syntax und des Wortschatzes gemeint, so dass die ausgebaute Sprache für alle kommunikativen Bedürfnisse gerüstet ist. Von **Dachsprache** oder **Überdachung** spricht man, wenn ein Dialekt (im Zuge seines Ausbaus) oder eine Sprache andere Dialekte oder Sprachen als Schriftsprache „überlagert", ohne sie zu verdrängen.

In der Iberoromania würden sich unter diesem Gesichtspunkt vier Perioden begründen lassen:

1. Eine Vorausbauphase reicht von den ersten Sprachdenkmälern bis zur ersten Hälfte des 12. Jhs.;
2. die Ausbauphase beginnt zunächst polyzentrisch ab der zweiten Hälfte des 12. Jhs. und findet für das Kastilische mit der Kodifizierung des *castellano drecho* am Hofe Alfons' des Weisen ihren Abschluss;
3. im 13. Jh. geht die Ausbauperiode über in eine erste Periode der Überdachung, in der das Kastilische sich im Zuge der Reconquista nach Süden ausbreitet und leonesische, aragonesische und mozarabische Dialekte z. T. überdacht, z. T. ganz verdrängt;
4. in der zweiten Überdachungsphase im 16. Jh. hat sich die heutige Sprachlandschaft auf der Halbinsel herausgebildet, das Kastilische ist zum Spanischen und überall dort, wo im spanischen Staat noch andere als kastilische Mundarten gesprochen wurden, zur Dachsprache geworden. Im gleichen Zeitraum verbreitete sich das Spanische in der Neuen Welt (vgl. Koch/Oesterreicher 1990:199–202).

Die Periodisierung in diesem Buch folgt einem Vorschlag von Rolf Eberenz (1991), der ähnlich wie für das Französische, Englische und Deutsche auch für das Spanische drei Phasen der Sprachgeschichte annimmt: Alt-, Mittel- und Neuspanisch. Der Einteilung von Eberenz liegt die interne Sprachgeschichte, also die Entwicklung des Sprachsystems, zugrunde. Aus dieser Sicht ist das bisher als Einschnitt genommene Jahr 1500, das den Beginn der Neuzeit markiert, ohne jede Bedeutung. Beispielsweise ist keine der großen Veränderungen im lautlichen Bereich bis dahin abgeschlossen, und auch in der Morphosyntax gibt es bis weit ins 16. Jh. hinein eine große Formenvielfalt; die Siglos de Oro sind weit davon entfernt, eine Periode sprachlicher Stabilität zu sein. Vieles konsolidiert sich eigentlich erst im 17. Jh. und seine moderne Form erhält das Spanische erst im 18. Jh.

Interne Sprachgeschichte

Auf der Grundlage der internen Sprachgeschichte lassen sich drei Etappen herausarbeiten (Eberenz 1991:105f.):

- **1200–1450, die „época antigua" (Altspanisch)**, die charakterisiert ist durch „relativa estabilidad de las estructuras esenciales de la lengua escrita, dentro de los moldes creados por la reforma alfonsina";
- **1450–1650, eine „etapa media" (Mittelspanisch)**: „una transformación más rápida y perceptible de los parámetros fonológicos y morfosintácticos"[3];
- **1650 bis heute (Neuspanisch)**: „un sistema esencialmente estable". Eberenz klammert bei seiner Einteilung sprachexterne Faktoren nicht ganz aus: wichtig sind z. B. die Kodifizierung und Sprachgesetzgebung im weitesten Sinne, vor allem durch Alfons den Weisen und die Real Academia Española.

Alt-, Mittel- und Neuspanisch

3 Grundbegriffe der diachronischen Sprachwissenschaft

Es liegt in der Natur der Sprache, dass sie in mehr oder minder hohem Maße von Variation geprägt ist, denn beim Sprechen entstehen Varianten. Diese können okkasionell sein – Normverstöße, aber auch Versprecher, die man korrigiert – oder sie können üblich werden. Eine Konstellation solcher Varianten, die innerhalb bestimmter geographischer, sozialer und stilistischer Verwendungsgrenzen üblich geworden sind, konstituiert eine Varietät (z. B. einen Dialekt oder einen Soziolekt).

Variation und Varietäten

[3] Das ‚Mittelspanische' ist mit dem Mittelfranzösischen vergleichbar, liegt zeitlich allerdings später, denn das Mittelfranzösische umfasst nach Auffassung der meisten Autoren das 14. und 15. Jh.

Diasystem

Um die Varietäten einer Sprache zu benennen und zu klassifizieren, werden im Allgemeinen drei Dimensionen der Variation unterschieden: die **diatopische**, **diastratische** und **diaphasische**. Die diatopische Variation bezieht sich auf regionale Unterschiede (z. B. Leonesisch, Andalusisch), die diastratische auf Unterschiede, die mit der Zugehörigkeit zu gesellschaftlichen Schichten oder Gruppen zusammenhängen, und die diaphasische auf stilistische Unterschiede. Die diaphasischen Varietäten, z. B. *español coloquial*, werden auch als Register bezeichnet. Die Gesamtheit der diatopischen, diastratischen und diaphasischen Varietäten bildet ein sog. ‚Diasystem'. Im Unterschied zur Struktur der Sprache wird das Gefüge der Varietäten auch **Architektur** genannt (Koch/Oesterreicher 1990:13).

Mündlichkeit – Schriftlichkeit

Zu den drei genannten Dimensionen kommt noch eine weitere hinzu, die für das gesamte Varietätengefüge grundlegend ist: die Unterscheidung zwischen Mündlichkeit und Schriftlichkeit. Dabei ist weiter zu unterscheiden zwischen phonischer und graphischer Realisierung (Medium) einerseits und mündlicher und schriftlicher Konzeption andererseits. Viel wichtiger für die Gestalt eines Textes als das Medium ist die Konzeption, „die den sprachlichen Duktus von Äußerungen betrifft" (Koch/Oesterreicher 1990:5). Zwischen phonischer und graphischer Realisierung besteht eine klare Zweiteilung, es gibt nur die lautliche oder schriftliche Realisierung, nichts dazwischen. Zwischen gesprochener und geschriebener Konzeption ist dagegen nicht scharf zu trennen, d. h. zwischen den Polen Mündlichkeit und Schriftlichkeit besteht ein Kontinuum; es gibt geschriebene Texte, die der Sprechsprache nahestehen, etwa Privatbriefe, und gesprochene, die der Schriftsprache nahestehen, z. B. eine Predigt oder ein Vortrag.

Nähe – Distanz

Die unterschiedlichen Merkmale von konzeptioneller Mündlichkeit und Schriftlichkeit sind bedingt durch unterschiedliche Kommunikationsbedingungen und Versprachlichungsstrategien, die sich aus den außersprachlichen Gegebenheiten des Sprechens oder Schreibens herleiten, z. B. Öffentlichkeit vs. Privatheit, Vertrautheit vs. Fremdheit der Kommunikationspartner, emotionale Beteiligung, physische Nähe vs. Distanz, Spontaneität vs. Reflektiertheit der Kommunikation, geringer vs. hoher Planungsaufwand. Koch/Oesterreicher schlagen vor, ausgehend von den Parametern ‚physische Nähe/Distanz', metaphorisch sämtliche Kommunikationsbedingungen und ihre Kombination mit den Termini ‚kommunikative Nähe' und ‚kommunikative Distanz' zu fassen und entsprechend als ‚Nähesprache' und ‚Distanzsprache' zu bezeichnen (1990:8–12).

Sprache und Dialekt

Zu den diatopischen Varietäten rechnet man, bezogen auf das Spanische, einerseits das regional gefärbte Spanisch (*español regional*), andererseits aber auch Dialekte wie das Leonesische oder Andalusische. Eine Abgrenzung von Sprache und Dialekt allein aufgrund sprachinterner Kriterien ist nicht möglich: systemlinguistisch gesehen haben sich aus dem Latein in der Romania nur Dialekte herausgebildet. Von Sprache im Gegensatz zu Dialekt sprechen Laien und Sprachwissenschaftler unter Rekurs auf soziolinguistische Kriterien. So gesehen kann sich ein Dialekt durch Verschriftung, Ausbau und Kodifizierung, überregionale Verbreitung bzw. Überdachung anderer Dialekte, Entwicklung einer Literatursprache usw. zu einer Sprache entwickeln. Die spanische Staatssprache hat sich aus dem kastilischen Dialekt entwickelt, die italienische aus dem Dialekt der Toskana.

Mit Coseriu (1988) kann man im Hinblick auf die Iberische Halbinsel primäre, sekundäre und tertiäre Dialekte unterscheiden. **Primäre Dialekte** des Spanischen sind das Asturisch-Leonesische, das Kastilische und das Navarro-Aragonesische, die sich geographisch gesehen nebeneinander aus dem Latein entwickelt und im Mittelalter den Aufstieg zur ‚Sprache' begonnen haben. Während das Galicische und Katalanische bereits früh eigene Wege gingen, wurden das Asturisch-Leonesische und das Navarro-Aragonesische seit dem 11./12. Jh. zunehmend vom Kastilischen, das durch die Reconquista an Bedeutung gewann, überdacht. Als **sekundäre Dialekte** des Spanischen werden die Varietäten bezeichnet, die sich aus dem Kastilischen selbst durch dessen Expansion nach Süden herausgebildet haben: das Andalusische, Kanarische und Judenspanische. **Tertiäre Dialekte** nennt Coseriu die Varietäten der Staatssprache (*españoles regionales*), die z. B. in zweisprachigen Regionen wie Katalonien und Galicien gesprochen werden.

Standard

Der Terminus **Standard** kommt aus dem Englischen und ist in der spanischen Linguistik auf gewisse (puristische) Vorbehalte gestoßen; *(lengua) estándar, estandarizar, estandarización* haben sich aber dennoch weitgehend durchgesetzt. Eine Standardsprache wird überregional gebraucht; sie überdacht die Dialekte, ist ein Produkt der Sprachgeschichte und unterliegt weitgehender Normierung. Als Standard gilt die „mündliche und schriftliche Sprachform der sozialen Mittel- bzw. Oberschicht" (Bußmann 1990:732). In Spanien gibt es hinsichtlich der Aussprache zumindest zwei regionale Standards: den nord- und mittelspanischen mit dem Zentrum Madrid und den südlichen mit dem Zentrum Sevilla; wichtige Merkmale des südlichen Standards prägen auch das amerikanische Spanisch (daher spricht man auch von *español atlántico*).

Norm

Hinsichtlich der Norm bzw. Normierung gibt es in der Linguistik verschiedene Konzeptionen.

Die statistische Norm oder Gebrauchsnorm: man stellt fest, welche Varianten die häufigsten sind und rechnet diese der Norm zu. Hierbei handelt es sich um eine **deskriptive Norm**, und eine solche deskriptive Norm kann man jeder Varietät einer Sprache zuordnen: auch die

Dialekte, die Soziolekte oder die familiäre Sprechsprache haben ihre Normen.

Der deskriptiven steht die **präskriptive Norm** gegenüber, die von einer Norminstanz, etwa einer Sprachakademie oder einer Grammatik bzw. einem Wörterbuch, vorgeschrieben wird. Auch eine präskriptive Norm orientiert sich an der sprachlichen Realität, allerdings an einem Sprachgebrauch (*uso*), der als vorbildlich angesehen wird (z. B. Sprache des Hofes oder Sprache der „guten Autoren").

Bilinguismus und Diglossie

Von Zwei- oder Mehrsprachigkeit, Bilinguismus oder Multilinguismus spricht man, wenn ein Individuum über zwei oder mehrere Sprachen verfügt oder wenn in einer Gesellschaft zwei oder mehrere Sprachen gesprochen werden, wie z. B. Katalanisch und Spanisch in Katalonien. Eine Sonderform des Bilinguismus ist die Diglossie, worunter nach Ferguson (1959) das Verhältnis von zwei Varietäten einer Sprache (z. B. Hochdeutsch und Schweizerdeutsch) oder von zwei genetisch verwandten Sprachen (z. B. Französisch und Kreolisch in Haiti) zu verstehen ist, die in einer Gesellschaft in komplementärer Verteilung verwendet werden und zwischen denen ein soziales Gefälle besteht: die „high variety" wird in formalen Redesituationen und in der Schriftlichkeit verwendet (‚Distanzsprache'), in der Schule gelernt, besitzt hohes Prestige und eine kodifizierte Norm; die „low variety" ist informelle Umgangssprache (‚Nähesprache'), wird als Muttersprache erworben, hat wenig oder gar kein Prestige und ist nicht kodifiziert. Andere Forscher haben den Diglossie-Begriff auch auf Konstellationen von Sprachen ausgeweitet, zwischen denen zwar ein Gefälle, aber keine genetische Verwandtschaft besteht, z. B. Spanisch und Baskisch im Baskenland.

Substrat, Superstrat, Adstrat

Für die spezifischen Situationen von Zwei- und Mehrsprachigkeit im Laufe der lateinisch-romanischen Sprachgeschichte sind die Termini ‚Substrat', ‚Superstrat' und ‚Adstrat' geprägt worden. Substratsprachen sind solche, die in Italien und im späteren Imperium Romanum vor der Romanisierung gesprochen und durch das Latein verdrängt wurden. Analog dazu bezeichnete Wartburg als Superstratsprachen die Idiome von späteren Eroberern, vor allem Germanen zur Zeit der Völkerwanderung, die in der Romania einige Jahrhunderte mit dem Latein bzw. dem Protoromanischen koexistierten, sich aber nicht durchsetzen konnten. Die Bezeichnung Adstratsprachen dient für Sprachen, die in geographischer Nachbarschaft mit dem Latein gesprochen und nicht verdrängt wurden, wie z. B. das Griechische und Baskische.[4]

---

[4] Dietrich/Geckeler verwenden außerdem noch den Terminus Kulturadstrat, sofern es sich um Sprachkontakt im Bereich der Schriftlichkeit handelt (2000:112 und 149 ff.).

1 KAPITEL

Vorrömische Substrate und Latein

1 Die vorrömischen Substrate

Nichtindogermanen und Indogermanen

Die Pyrenäenhalbinsel war vor der römischen Eroberung vor allem von vier Volksgruppen besiedelt: den nichtindogermanischen **Iberern** und **Basken** sowie den indogermanischen **Kelten** und **Lusitanern**. Die geographische Verbreitung lässt sich u. a. aufgrund von Orts- und Personennamen rekonstruieren (Untermann 1961, 1980).

Iberer

Herodot bezeugt als Bewohner der Pyrenäenhalbinsel Tartessier, Iberer und Kelten. Mit dem Namen *Iberer*, der sich von *Iberus*, dem antiken Namen des Ebro, herleitet, wurde ein Verbund von Stämmen mit gemeinsamer Kultur bezeichnet, deren Herkunft bisher nicht geklärt werden konnte. Sie bewohnten zwischen dem 6. und 2./1. Jh. v. Chr. verschiedene Regionen in Andalusien, an der Mittelmeerküste und im Nordosten bis in den Süden Frankreichs. Ihre Kultur, gekennzeichnet durch städtische Lebensformen, steinerne Monumentalarchitektur und die Entwicklung einer eigenen Schrift, gründete auf der tartessischen und erlebte im Kontakt mit Phöniziern und Griechen ab dem 7. Jh. v. Chr. einen gewaltigen Aufschwung (*Iberer* 1998).

Tartessos, Turdetaner

Das von den Griechen so genannte Tartessos ist wahrscheinlich mit dem biblischen Tarsis oder Tarschisch zu identifizieren. Im Raum der tartessischen Kultur – im unteren Becken des Guadalquivir und Südportugal – werden von Strabo in der Zeit des Augustus die Turdetaner bezeugt, die er als die weisesten aller Iberer bezeichnet, weil „sie ein Alphabet gebraucht und eine Überlieferung ihrer Geschichte besessen hätten" (Galsterer/Untermann 1998:27). Wahrscheinlich sind sie nicht mit den Iberern verwandt und auch ihre Schrift war nicht die iberische, sondern die südlusitanische (Anderson 1988:3).

Handelskolonien

Die Gründung von Handelskolonien beginnt mit den **Phöniziern**; nach antiken Quellen sollen sie um 1100 v. Chr. Gadir gegründet haben, das heutige Cádiz, dessen Name bei den Römern zu *Gades* wurde und bei den Arabern zu *Quadis*. Diese frühe Gründung wird jedoch durch archäologische Funde nicht bestätigt, erst ab 800 sind Faktoreien für den Handel mit Metallen (Zinn, Silber und Gold) an der Südküste nachweisbar (Harrison 1988:41); intensiver wird die Kolonisierung erst im 7. vorchristlichen Jahrhundert. Die bekanntesten phönizischen Gründungen sind *Málaka* (heute *Málaga*) und *Abdera* (heute *Adra*).

Über die Anfänge der **griechischen Expansion** bis zur Iberischen Halbinsel liegen keine sicheren Zeugnisse vor. Da die Griechen sich im Süden gegenüber den Phöniziern nicht behaupten konnten, griffen sie von ihrer um 600 gegründeten Kolonie *Massalia* (>*Marseille*) nach Westen und Süden aus und gründeten u. a. *Rhode* >*Rosas*/*Roses*, *Emporion* >*Ampurias*/*Empúries* und *Dinianum*, das heutige *Denia* am Cabo de la Nao.

Karthago, im 9. Jh. v. Chr. von den Phöniziern gegründet, trat nach der Zerstörung von Tyros durch die Neubabylonier (573 v. Chr.) auf der Halbinsel das Erbe der Phönizier an. Die Karthager (auch Punier genannt) gründeten Neukarthago (*Cartagena*), das zur Hauptstadt ihrer hispanischen Besitzungen wurde, und *Portus Magonis* >*Mahón* auf der Insel Menorca. Auch der Name *Hispania* ist punischen Ursprungs und bedeutet möglicherweise ‚Land der Kaninchen', ferner *Ebusus* >*Ibiza/Eivissa* ‚Insel der Pinien' oder ‚Insel des Gottes Bes', einer ägyptischen Gottheit, die von den Karthagern verehrt wurde (Lapesa 1981:16).

Iberische Schrift

Die intensive phönizische Kolonisierung nach 700 bewirkte bei den Iberern in weniger als einem Jahrhundert tief greifende kulturelle Veränderungen. Sie entwickelten, wahrscheinlich nach phönizischem und griechischem Vorbild, eine Schrift, die auch für das Keltiberische gebraucht wurde und von der es nördliche und südliche Varianten gibt. Es handelt sich um eine Kombination von Silbenschrift und Alphabetschrift, die erst 1922 von Gómez-Moreno entziffert worden ist. Dies hatte allerdings nicht zur Folge, dass die iberischen Inschriften – z. B. auf den Bleitafeln von Alcoy – auch verständlich wurden; man hat bisher nur Namen identifizieren können. Iberisch sind Ortsnamen mit *Ili-*, z. B. *Ilerda* >*Lérida*, *Ilice* >*Elche*, *Iliberis* >*Elne* (in den Ostpyrenäen) bzw. *Elvira* (bei Granada) (Lapesa 1981:25; Tovar 1989:105).

Basken

Eine vorrömische, ja vorindogermanische Sprache hat sich bis heute erhalten, das Baskische, das in den spanischen *provincias vascongadas*, in der Provinz Navarra und in einigen Gebieten Südwestfrankreichs gesprochen wird. In der Antike war das Verbreitungsgebiet der Basken und der mit ihnen verwandten Aquitanier, die Caesar am Anfang des *Bellum Gallicum* nennt, sicherlich größer, im Norden reichte es bis an die Garonne, im Süden von Navarra bis zum Ebro. In diesem Gebiet kamen die *Vascones*, wie sie von den Römern genannt wurden, in Kontakt mit den Galliern im Norden und im Süden mit den Keltiberern aus dem westlichen sowie den Iberern aus dem östlichen Ebrobecken (Gorrochategui 1995). Die Kontakte führten zu sprachlichem Austausch und somit zu einer Reihe von Übereinstimmungen zwischen dem Baskischen und Iberischen; als Beispiele seien genannt:

- die Endung *-tar*, die im heutigen Baskisch zur Bildung von Ethnika dient (*bilbotar* ‚aus Bilbao') und sich auf iberischen Münzlegenden findet: *Arsetar* ‚aus Arse';

- der Name des Flusses *Ebro*, bei antiken Geographen *Iberus*. Hier besteht ein Zusammenhang mit bask. *ibai* ‚Fluss' und *ibar* ‚Flussmündung, Förde'. Offenbar wurde von ionischen Seeleuten das Appellativum für einen Eigennamen gehalten (Tovar 1989:102 f.).

Diese und andere Parallelen haben Wilhelm von Humboldt und Hugo Schuchardt zu der Auffassung geführt, die beiden Sprachen seien genetisch verwandt. Die Entzifferung der iberischen Schrift hat jedoch den Nachweis ermöglicht, dass diese Annahme falsch ist: unter den fast 1000 aus Inschriften bekannten iberischen Wörtern sind die Übereinstimmungen mit dem Baskischen so wenig zahlreich, dass hierin ein Beweis gegen die angenommene Verwandtschaft oder gar Identität zu sehen ist (Michelena 1968:1416 ff.; Tovar 1989:104). Auch für eine Verwandtschaft mit nordafrikanischen oder kaukasischen Sprachen haben sich keine schlüssigen Beweise finden lassen.

Kelten, Keltiberer

Im Zentrum, im Westen und im Nordosten der Halbinsel lebten Indogermanen; sie sind ab dem 1. Jahrtausend v. Chr. aus Mitteleuropa gekommen und bis nach Portugal und Andalusien vorgedrungen. Im Jahre 445 v. Chr. werden sie von Herodot unter dem Namen *Keltoi* erwähnt. Im Zentrum kamen die Kelten mit der Kultur der Iberer in Kontakt und übernahmen auch deren Schrift; diese Kelten sind bei Polybios, Strabo und Plutarch als *Keltiberes*, bei Livius als *Celtiberi* bezeugt (Lleal 1990:26).

Keltiberisch, Lusitanisch

Nur zwei Sprachen gewinnen deutliche Konturen: das Keltiberische, das in den heutigen Provinzen Burgos, Logroño, Soria und Guadalajara verbreitet war und durch zahlreiche Inschriften und Münzlegenden in iberischer und lateinischer Schrift gut bezeugt ist, und das Lusitanische, das in einem Gebiet des heutigen Portugal zwischen Duero und Tajo gesprochen wurde. Auch die Sprachen anderer Stämme wie die der *Astures, Vetones, Cántabros* und *Carpetanos* rechnet Tovar zum Lusitanischen (1985:229). Die Herkunft der Lusitaner ist ungeklärt, ihre Sprache möglicherweise ein archaischer Zweig des Indogermanischen (Tovar 1989:118 f.).

Ortsnamen

Spuren des Keltiberischen finden sich vor allem in der Toponomastik. Viele keltische Gründungen tragen Namen, in denen die Elemente *briga* (verwandt mit dt. *Berg*) ‚befestigter Ort, Festung' oder *sego, segi* ‚Sieg' (< idg. **segh* ‚Kraft, Sieg') enthalten sind, z. B. *Conimbriga* > *Coimbra, Mundobriga* > *Munébrega, Brigantium, Segontia* > *Sigüenza, Segŏvia* > *Segovia*. Keltische Elemente zur Bildung von Ortsnamen sind: *-dunum* ‚befestigter Ort' (vgl. engl. *town*, dt. *Zaun*), z. B. in *Navardún* (Zaragoza), *Berdún* (Huesca), *Verdú, Salardú* (Lérida), *Bisuldunum* > *Besalú* (Gerona), und *-acum* (Bedeutung: ‚Zugehörigkeit eines Gutes zu einer Person'), das in *Luzaga, Buitrago* und *Sayago* weiterlebt. Keltisch sind ferner die Ortsnamen *Coruña, Évora, Braga* (Lapesa 1981:19 f.).

2 Substrateinflüsse im Spanischen

Sprachkontakt

Die römische Eroberung der Iberischen Halbinsel (*s. Kap. 1.4*) führte nicht zu einem abrupten Sprachwechsel; die vorrömischen Sprachen wurden weiterhin von den Einheimischen gesprochen und geschrieben; es kam noch nach der Eroberung zu einer bedeutenden Blüte der iberischen Schriftkultur. Daneben aber erlernten die vorrömischen Völker – in den verschiedenen Gebieten unterschiedlich rasch und gründlich – die Sprache der Eroberer. Indizien dafür sind u. a. die Verwendung des Lateins für Münzprägungen und die Übernahme römischer Personennamen. Die Dauer des Bilinguismus war von Region zu Region sehr unterschiedlich; sicher ist nur, dass in der Westgotenzeit (ab dem 6. Jh.) die ganze Halbinsel als lateinisch galt und „keine andere Sprache in der Oberschicht und der Verwaltung anerkannt war" (Untermann 1980:4).

Es wird angenommen, dass in den Jahrhunderten der Zweisprachigkeit das Latein im Munde der Iberer, Kelten und Basken anders ausgesprochen wurde als von den Römern selbst. Ob diese andere Aussprache allerdings zu dauerhaften lautlichen Veränderungen geführt hat, ist eine andere Frage. Sicher sind die Substrate ein wichtiger Faktor für die Ausgliederung der romanischen Sprachen gewesen, aber im Einzelnen ist umstritten, welche Merkmale des Spanischen, Katalanischen, Französischen usw. auf das jeweilige Substrat zurückgeführt werden können.

F- > h-

Der Wandel von lat. F- zu h- im Kastilischen ist ein Musterbeispiel für auseinander gehende Meinungen und eine kaum mehr überschaubare Diskussion. Stefenelli rechnet ihn zu den Erscheinungen, für die eine Substraterklärung „bei objektiver Abwägung der Argumente [...] möglich bis wahrscheinlich" erscheint (1996a:80). Es handelt sich um einen Lautwandel, der typisch für das Kastilische ist und sich nicht in den anderen Sprachen der Iberischen Halbinsel findet. In den Graphien altspanischer literarischer Texte ist dieser Lautwandel erst ab dem 14. Jh. sporadisch bezeugt; ab Mitte des 15. Jhs. finden sich zahlreiche Belege, und gleichzeitig beginnt das [h] im Altkastilischen schon zu verstummen: FOLIA > *hoja* > [oχa]. Ein vergleichbarer Lautwandel findet sich auch in der Gaskogne (Südwestfrankreich).

Kontaktbedingter Sprachwandel

Phonetisch wäre ein Übergang von [f] zu [h] ohne weiteres plausibel, doch wird der Grund dafür, dass dieser Lautwandel gerade im Kastilischen und Gaskognischen eingetreten ist, in der Einwirkung des **baskischen Substrats** gesucht. Folgende Argumente können für diese Hypothese angeführt werden:

- Im Baskischen war der Konsonant [f] zur Römerzeit unbekannt, in lateinischen Lehnwörtern wird er durch *h-*, *p-*, *b-* oder ø ersetzt, z. B. FICUS > *iko, biko, piko;*
- der Wandel [f] zu [h] findet sich in zwei an das Baskenland angrenzenden Sprachen.

Gegen die Annahme von Substrateinfluss ist eingewandt worden, dass in den Graphien altspanischer literarischer Texte das *h-* noch nicht auftaucht. Die Forschungen von Menéndez Pidal haben aber ergeben, dass sich Zeugnisse für diesen Lautwandel in nichtliterarischen Dokumenten schon seit dem 9. Jh. finden, und zwar vor allem im Norden Kastiliens und in der Rioja, einem an das Baskische angrenzenden und ursprünglich wohl baskischen Gebiet. Also könnte der Lautwandel schon sehr früh begonnen haben, vielleicht sogar zur Zeit der Romanisierung, die in dieser Gegend relativ spät begann. Andererseits ist zu bedenken, dass das baskische Adstrat auch später noch eine Rolle gespielt haben kann, da Basken in großer Zahl an den ersten Etappen der Reconquista beteiligt waren (*s. S. 54*).

Forschungsdiskussion

Nach Auffassung von Menéndez Pidal bemühten sich die oberen Schichten, den für sie fremden Laut zu lernen, das einfache Volk setzte jedoch an die Stelle des [f] ein [h], das in seiner Sprache vorkam und dem [f] akustisch ähnlich war (*equivalencia acústica*). Über Jahrhunderte hin gab es ein Nebeneinander von zwei Aussprachevarianten, bis sich das [h] in der Literatursprache durchsetzte. Geographisch gesehen breitet sich das *h-* mit der Reconquista nach Süden aus; in der Extremadura und im westlichen Andalusien sowie auch in Santander hat es sich bis heute erhalten, im übrigen kastilischen Sprachgebiet ist es dagegen schon früh geschwunden (Menéndez Pidal 1980:198-233; Lang 1998:111f.).

Neuere Forschungen begegnen der Annahme von Substrateinfluss mit Skepsis und halten einen spontanen Lautwandel für möglich, der von einer Variation der lateinischen Aussprache des Phonems /f/ mit einem Allophon [φ] (> [h]) seinen Ausgang nimmt. Es ist aber auch denkbar, dass eine interne Entwicklung durch den Sprachkontakt verstärkt worden ist: die zweisprachigen Sprecher können die „aspiriertere" Variante des Phonems vorgezogen und zu ihrer Verallgemeinerung beigetragen haben (Lloyd 1987:218–223; Penny 1993:88–91; Pensado 1993; Wright 1996:282f.).

Westromanische Sonorisierung

Die westromanische Sonorisierung der intervokalischen Verschlusslaute -P-, -T-, -K- zu -b-, -d-, -g- ist ein weiteres Beispiel für bis heute kontrovers diskutierten Substrateinfluss; sie wird dem keltischen Substrat zugeschrieben, weil es auch in keltischen Sprachen ähnliche Lenisierungserscheinungen gibt. Aber auch diese Erscheinung, die im übrigen in ihrer Verbreitung bis nach Mittel- und Süditalien über das Siedlungsgebiet der Kelten hinausreicht, ließe sich durch Veränderungen im Latein erklären: die Vereinfachung der u. a. durch Assimilationen sehr häufig gewordenen Doppelkonsonanten (vgl. IPSE > ISSE > sp. *ese*, SEPTEMBRIS > SETTEMBRES > sp. *setiembre*) hätte als Kettenreaktion die Sonorisierung der einfachen Konsonanten nach sich gezogen (Tovar 1982; Penny 1993:74–76; anders Weinrich 1969; *s. S. 36*).

Palatalisierung CT>jt

Auch bei der Palatalisierung von -CT- > [jt] hat möglicherweise keltischer Einfluss lediglich eine lateinische Entwicklungslinie verstärkt (Lloyd 1987:253): NOCTE > pg. *noite*, frz. *nuit*, sp. *noche*, FACTU > pg. *feito*, frz. *fait*, sp. *hecho*. Zur Weiterentwicklung des [jt] zu [tʃ] im Spanischen *s. S. 61*.

Morphologie

Präromanische Suffixe, die in spanischen Wörtern weiterleben, sind *-arro, -orro, -urro*: *buharro* ‚Weihe (Raubvogel), Zwergohreule', *machorro* ‚unfruchtbares Tier', *machorra* ‚unfruchtbares Schaf', *baturro* ‚dickköpfig, bäurisch, bauernschlau'; *-ieco, -ueco*: *morueco* ‚Schafbock'; in Ortsnamen: *Barrueco, Las Batuecas*; *-en/-ena*, insbesondere in Ortsnamen: *Mallén, Mairena, Purchena*; *-iego*: *mujeriego, solariego*; *-asco/-asca*: *nevasca, borrasca*; *-az, -ez, -oz, -uz* in spanischen Personennamen: *Muñoz, Sánchez* usw. (doch ist die Herkunft dieser Endungen sehr umstritten); ein merkwürdiges Suffix mit unbetontem *a* und wechselndem Konsonantismus: *relámpago* ‚Blitz' von *lampo*, *ciénaga* ‚Pfütze; Sumpf, Morast' von *ciena* ‚Schlamm', *cáscara* ‚Schale (Nüsse, Früchte); Rinde' von *casca* ‚Fruchtschale'; ähnlich in vorrömischen Ortsnamen: *Náiara, Támaga, Brácara*, und in Substantiven: *páramo* ‚kahle Hochebene' und *légamo* ‚Schlamm, Morast' (Lapesa 1981: 44–53; Cano Aguilar 1992:22–24).

Substratwörter

Einige vorrömische Wörter sind schon bei lateinischen Autoren als solche zitiert, z. B. *arrugia* (Plinius) ‚unterirdischer Gang', vgl. sp. *arroyo* ‚Bach, Bachbett, Gosse', und *cuniculus* ‚Kaninchen' > *conejo*. Es gibt viele spanische Wörter, die sich nicht auf lateinische Etyma zurückführen lassen und für die man wegen ihres Alters, ihrer festen Verwurzelung in der Sprache und der Dinge, die sie bezeichnen, vorrömischen Ursprung annehmen kann, wenngleich sie sich keinem konkreten Substrat zuschreiben lassen, z. B. *abarca* ‚Bauernschuh aus ungegerbter Rindshaut', *álamo* ‚Pappel', *aliso* ‚Erle', *artiga* ‚Rodung', *ascua* ‚(Kohlen)glut', *barraca* ‚Bauernhütte, Feldhütte, Baracke', *barranco* ‚Steilufer, Steilhang', *barro* ‚Lehm, Schlamm', *bruja* ‚Hexe', *cama* ‚Bett', *charco* ‚Pfütze, Lache', *galápago* ‚Schildkröte', *gándara* ‚Flachland, steiniger Ort', *losa* ‚Steinplatte', *madroño* ‚Erdbeerbaum', *manteca* ‚Butter, Schmalz' usw. (Penny 1993:232 f.; Corominas/Pascual 1980–91).

Baskische Wörter

Baskischer Herkunft sind *vega* ‚Aue, fruchtbare Ebene' < bask. *ibaiko* ‚Ufer', *pizarra* ‚Schiefer(tafel)', *socarrar* ‚(ab)sengen, (an)brennen'. Baskische Wörter sind natürlich auch noch nach der Romanisierung entlehnt worden (= Adstratwörter), z. B. *aquelarre* ‚Lärm', *chaparro* ‚Straucheiche', *boina* ‚Baskenmütze', *laya* ‚Spaten'. Baskischen Ursprungs sind auch die Personennamen *García, Iñigo, Gimeno* und *Sancho* (Corominas/Pascual 1980–91). Verglichen mit den sehr zahlreichen Entlehnungen vom Latein und später vom Romanischen ins Baskische nehmen sich diese lexikalischen Einflüsse recht bescheiden aus (Echenique Elizondo 1987).

Baskische lexikalische Elemente finden sich ferner in Orts- und Personennamen, z. B. *berri* ‚neu', *gorri* ‚rot', *etxe* ‚Haus' (von *Etxeberri* ‚Neuhaus' kommen die Namen *Echeberri, Javier, Javierre*), *uri, iri* ‚Stadt', *aran* ‚Tal' (*Valle d'Arán* bedeutet also eigentlich ‚Taltal') usw. (Lapesa 1981:30; Lleal 1990:26).

Keltische Wörter

Eine Reihe von Bezeichnungen für Pflanzen, Tiere und die bäuerliche Kultur werden dem keltischen Substrat zugeschrieben, z. B. *abedul* ‚Birke', *berro* ‚Kresse', *gancho* ‚Haken', *serna* ‚Feld (Ackerbau)'. Außer diesen Substratwörtern aus dem peninsularen Keltisch gibt es solche, die über den römisch-keltischen Sprachkontakt ins Vulgärlatein gelangt sind und nicht nur in Spanien, sondern in der ganzen Romania weiterleben, z. B. *braga* < BRACA(S) ‚Hose(n)', ein typisch keltisches Kleidungsstück, das die Römer nicht kannten, ebenso *camisa*, ferner *carro* < CARROS, lat. CARRUS ‚vierrädriger Wagen', *legua* und *cerveza* (Tagliavini 1998:100).

3 Die lateinische Basis

1 Schriftlatein und Vulgärlatein

Geschichte des Lateins

Die lateinische Sprachgeschichte wird üblicherweise in folgende Epochen eingeteilt (Wolf/Hupka 1981:1):

- vorliterarisches Latein – von den Anfängen bis zur Mitte des 3. Jhs. v. Chr.,
- Altlatein (vorklassisches Latein) – von der Mitte des 3. Jhs. bis ca. 100 v. Chr.,
- klassisches Latein („Goldene Latinität") – von ca. 100 v. Chr. bis 14 n. Chr. (Tod des Augustus),
- nachklassisches Latein („Silberne Latinität") – von 14 n. Chr. bis 117 (Regierungsantritt Hadrians),
- Spätlatein – vom 2. bis 5. Jh., d. h. bis zum Ende des Imperium Romanum, das 476 erlosch,
- Mittellatein oder Latein des Mittelalters – von ca. 500 bis 1500,
- Neulatein oder Latein der Neuzeit – ab 1500.

Vulgärlatein, Sprechlatein

Die romanischen Sprachen sind nicht aus dem Schriftlatein entstanden, das uns durch die Werke der antiken Autoren gut bekannt ist, sondern aus dem so genannten ‚Vulgärlatein', auch ‚Volkslatein' oder ‚Sprechlatein' genannt. Dies hatten schon italienische Philologen in der Renaissance angenommen (Leonardo Bruni) und in Spanien Bernardo de Aldrete (1606); doch erst durch die Sprachwissenschaft des 19. Jhs. wurde diese Annahme wissenschaftlich bewiesen, u. a. durch die folgenden Fakten:

- Es gibt eine große Zahl von Wörtern des klassischen Lateins, die in den romanischen Sprachen nicht weiterleben, z. B. LOQUI ‚sprechen', EQUUS ‚Pferd', IGNIS ‚Feuer'; an ihre Stelle sind Wörter getreten, die dem klassisch-literarischen Wortschatz nicht zuzurechnen sind: FABULARI ‚plaudern, schwatzen' (> sp. *hablar*), CABALLUS ‚Gaul' (> sp. *caballo*), oder solche, die eine andere Bedeutung hatten: FOCUS ‚Feuerstätte' (> sp. *fuego*). Andererseits gibt es romanische Wörter, die im lateinischen Schrifttum nirgends belegt sind, deren Existenz man aber erschließen kann (markiert mit Asterisk), z. B.

  *ARRIPARE ‚ans Ufer kommen' > kalabr. *arripare* [...], fr. *arriver* (> it. *arrivare*, engad. *arriver*), okz., kat. *arribar* ‚ankommen', sp., pg. *arribar* ‚landen' (*REW* 675).
- Bei lateinischen Autoren wird bereits auf die Existenz eines *sermo quotidianus* (neben dem kultivierten, literarischen *sermo urbanus*), eines *sermo plebeius, sermo vulgaris* (volkstümliches Latein), *sermo rusticus* (dialektales, regionales Latein) hingewiesen. Der Ausdruck *sermo vulgaris* wurde im 19. Jh. als ‚Vulgärlatein' von Hugo Schuchardt in die Romanistik eingeführt und hat sich seitdem fest etabliert. Obwohl er missverständlich ist und immer wieder kritisiert wird, hält man bis heute daran fest.
- Bei einigen Schriftstellern (Plautus, Petron, in Ciceros Briefen), in spätlateinischer Fachliteratur und auf Inschriften (z. B. in Pompeji) finden sich sprechsprachliche Wörter und Formen.

Homogenität vs. Heterogenität

Im Gegensatz zu den Gelehrten des 19. Jhs. glaubt die heutige Forschung nicht mehr an ein einheitliches und homogenes Vulgärlatein, denn „es gibt keine Sprache ohne Sprachvariation" (Coseriu 1978a: 261). Das Latein bildete sicher – so wie die modernen Sprachen – ein Diasystem, und zum ‚Vulgärlatein' im Sinne von ‚Sprechlatein' könnte man gemäß der Terminologie von Koch/Oesterreicher (1990) den gesamten Bereich der lateinischen Nähesprache rechnen: Nähesprache im engeren Sinne – die Sprechsprache, auch der Gebildeten – und Nähesprache im weiteren Sinne, mit diaphasisch und diastratisch niedrig und diatopisch stark markierten Varietäten. Von den meisten Autoren wird der Begriff ‚Vulgärlatein' jedoch eingeengt auf die **niedrig markierten Varietäten**, die gesprochene Sprache der bildungsfernen Schichten (Herman 1975:16).

Diachronie

Ein Sprechlatein hat es natürlich schon gegeben, bevor sich in der Zeit des Altlateins eine Schriftsprache herausbildete. Diese entwickelte sich unter starkem griechischen Einfluss zum ‚Klassischen Latein', der gepflegten Literatursprache, die uns in den Werken von Cicero, Caesar, Vergil oder Horaz entgegentritt. Über das gesprochene und stilistisch anspruchslose geschriebene Latein erhebt sich, bildlich gesprochen, das kultivierte, literarische, rhetorische Latein. Es ist wichtig zu betonen, dass sich nicht das Vulgärlatein aus dem klassischen entwickelt hat, sondern umgekehrt: das Vulgärlatein setzt in ununterbrochener

Kontinuität das Altlatein fort und das klassische hat sich davon entfernt. Es ist in der Romanistik üblich, sich bei der Beschreibung des Vulgärlateins auf die Zeit ab dem 1. Jh. n. Chr. zu konzentrieren, von dem ab die Quellen reicher fließen (Petron, Graffiti von Pompeji). In der Zeit vom 6. bis 8. Jh. kann man anstatt von ‚Vulgärlatein' auch von ‚**Protoromanisch**' oder ‚**Frühromanisch**' sprechen (Wright 1982), und spätestens im 9. Jh., als die ersten schriftlichen Zeugnisse in den Volkssprachen erscheinen und diese als *romances* bezeichnet werden, ist der Terminus ‚Vulgärlatein' nicht mehr sinnvoll (Müller 1996:137 f.).

Literatur

Zum Vulgärlatein und zu den Quellen für seine Erforschung vgl. Herman (1975, 1990, 1996a); Coseriu (1978a); Väänänen (1981, 1983); Durante (1981:21–72); Banniard (1993b); Oesterreicher (1995); Tagliavini (1998).

2 Quellen zur Kenntnis des Vulgärlateins

Bruchstückhafte Überlieferung

Das literarische Latein kennen wir durch die reiche Überlieferung antiker Autoren; demgegenüber ist unsere Kenntnis des Sprechlateins nur sehr bruchstückhaft, und überliefert ist es immer nur als „Gesprochenes im Geschriebenen" (Oesterreicher 1995). Die wichtigsten Quellen zur Erforschung des Vulgärlateins sind:

Lateinische Autoren

Lateinische Autoren, die umgangssprachliche Ausdrücke benutzen:

- Plautus (244–184 v. Chr.) schrieb Komödien, die vom Volk sehr geschätzt wurden; Volkssprache kommt in den Dialogen vor, in denen Leute aus dem Volk auftreten (z. B. *Miles gloriosus*). Dazu kommt, dass sich zu Plautus' Zeit die klassische Literatursprache noch nicht herausgebildet hatte.
- Petron (gest. 66 n. Chr.) schrieb einen realistischen Roman, *Satyricon*, von dem Fragmente erhalten sind, darunter die *Cena Trimalchionis*, in der viele diastratisch niedrig markierte Ausdrücke vorkommen.

Fachliteratur

Fachliteratur aus den Bereichen des Ackerbaus, der Medizin oder der Architektur, z. B. die *Mulomedicina Chironis* aus dem 4. Jh. oder das dem Apicius zugeschriebene Kochbuch. Fachsprachliche Texte haben vor allem nichtliterarisches Vokabular überliefert.

Christliche Autoren

Christliche Autoren (Kirchenväter), die zwar ein stilistisch einwandfreies Latein schreiben konnten, jedoch in Schriften für ein breiteres Publikum ein volkstümliches Latein schrieben, z. B. Tertullian und Augustinus (353–430), von dem der viel zitierte Ausspruch stammt: *Melius est reprehendant nos grammatici quam non intellegant populi* ‚Besser ist es, dass die Grammatiker uns tadeln, als dass das Volk uns nicht versteht' (Tagliavini 1998:162). Hier kann man auch noch das sog. *Itinerarium Egeriae* (oder *Peregrinatio Aetheriae*) *ad loca sancta* nennen, den wohl Ende des 4. Jhs. verfassten Reisebericht einer (möglicherweise spanischen) Nonne, die eine Pilgerfahrt ins Heilige Land unternommen hat.

Bibelübersetzungen

Die ältesten lateinischen Bibelübersetzungen aus dem Griechischen, *Itala* oder *Vetus Latina* genannt, die im 2. Jh. n. Chr. von Autoren mit nicht sehr hohem Bildungsniveau angefertigt wurden. Die *Vulgata*, die Neuübersetzung der Bibel durch Hieronymus (342–420), die viele Vulgarismen der *Itala* übernimmt.

Papyri

Auf Papyrus geschriebene Briefe eines einfachen Soldaten, Claudius Terentianus, der aus Ägypten an seinen Vater schreibt; sie sind kurz nach 115 n. Chr. datierbar und bezeugen ein fortgeschrittenes Stadium der Entwicklung des Sprechlateins (Textprobe bei Durante 1981:32).

Lateinische Grammatiker und Lexikographen

Hier sei nur die *Appendix Probi* genannt, eine Liste von 227 volkstümlichen Wörtern oder Formen, die als Anhang (daher *Appendix*) zu einem Traktat des Grammatikers Probus überliefert ist[5]. Es handelt sich um einen sog. „Antibarbarus", in dem nach der klat. Norm richtige Formen den zu vermeidenden sprechsprachlichen Varianten gegenübergestellt werden:

speculum non speclum	calida non calda
auris non oricla	ansa non asa
tristis non tristus	pauper mulier non paupera mulier

Die „falschen" Formen sind in der Regel die Grundlage romanischer Wörter; nicht AURIS, sondern das Diminutiv ORICLA < AURICULA, mit Monophthongierung des AU und Synkope (*s. u.*), ist das Etymon der romanischen Bezeichnungen für ‚Ohr': it. *orecchio*, frz. *oreille*, sp. *oreja*, pg. *orelha* (zu den übrigen Beispielen *s. S. 26*).

Inschriften

Inschriften, z. B. die Graffiti von Pompeji, die vor dem Ausbruch des Vesuvs im Jahre 79 n. Chr. aufgeschrieben wurden. In ihnen spiegelt sich der Alltag einer Provinzstadt, die Wände bewahrten unter der Asche Späße, Flüche, Trivialitäten usw.; so bezeugen z. B.

Comicius Restitutus cum fratre ***ic*** *[hic] stetit;*
‚Comicius Restitutus stand hier mit dem Bruder'
quisquis amat ***nigra*** *[nigram] nigris carbonibus ardet*
‚wer eine Schwarze liebt, brennt mit schwarzen Kohlen'

das Verstummen des [h] und des auslautenden [m] im Sprechlatein. Ferner sind Tausende von weiteren Inschriften, z. B. Grabinschriften, überall in der Romania erhalten. Sie enthalten nähesprachliche Elemente, weil die Steinmetze oft nicht sehr gebildet waren.

[5] Die vielfach angegebene Datierung der Appendix ins 3. oder 4. Jh. ist umstritten; nach Herman stammt sie möglicherweise aus dem 6. Jh. (1975:34); vgl. Penny 1993:5.

Mittelalterliche Quellen aus der Zeit nach dem Untergang des Römischen Reiches. Zu nennen sind die frühmittelalterliche Geschichtsschreibung (Gregor von Tours, 6. Jh.) sowie Gesetzessammlungen, Urkunden und Formulare, z. B. die *Lex Salica* der Merowingerkönige in Frankreich oder die *Lex Visigothorum* der Westgotenkönige in Spanien.

Mittelalterliche Quellen

Außerdem sind noch lateinische **Glossare** zu erwähnen, etwa die *Reichenauer Glossen*, die gegen Ende des 8. Jhs. in Nordfrankreich entstanden sind. In ihnen werden damals weniger bekannte (klassisch lateinische) Wörter mit bekannteren erklärt, d. h. mit solchen, die in der Volkssprache geläufig waren, z. B.

forum : mercatum > sp. *mercado*
galea : helmus > sp. *yelmo*
emit : comparavit > sp. *compró*
in ore : in bucca > sp. *boca*
semel : una vice > sp. *una vez*

Eine der wichtigsten Quellen für unsere Kenntnis des Vulgärlateins ist die Rekonstruktion aus den romanischen Sprachen durch Vergleich (vgl. *ARRIPARE). Aufschlüsse geben auch die lateinischen Lehnwörter in nichtromanischen Sprachen; so bezeugen die deutschen Wörter *Keller* (< CELLARIUM), *Kiste* (< CISTA) und *Kaiser* (< CAESAR) sowie das baskische *bake* < PACEM ‚Friede', dass *c* vor *e* und *i* als [k] ausgesprochen wurde (Tagliavini 1998:131).

Rekonstruktion aus den romanischen Sprachen durch Vergleich

3 Merkmale des Vulgärlateins

Vokalismus

Das Vokalsystem des klassischen Lateins bestand aus 10 Phonemen: Ī, Ĭ, Ē, Ĕ, Ā, Ă, Ō, Ŏ, Ū, Ŭ. Länge und Kürze der Vokale waren phonologisch distinktiv, d. h. sie ermöglichten Bedeutungsunterscheidungen, z. B.

VĔNIT ‚er kommt'	VĒNIT ‚er kam'
ŎS ‚Knochen'	ŌS ‚Mund'
MĂLUM ‚das Übel'	MĀLUM ‚Apfel'
PŎPULUS ‚Volk'	PŌPULUS ‚Pappel'

Sehr wahrscheinlich bestand schon zur Zeit des klassischen Lateins eine Tendenz, die langen Vokale geschlossen und die kurzen offen auszusprechen (vgl. dt. *Beet : Bett, bieten : bitten*). Nach traditioneller Auffassung wäre es dann zu dem sog. „**Quantitätenkollaps**" gekommen, d. h. zu dem – wie der Ausdruck „Kollaps" suggeriert – gewissermaßen schlagartigen Zusammenbruch der Quantitätsunterscheidung und der ‚Phonologisierung' der Vokalqualität, die dann die Bedeutungsunterscheidungen bewirkt. Es bildeten sich vier verschiedene vulgärlateinische Vokalsysteme mit unterschiedlichem Geltungsbereich heraus; dem spanischen Vokalismus liegt das sog. „italische" System zugrunde:

klassische lateinische Quantität:	ī	ĭ	ē	ĕ	ā	ŏ	ō	ŭ	ū
vulgärlateinische Qualität:	i	e		ɛ	a	ɔ	o		u

Diese Theorie, die die Gründe für den „Quantitätenkollaps" und vieles andere unerklärt lässt, ist von Krefeld (1995, 1999) in Frage gestellt und durch eine plausiblere Rekonstruktion ersetzt worden. Er geht davon aus, dass die Veränderungen des Vokalsystems in mehreren Etappen erfolgten und durch synchrone Variation auf der Ebene des Wortes, den sog. Umlaut (oder Vokalharmonisierung), ausgelöst worden sind[6]. Im Spanischen werden das offene /ɛ/ und das offene /ɔ/ später diphthongiert. Beispiele für den Vokalismus:

VĪTA > *vida*	ACŪTU > *agudo*
PĬLU > *pelo*	CŬPPA > *copa*
PLĒNU > *lleno*	TŌTU > *todo*
MĔTU > *miedo*	RŎTA > *rueda*
MĂNU > *mano*	CĀRU > *caro*

Von den drei Diphthongen des Lateinischen werden zwei monophthongiert: AE > ɛ , OE > e: CAELU > [kɛlo] > *cielo*, POENA > *pena*. AU wird zunächst sporadisch, später im Spanischen generell monophthongiert zu *o*: AURU > *oro*.

Die Unterscheidung zwischen geschlossenem und offenem *e* und *o* betrifft nur die betonten Vokale; bei den unbetonten gibt es nur die 5 Qualitäten *i e a o u*. Unbetonte Vokale in Wörtern, die auf der drittletzten Silbe betont werden (Proparoxytona), tendieren zum Schwund, dies nennt man **Synkope**; sie trat anfänglich besonders in der Nachbarschaft von Liquiden auf (*l* oder *r*), vgl. die schon genannten Belege aus der *Appendix Probi*: *calida non calda, speculum non speclum.*

Konsonantismus

- Schon zur Zeit des klassischen Lateins sind *h* und auslautendes *-m* verstummt; auch *n* vor *s* schwindet, belegt in der *Appendix Probi*: *ansa non asa*, vgl. auch MENSA > sp. *mesa* ‚Tisch'.
- Vor *s impurum* (*s* + Konsonant) ist seit dem 1. Jh. ein **‚prothetisches' *e* oder *i*** belegt, zunächst satzphonetisch nach Konsonant: *illa scola – in iscola*. In der Westromania hat sich das *e-* stabilisiert: SCOLA > sp. *escuela*, SPONSA > sp. *esposa*, und im Spanischen ist die Regel noch heute produktiv, z. B. bei der Integration von Anglizismen (*esnob* ‚Snob').
- Bei den **Labiovelaren *qu* [kw] und *gu* [gw]** besteht schon seit ältester Zeit eine Tendenz zum Schwund des labialen Elements, zuerst vor *o* und *u*, z. B. *equus non ecus* in der *Appendix Probi*. Vor *e*, *i* und *a* ist die Entwicklung in der Romania uneinheitlich, im Spanischen wird [kw] vor *e, i* zu [k] (QUINDECIM > *quince*) und bleibt vor *a* erhalten (QUATTUOR > *cuatro*; im Französischen verstummt das labiale Element auch vor *a*: *quatre*).

[6] Unter Umlaut versteht man die Veränderung von Vokalen durch Einfluss der Vokale in der Folgesilbe, vgl. ahd. *gast*, Pl. *gesti* > nhd. *Gäste*. Das [a] wird durch Einfluss des [i] zu [ɛ] gehoben.

- Im Hiat werden *e* und *i* zu [j], z. B. VINEA > [vinja], FILIA > [filja].
- Charakteristisch für das Vulgärlatein sind zahlreiche **Palatalisierungen**, d. h. Verlagerung der Artikulation an den harten Gaumen in der Nachbarschaft von [i] (Palatalvokal) oder [j]. Es entstehen so Konsonanten, die typisch für die romanischen Sprachen sind, die das Latein aber nicht kannte. Hier nur zwei Beispiele:
- [nj], [lj] werden zu palatalem [ɲ] bzw. [ʎ]

  VINEA > frz. *vigne*, it. *vigna*, sp. *viña*

  FILIA > frz. *fille*, it. *figlia*, sp. [*hiʎa] > [hiʒa] > *hija*
- [k] vor [e, i] > [tʃ] > [ts]

  CENTUM, CIVITATEM > fr. *cent, cité*, it. *cento, città*, sp. *ciento, ciudad*

Die Affrikate [tʃ] (so noch heute im Ital.) wird in Mittelalter assibiliert zu [ts] und im Mittelspanischen zu [θ] weiterentwickelt.

Morphologie

Es kommt zu Vereinfachungen in allen Bereichen – gemeint sind damit vor allem der Abbau von Flexionsformen und Regularisierungen. Außerdem ist eine generelle Tendenz des Sprachwandels zu beobachten: vom **synthetischen Sprachtypus** des Lateins mit Ausdruck syntaktischer Beziehungen (z. B. Subjekt/Objekt) durch morphologische Markierung am Wortstamm (Flexion) zum **analytischen Sprachtypus** der romanischen Sprachen mit Markierung syntaktischer Beziehungen durch Wortstellung oder durch grammatische „Hilfswörter" wie Präpositionen, Pronomina oder Adverbien. Anders ausgedrückt: lateinische Morphologie wird vielfach durch romanische Syntax abgelöst. Damit geht häufig ein Übergang von der **Postdetermination** (Determination durch Endungen, also Abfolge Lexem + Morphem) zur **Prädetermination** (z. B. durch Präpositionen, also Abfolge Morphem + Lexem) einher: PATRI → *al padre*) (Geckeler 1989; Lleal 1990:75 ff.).

Nomina

- Aus den 5 **Deklinationen** des Klat. werden 3 im Vlat., indem die vierte Dekl. in die zweite übergeht (FRUCTUS, -ŪS → FRUCTUS, -I ‚Frucht') und die fünfte in die erste (RABIES → RABIA > sp. *rabia* ‚Wut').
- Das grammatische Genus des **Neutrums** geht allmählich verloren, die entsprechenden Wörter werden im Spanischen (und anderen Sprachen) Maskulina, z. B. VINUM > *vino* ‚Wein'. Allerdings lebt der Plural der Neutra auf *-a* oft als Femininum Singular weiter: FOLIUM, FOLIA > *hoja* ‚Blatt', VOTUM ‚Gelübde', VOTA > *boda* ‚Hochzeit'.
- Die durch Kasus, vor allem durch Genitiv und Dativ markierten Beziehungen werden zunehmend durch Präpositionen ausgedrückt:

  filius regis → *filius de rege, filius ad regem* (sp. *el hijo del rey)*

  dat librum patri → *dat librum ad patrem* (sp. *da el libro al padre)*

Der Verfall des Kasussystems wird dadurch verstärkt, dass durch die lautliche Entwicklung die Endungen teilweise zusammengefallen sind:

AMICŌ, AMICŬM, AMICŌ → [amiko]

PORTĂ, PORTĂM, PORTĀ → [porta]

Eine formale Unterscheidung zwischen Akkusativ und Ablativ Singular war um 150 n. Chr. nicht mehr möglich. Die Entwicklung ging schließlich so weit, dass die ganze lat. Deklination zusammenbrach und nur noch eine Form für den Singular und eine für den Plural übrig blieb, und zwar in aller Regel die des Akkusativs (daher werden diese Formen als Etyma angegeben). Alle syntaktischen Beziehungen mussten jetzt durch **Wortstellung** oder **Präpositionen** ausgedrückt werden.

Das lateinische Kasussystem lebt in keiner romanischen Sprache weiter. Im Altfranzösischen, Altokzitanischen und Rumänischen ist ein Zweikasussystem erhalten, ansonsten gibt es die Kategorie Kasus nur noch bei Pronomina (*le, lo, la* usw.).

Adjektiv

- Adjektive der 3. Dekl. treten häufig in die 1. und 2. Dekl. über, vgl. die oben zitierten Beispiele aus der *Appendix Probi*: *tristis non tristus, pauper mulier non paupera mulier.*
- Die Tendenzen synthetisch → analytisch und Postdetermination → Prädetermination zeigen sich auch bei der Steigerung der Adjektive, die im Klat. mit Endungen erfolgt (*altus – altior – altissimus*), im Vlat. mit *magis* oder *plus*: *altus – magis / plus altus – maxime / plurime altus* (vgl. sp. *más alto*, fr. *plus haut*).

Adverb

Die klat. Adverbialbildung durch die Endungen *-e (longe)* und *-iter (breviter)* wurde abgelöst durch die Periphrase Adjektiv + MENTE: SEVERA MENTE ‚in strengem Sinne, auf strenge Weise'. Mit Ausnahme des Rumänischen finden wir diese Adverbialbildung überall in der Romania, wobei das ursprüngliche Nomen MENTE zum rein grammatischen Morphem, zum Adverbialsuffix geworden ist: sp., pg., it. *severamente*, frz. *sévèrement* usw.

Verbalsystem

Die Deponentien (passivische Formen mit aktivischer Bedeutung) gehen in die aktive Konjugation über (MORI → MORIRE > sp. *morir* ‚sterben', MENTIRI → MENTIRE > sp. *mentir* ‚lügen'), und es kommt häufig zum Wechsel von der 2. zur 3. Konjugation und umgekehrt, z. B. TONDĒRE → TONDĔRE ‚scheren' (vgl. kat. *tondre*), SAPĔRE → SAPĒRE ‚schmecken; wissen' > sp. *saber*.

Die Tendenz synthetisch → analytisch zeigt sich in der Herausbildung folgender vlat. Verbformen:

Futur und Konditional

Das klat. Futur hat sich nirgendwo in der Romania erhalten; es fiel formalen Schwächen, vor allem aber einer Tendenz zu ausdrucksstärkeren Periphrasen mit Modalverben zum Opfer: „ich werde singen" → „ich will, muss, habe zu singen". Im Vlat. gab es mehrere Periphrasen mit „futurhaltigen Modalverben" (Lausberg 1962: § 839; Fleischman 1982), von denen der Typ CANTARE HABEO für die romanischen Sprachen am wichtigsten geworden ist und sich im Französischen, Italienischen, Spanischen und Portugiesischen durchgesetzt hat, vgl. sp. *cantar + he > cantaré, cantar + has > cantarás* usw.; diese

Formen werden als synthetisch aufgefasst, analysiert als Infinitiv + Futurendung.

Neben dem Futur mit HABEO ist aus dem Infinitiv + Imperfekt (sp., fr.) oder Perfekt (it.) von HABERE eine neue Tempusform gebildet worden, der Konditional: CANTARE HABEBAM usw. > sp. *cantaría, cantarías* usw.

Perfekt

Neben dem einfachen Perfekt CANTAVI (> sp. *canté* ‚ich sang') entsteht ein neues, periphrastisches (analytisches) Perfekt aus HABERE + Partizip Perfekt Passiv, das perfektische Bedeutung entwickelt: HABEO CANTATUM > sp. *he cantado* ‚ich habe gesungen'. Die Entstehung der neuen Form wurde dadurch ausgelöst, dass das einfache Perfekt nicht mehr die Bedeutung ‚Abgeschlossenheit mit Gegenwartsbezug' (*perfectum praesens*) hatte, sondern nur noch Vorzeitigkeit anzeigte (Aoristbedeutung) (Penny 1993:201). Nach dem Muster des Perfekts entstehen dann weitere zusammengesetzte Tempora. HABEBAM CANTATUM > *había cantado* tritt neben CANTAVERAM > *cantara*, doch hat sich die synthetische Form in der Hispania noch bis zum Siglo de Oro gehalten und ist z. T. noch heute gebräuchlich.

Passiv

Das synthetische Passiv LAUDOR, LAUDARIS usw. lebt in keiner romanischen Sprache weiter. Was jedoch erhalten bleibt, ist das analytische perfektische Passiv LAUDATUS SUM, allerdings mit veränderter Bedeutung. Vlat. LAUDATUS SUM bedeutet nicht mehr ‚ich bin gelobt worden', sondern ‚ich werde gelobt', vgl. sp. *soy invitado* ‚ich werde eingeladen', *soy servido* ‚ich werde bedient' usw. Daneben ist im Spanischen ein resultatives Passiv mit *estar* entstanden und sehr häufig wird das Reflexiv mit Passivbedeutung verwendet (*pasiva refleja*).

Verbalperiphrasen

Eine weitere Neuerung des Vulgärlateins, die auf den Einfluss des griechischen Adstrats zurückgeführt wird (Coseriu 1978b; Dietrich 1998), sind periphrastische Verbformen zum Ausdruck des progressiven Aspekts, die das Klat. nicht kennt: ESSE + Gerundium: EST SCRIBENDO ‚er ist am Schreiben', STARE + Gerundium: STAT SCRIBENDO > sp. *está escribiendo*; ESSE oder STARE + AD + Infinitiv > regionalfr. *il est à écrire*. Nachfolger dieser Periphrasen haben sich in allen romanischen Sprachen (bis auf das Standardfranzösische) durchgesetzt. Im Spanischen gibt es darüber hinaus eine große Anzahl weiterer Verbalperiphrasen (Dietrich 1996; Quesada 1994).

Syntax

Eine häufige Wortstellung des Klat. war SOV [Subjekt – Objekt – Verb], z. B. *Petrus Paulam amat*, doch war das Latein wortstellungstypologisch keine reine SOV-Sprache. Die Texte – auch die ‚klassischen' – weisen ein beträchtliches Maß an Variation auf, häufig hängt die Satzgliedstellung von pragmatischen Faktoren ab. In der Sprechsprache wird in spätlateinischer Zeit die Stellung SVO, also die romanische Wortstellung, immer häufiger (*Petrus amat Paulam*); sie setzt sich aber erst im 6.–8. Jh. durch (Neumann-Holzschuh 1997).

Artikel

Eine der auffälligsten Neuerungen des Vulgärlateins ist die Herausbildung eines bestimmten Artikels. Das Klat. hatte keinen Artikel, im Gegensatz zum Griechischen, daher nimmt man Einfluss des griechischen Adstrats als auslösenden oder wenigstens verstärkenden Faktor an (Dietrich 1998:125). Entstanden ist der vlat. bestimmte Artikel aus den Demonstrativa ILLE und IPSE. Diese verlieren allmählich ihren demonstrativen Wert, wie man schon in spätlateinischen Texten beobachten kann (z. B. in der *Mulomedicina Chironis*). Die Setzung des Artikels erfolgte zunächst aus diskurspragmatischen Gründen zur Sicherung der Textkohärenz oder Betonung wichtiger Nennungen von Personen (Selig 1992).

Wortschatz

Die romanischen Sprachen setzen zwar zu einem großen Teil den traditionellen lateinischen Wortschatz fort, doch es kommt im Vulgärlatein zu einigen Umschichtungen und Neuerungen. Stefenellis Untersuchung des ‚Zentralwortschatzes', d. h. der tausend häufigsten Lexeme des Lateins, ergab, dass davon etwa zwei Drittel weitergeführt werden (allerdings nur etwa 37 % in allen oder der Mehrheit der romanischen Sprachen) und etwa ein Drittel untergehen bzw. ersetzt werden (1992:35). Folgende Tendenzen sind zu beobachten (Lüdtke 1968: 41–53; Stefenelli 1996b:373–379):

Tendenzen

- **Selektion von Synonymen oder bedeutungsähnlichen Wörtern**; von den folgenden Beispielen lebt jeweils nur das zweite weiter:
  AGERE / ACERE > sp. *hacer*, fr. *faire*, it. *fare* ‚tun, machen'
  VIR / HOMO, HOMINEM > sp. *hombre*, fr. *homme*, it. *uomo* ‚Mann, Mensch'
  URBS / CIVITATEM > sp. *ciudad*, fr. *cité*, it. *città* ‚Stadt'
- Ersatz von farblos-neutralen Normalbezeichnungen durch **anschaulich-expressivere Wörter**:
  EDERE ‚essen' → COMEDERE ‚aufessen' (> sp., pg. *comer*), MANDUCARE ‚kauend essen, fressen' (> fr. *manger*)
  FLERE ‚weinen' → PLORARE ‚laut heulen' (> sp. *llorar*), PLANGERE ‚laut trauern und wehklagen' (> it. *piangere*)
  PULCHER ‚schön' → FORMOSUS ‚wohlgeformt' (> sp. *hermoso*), BELLUS ‚hübsch' (> fr. *beau*, it. *bello*)
- Bei der Selektion wirken zumeist inhaltliche und formale Faktoren zusammen, oft haben die bevorzugten Wörter mehr Lautsubstanz (vgl. die Wörter für ‚essen' und ‚weinen') und sind regelmäßiger. Anschaulicher und volllautender sind auch **analytische Umschreibungen**:
  NUNC → HAC HORA > sp. *ahora*, pg. *agora* ‚jetzt'
  HIEMS → HIBERNUM TEMPUS > sp. *invierno*, pg., it. *inverno* ‚Winter'
  sowie bei Verben **Frequentativ- oder Intensivformen** oder **Präfixableitungen**:
  CANERE → CANTARE > sp., pg. *cantar*, fr. *chanter*, it. *cantare* ‚singen'
  DUCERE → CONDUCERE > sp. *conducir*, fr. *conduire*, it. *condurre* ‚führen'

Bei Körperteil- und Tierbezeichnungen sind es oft affektive **Diminutivableitungen**, die das Simplex verdrängen:

AURIS → AURICULA (vgl. *oricla* in der *Appendix Probi*) > sp. *oreja*, fr. *oreille*, it. *orecchio* ‚Ohr'

APIS → APICULA > sp. *abeja*, pg. *abelha*, fr. *abeille* ‚Biene'

- **Bedeutungsveränderungen**, häufig vom konkreten in den abstrakten Bereich:

COMPREHENDERE ‚anfassen, ergreifen' → ‚begreifen, verstehen' > sp., pg. *comprender*, kat., fr. *comprendre*, it. *comprendere*

SAPĔRE (*SAPĒRE) ‚schmecken, riechen' → ‚verstehen, wissen' > sp., kat., pg. *saber*, fr. *savoir*, it. *sapere*

- Häufig besteht spontanlateinische **Kontinuität ab dem Altlatein**, die vom Klat. überdeckt wird, z. B. war FABULARI (> sp. *hablar*) schon im 2. Jh. v. Chr. der übliche Ausdruck für ‚sprechen' (Stefenelli 1992: 17), wurde jedoch von LOQUI überlagert.

4 Die Eroberung und Romanisierung Hispaniens

2. Punischer Krieg

Die Eroberung der Iberischen Halbinsel durch die Römer war eine Folge der Kämpfe gegen Karthago um die Vorherrschaft im westlichen Mittelmeerraum. Nachdem die Karthager im 1. Punischen Krieg Sizilien und Sardinien an die Römer verloren hatten, versuchten sie, durch Eroberungen auf der Iberischen Halbinsel dafür einen Ausgleich zu schaffen; 227 wird Carthago Nova (Cartagena) gegründet. 219 kommt es zu einem Konflikt um die Stadt Sagunt, der den 2. Punischen Krieg auslöst (218–202 v. Chr.). Hannibal, Oberbefehlshaber der Karthager in Spanien, überquert mit seinem Heer die Pyrenäen und die Alpen; auf diese Herausforderung reagieren die Römer mit der Entsendung eines Heeres unter Cn. Scipio, das 218 in Emporion (Ampurias) landet. 217 erringen die Brüder Scipio den ersten Seesieg an der Ebromündung, 209 wird Carthago Nova erobert; 206 erleidet Karthago die entscheidende Niederlage und muss sich aus der Hispania zurückziehen (García y Bellido 1972; Curchin 1991).

Hispania Citerior, Hispania Ulterior

Die Römer hatten ursprünglich keine Eroberung der Halbinsel beabsichtigt, es ging ihnen zunächst nur darum, die Karthager fern zu halten und die Bodenschätze auszubeuten. 197 wurden die beiden Provinzen Hispania Citerior (Tarraconensis) und Hispania Ulterior gegründet. Die Citerior, von Rom aus gesehen diesseits der Straße von Gibraltar, umfasste die Küstengegend von den Pyrenäen bis Almería, die Ulterior das heutige Andalusien. Anfang des 2. Jhs. sind das Ebrobecken und die Baetica (Baetes war der römische Name für den Guadalquivir) unterworfen, noch nicht jedoch die Keltiberer im Landesinneren, die Lusitaner und die Bergvölker im Norden. Die Niederwerfung der Keltiberer endete 133 mit der Einnahme und Zerstörung von Numantia. Die Befriedung des Landesinneren war jedoch erst 82 v. Chr. erreicht und auch nicht von Dauer. Der immer wieder aufflackernde Widerstand verhinderte allerdings nicht die allmähliche Romanisierung (Lleal 1990:31).

Unterwerfung unter Augustus

Im Jahre 61 unternahm Caesar einen Feldzug gegen die Lusitani und Gallaeci und eroberte das Land bis zum Atlantik. Erst im Kantabrischen Krieg (29–19 v. Chr.) unter Augustus gelang jedoch die Unterwerfung auch der letzten Volksstämme im Norden, der Cantabri und Astures, und Hispanien konnte als *provincia pacata* gelten. Während Caesar Gallien in sieben Jahren erobern konnte, zog sich die Eroberung der Pyrenäenhalbinsel über 200 Jahre hin und war für ihre Bewohner wie auch die Römer sehr verlustreich.

Romanisierung und Latinisierung

Die Römer brachten den unterworfenen Gebieten hier wie überall in der Romania die sog. *pax romana*, d. h. die Beendigung von Stammesfehden, eine gut funktionierende Verwaltung und das römische Recht, das zur Grundlage der europäischen Rechtsprechung werden sollte. Außerdem bauten sie Straßen, Häfen, Wasserleitungen und Brücken. Ein im Hinblick auf die Latinisierung[7] besonders wichtiger Faktor war die Urbanisierung, die Gründung von Städten mit Verwaltungsgebäuden, Tempeln, Schulen, Theatern, Arenen und Thermen, in denen den Provinzen die lateinische Sprache und die griechisch-römische Kultur vermittelt wurden. Durch die Romanisierung wurde das gesamte Leben in den Provinzen des Imperium Romanum verändert, von Ackerbau- und Handwerkstechniken über Kleidung, Sitten und Gebräuche, bis zur Organisation der Verwaltung, des Rechts und des Militärs. Auch die römischen Götter wurden übernommen.

Prestige des Lateins

Es sei in diesem Zusammenhang betont, dass die Römer nie eine aktive oder gar gewaltsame Sprachpolitik betrieben haben; sie haben nie versucht, den von ihnen besiegten Völkern ihre Sprache aufzuzwingen. Vielmehr hatten die römische Kultur und die lateinische Sprache in den Augen der unterworfenen Stämme und Völker ein so hohes Prestige, dass diese es als ehrenvoll ansahen, Latein zu lernen. Allerdings gab es in Hispanien auch Widerstände gegen die Romanisierung (Curchin 1991:178–192), und die vorrömischen Sprachen hielten sich im Zentrum und im Norden noch weit bis in die Kaiserzeit. Erst zur Zeit der Westgoten galt die ganze Halbinsel als lateinisch.

Zwei Romanisierungsströme

Die Romanisierung erfolgte – nach einer Hypothese von A. Griera und Harri Meier – in zwei Strömungen, von zwei Gebieten aus: vom Ebrobecken im Nordosten und vom Guadalquivir im Süden, wodurch ein

[7] Mit Berschin u. a. unterscheiden wir zwischen ‚Latinisierung' als der Ausbreitung des Lateins und ‚Romanisierung' als dem „gesamten Akkulturationsvorgang […], in dessen Verlauf die vorrömische Bevölkerung ihre eigene Lebensweise aufgegeben und die römische übernommen hat" (1995:70).

Dualismus entstand, der als Teilfaktor für die Ausgliederung der Sprachen auf der Pyrenäenhalbinsel angesehen werden kann (Meier 1978; Baldinger 1972:104–110). Die Romanisierung der beiden 197 gegründeten Provinzen Hispania Citerior und Hispania Ulterior geschah auch in unterschiedlicher Weise: Die Ulterior mit ihrer vornehmlich städtischen Bevölkerung wurde schneller und gründlicher romanisiert als die Citerior.

Provinz Baetica

Die Provinz Baetica wurde als erste tief greifend romanisiert. Römische Kolonien wurden gegründet: im Jahre 206 Italica (bei Sevilla), Heimat der späteren Kaiser Trajan und Hadrian, 171 Carteya und 169 Córdoba. Der Historiker Strabo, ein Zeitgenosse des Augustus, berichtet, dass die Bewohner der Städte Sitten, Gebräuche und Sprache der Römer angenommen hätten. Die raschen Fortschritte der Romanisierung und Latinisierung lassen sich u. a. an der Übernahme des lateinischen Alphabets für Inschriften und Münzlegenden ablesen (Untermann 1980:8; Lleal 1990:33).

Provinz Citerior

Der zweite Ausgangspunkt der Romanisierung waren das Ebrobecken und die Provinz Citerior. Auch an der Mittelmeerküste und im Ebrotal siedelten sich viele Kolonisten aus Italien an, doch war hier die Romanisierung bis zur Zeitenwende noch nicht sehr tiefgreifend – es fehlte die blühende städtische Kultur des reicheren Südens. Hier wurde noch in der Kaiserzeit das iberische Alphabet verwendet, was ein Festhalten an der vorrömischen Sprache bezeugt, und im 4. Jh. gab es noch Leute, für die das Evangelium in *lingua barbara* gepredigt werden musste (Berschin u. a. 1995:74). Auch die vorrömischen Verwaltungsstrukturen sowie die vorrömischen Personennamen hielten sich im Osten und Nordosten wesentlich länger als im Südwesten. Ein Zeugnis dafür sind Ortsnamen, bei denen römische Personennamen mit einem keltischen Element kombiniert werden: *Augustobriga, Flaviobriga.* Wichtige Städtegründungen im Norden sind *Caesaraugusta* > *Zaragoza, Bracara Augusta* > *Braga* und *Asturica Augusta* > *Astorga.*

Ausdehnung der Provinzen

Im Verlauf des Eroberungsprozesses veränderte sich die Ausdehnung der ursprünglichen Provinzen: von der Citerior, also von Tarragona und Cartagena aus, geraten Aragón und die kastilische Meseta allmählich in den römischen Einflussbereich; von der Ulterior aus wird der Westen der Halbinsel romanisiert, also das heutige Portugal und Westspanien. Zur Zeit ihrer größten Ausdehnung umfasst die Ulterior Andalusien, Portugal und den Westen Spaniens, die Citerior den Rest der Halbinsel. Unter Augustus erfolgt eine neue Provinzeinteilung: aus der Ulterior werden die beiden Provinzen Baetica und Lusitania; die Citerior wird unter Diokletian in drei Provinzen aufgeteilt: Tarraconensis, Carthaginensis, Gallaecia (vgl. die Karte bei Cano Aguilar 1992:27). Im Schnittpunkt der beiden Eroberungsströme liegen die zuletzt eroberten und am spätesten romanisierten Gebiete Galicien,

Asturien und Kantabrien. Seit dem 3. Jh. bilden sie eine selbstständige Provinz mit Namen Gallaecia et Asturica oder Hispania Citerior Nova. Sie müssen auf jeden Fall an der Romanisierungswelle der Ulterior teilgehabt haben (s. u.).

Bedeutung der zwei Romanisierungsströme

Welche Bedeutung diese beiden Romanisierungsströme für die sprachliche Ausgliederung der Pyrenäenhalbinsel gehabt haben, ist aus heutiger Sicht eine offene Frage. Nach Meier und Menéndez Pidal entwickelten die beiden Provinzen unterschiedliche Latinität: die Baetica mit ihrer städtischen Kultur zog in der Regel Römer einer höheren sozialen Schicht an, Beamte und Gebildete, weswegen ihr Latein konservativer und „reiner" war; Schulen müssen für die Ausbreitung des Lateins eine größere Rolle gespielt haben. Im Gegensatz dazu siedelten sich in der Tarraconensis vor allem Soldaten, Händler und Kolonisten aus Süditalien an; sie war offen für die Kommunikation mit Gallien und Italien und durchzogen von Straßen, die die Verbindung nach Rom herstellten (Stefenelli 1996a:79).

Nach Meier und Menéndez Pidal schlägt sich der Dualismus zwischen Citerior und Ulterior in dem heutigen Gegensatz zwischen Katalanisch-Aragonesisch einerseits und Portugiesisch und Asturisch-Leonesisch andererseits nieder, wobei das Kastilische eine Mittelstellung zwischen beiden einnimmt. Folgende sprachliche Merkmale werden u. a. als Beispiele für die konservative Ulterior und die progressive Citerior genannt (Meier 1978:205–208):

- Auslautendes [u] bzw. [o] (z. B. PORTUS > pg. *porto*, sp. *puerto*): Portugal, Galicien und Westspanien haben [-u] bewahrt, die übrigen Gebiete haben [-o] (das im Katalanischen geschwunden ist). Auch im Norden Kastiliens hielt sich lange die Aussprache [-u].
- Die Entwicklung der vulgärlateinischen Diphthonge AI/EI und AU, die in der Ulterior als Diphthonge bewahrt, in der Citerior (kastilisch, aragonesisch, katalanisch) dagegen zu [e] bzw. [o] monophthongiert wurden: MATERIA ‚Stoff; Bau-/Nutzholz' > pg. *madeira*, sp. *madera*; FERRARIUS ‚Schmied' > pg. *ferreiro*, sp. *herrero*, kat. *ferrer*; PAUCUM > pg. *pouco*, sp. *poco*, kat. *poc*; AURUM > pg. *ouro*, sp. *oro*, kat. *or*.

Diskussion

Im Lichte neuerer Forschung kann man nicht mehr annehmen, dass die Ausgliederung der Iberoromania schon in der frühen Kaiserzeit erfolgt ist, somit kann die unterschiedliche Romanisierung dazu nur in begrenztem Umfang beigetragen haben. Nach heute vorherrschender Meinung (Banniard 1993b; Wright 1996) blieb die Einheit des Sprechlateins in der Romania bis zum 7. Jh. weitgehend gewahrt, was allerdings ein beträchtliches Maß an Variation, an einem Nebeneinander zwischen in der schriftsprachlichen Norm verankerten Formen sowie diachronischen, diatopischen, diastratischen und diaphasischen Varianten nicht ausschließt. Es bildete sich nach der Epoche der Romanisierung im Imperium Romanum wahrscheinlich eine Art Koiné heraus, eine Ausgleichsform, in die Merkmale aus den verschiedenen Varietäten einfließen, in der viele Unterschiede aber auch durch Eliminierung stark markierter Formen eingeebnet werden (Mariner Bigorra 1983:835; Wright 1996:284).

Ausbreitung des Christentums

Zur vollständigen Romanisierung hat auch die Ausbreitung des Christentums entscheidend beigetragen; in einigen Gegenden gelangte sie erst durch die Missionierung zum Abschluss (García y Bellido 1972: 491). Das Christentum war in seinen Anfängen eine vor allem in den niederen Volksschichten verankerte Bewegung, es konnte daher auch auf die volkstümliche Sprechsprache einwirken. Durch die Geschichte seiner Verbreitung erklärt sich die Übernahme vieler griechischer Wörter: Von Palästina aus war es zunächst in griechisches Sprachgebiet getragen worden, und nach Rom kam es mit Einwanderern aus dem Orient, die entweder Griechen waren oder das Griechische als Verkehrssprache benutzten. Der überwiegende Teil der christlichen Fachterminologie ist griechischen Ursprungs, z. B.: EVANGELIUM > *evangelio*, ANGELUS > *ángel*, APOSTOLUS > *apóstol*, DIABOLUS > *diablo*, ECCLESIA > *iglesia*, EPISCOPUS > *obispo*, DIACONUS > *diácono*, BAPTIZARE > *bautizar*, MONACHUS > *mónago*, MONASTERIUM > *monasterio* (Lapesa 1981:65 f.; Dietrich 1998:127 f.). Im Spanischen sind diese Wörter fast alle Latinismen.

Gemeinsprachlicher Wortschatz

Die Ausbreitung des Christentums hatte auch Auswirkungen auf den gemeinsprachlichen Wortschatz. Stefenelli weist auf den Ersatz folgender heidnischer Termini durch Ausdrücke des Kirchenlateins hin: NEFAS ‚Sünde' → PECCATUM > sp. *pecado*, TEMPLUM ‚Tempel' → ECCLESIA ‚Kirche' (*s. o.*), FATUM ‚Schicksal' → SORS, SORTE > sp. *suerte* ‚Los, Schicksal' (1992:43 f.). Außerdem führt er Beispiele dafür an, dass eine Reihe von gemeinsprachlichen Wörtern eine spezifisch kirchensprachliche Bedeutung angenommen haben und in den romanischen Sprachen nur oder vorwiegend mit dieser Bedeutung weiterleben, z. B. PIETAS ‚Frömmigkeit, Pflichtgefühl' → ‚Barmherzigkeit, Mitleid' (> sp. *piedad*), IMAGO ‚Bild' → ‚Heiligenbild' (> sp. *imagen*) (ebd. 45).

Das bekannteste Beispiel für das Eindringen der christlichen Terminologie in die Gemeinsprache ist die Wortgeschichte von griech. PARABOLE > lat. PARABOLA, das sich als rhetorischer Terminus schon bei Seneca in der Bedeutung ‚Vergleich, Ähnlichkeit (similitudo)' findet. Bei christlichen Autoren wird es für die Beispiele, die Gleichnisse Jesu gebraucht, die in der Predigt eine große Rolle spielen; die Bedeutung ist also jetzt ‚Beispiel, Gleichnis, Parabel'. Die Bedeutungsentwicklung geht weiter über ‚Wort Christi' zu ‚Wort' im Allgemeinen – so bereits in der Vulgata belegt. PARABOLA in dieser Bedeutung verdrängt fast überall in der Romania klat. VERBUM für ‚Wort', das in dieser ursprünglichen Bedeutung nur in bask. *berba* erhalten ist: PARABOLA > it. *parola*, sard. *paraula*, fr. *parole*, okz., kat. *paraula*, sp. *palabra*, pg. *palavra* (*REW* 6221).

2

KAPITEL **Vom Lateinischen zum Romanischen**

1 Die Ausgliederung der romanischen Sprachen

Faktoren

Die Frage nach der Ausgliederung der romanischen Sprachen aus dem Latein hat die Romanen spätestens seit der Renaissance und die Romanisten seit dem 19. Jh. beschäftigt; sie kann als die grundlegende Fragestellung angesehen werden, aus der sich die Romanistik entwickelt hat. Sie lässt sich weiter untergliedern in die Frage nach Gründen für die Ausgliederung einerseits und nach ihren zeitlichen Etappen andererseits, zugespitzt auf das viel diskutierte Problem, wann die Einheit des Lateins zerbrochen und bei den Sprechern ein Bewusstsein für den Unterschied zwischen dem Latein und den von ihnen gesprochenen Idiomen nachweisbar ist.

Die traditionellen Antworten auf die Frage nach den Gründen für die Ausgliederung sind vielfältig: Chronologie und Verlauf sowie Art und Intensität der Romanisierung, soziale und regionale Herkunft der Romanisierungsträger in den Provinzen des Imperiums, politische und kulturelle Faktoren, Einflüsse des Kontakts mit vorrömischen Sprachen oder Sprachen späterer Eroberer werden als Ursachen geltend gemacht. Während früher die eine oder andere Erklärung für ausschlaggebend gehalten wurde, hat sich in jüngerer Zeit „die (an sich immer vorhandene) Einsicht, dass als Gesamtdeutung des Phänomens nur ein Zusammenwirken einer Mehrzahl von Faktoren in Betracht kommt, weitestgehend durchgesetzt" (Stefenelli 1996a:73).

Sprachwandel und Sprachkontakt

Es ist allerdings umstritten, inwieweit außersprachliche Faktoren wie beispielsweise Sprachkontakt überhaupt zur Erklärung der Ausgliederung notwendig sind, da Sprachwandel zur Natur der Sprache gehört. Jede Sprache ändert sich durch das Sprechen, und zwar so lange, wie sie gesprochen wird. Auch divergente Entwicklungen, wie sie bei der Ausgliederung der romanischen Sprachen stattgefunden haben, liegen in der Natur der Sache, nämlich des Sprachwandels, und sind *per se* nicht erklärungsbedürftig. Dies muss jedoch nicht bedeuten, dass Sprachkontakte oder andere sprachexterne Faktoren für die Sprachgeschichte keine Rolle spielen. Sie sind sicher keine notwendigen Bedingungen, können aber wohl Entwicklungen einleiten, spontane Entwicklungstendenzen verstärken oder diese in bestimmte Bahnen lenken (Coseriu 1974; Lüdtke 1989).

Chronologie

Statt extremer Positionen, die entweder eine Dialektalisierung des Lateins schon mit der Romanisierung beginnen lassen oder die, so das andere Extrem, die Ausgliederung in die Zeit nach 800 n. Chr. verlegen, als die ersten romanischen Texte erscheinen, kann man eine mittlere Position einnehmen: Das bis dahin ziemlich einheitliche Latein beginnt sich im 4. und 5. Jh. zu differenzieren und spaltet sich etwa ab dem 7. Jh. in verschiedene Sprachen auf. Diese Annahme lässt sich allerdings kaum durch konkrete sprachliche Fakten erhärten, denn mindestens bis ins 6. Jh. lassen die Textzeugen und Inschriften eine deutlich ausgeprägte Dialektalisierung des Lateins als Vorstufe zu den romanischen Sprachen nicht erkennen (Herman 1990, 1996b).

Ostromania – Westromania

Als wichtigste – und früheste – Ausgliederung der Romania gilt die Aufspaltung in Ost- und Westromania. Die beiden Hauptkriterien sind nach Wartburg, der diese Großgliederung in die Zeit der Romanisierung verlegt, die Erhaltung oder Nichterhaltung des auslautenden **-s** und die Sonorisierung der intervokalischen Verschlusslaute **-p-**, **-t-** und **-k-** (geschrieben <c>). Beispiele (nach Geckeler/Dietrich 1995:19):

lat. -[s]	rum. capr*e*, porc*i*	sp. cabra*s*, puerco*s*
	it. capr*e*, porc*i*	fr. chèvre*s*, porc*s*
lat. -[p]-	rum. să*p*un	sp. ja*b*ón [ß]
	it. sa*p*one	fr. sa*v*on
lat. -[t]-	rum. roa*t*ă	sp. rue*d*a [δ]
	it. ruo*t*a	fr. roue (-[t] > ø)
lat. -[k]-[8]	rum. fo*c*(ul)	sp. fue*g*o [γ]
	it. fuo*c*o	fr. feu (hier -[k]- > ø)

Lateinisches auslautendes -s

Lateinisches auslautendes -s verstummt in der Ostromania und bleibt in der Westromania erhalten (im Altfr. wurde es noch gesprochen, im Nfr. ist es abgesehen von der Liaison nur noch graphisch vorhanden). Schon im Altlatein wurde das **-s** auf Inschriften vielfach weggelassen, auch in der gesprochenen Sprache satzphonetisch vor Konsonant; vor Vokal wurde es jedoch gesprochen: *optimu rex – optimus omnium*. So blieb es bis zur Zeit von Catull (84–55 v. Chr.). Dann aber folgte in der Schriftsprache sowie in der Sprechsprache der Gebildeten eine Wiedereinsetzung des **-s**; die Ungebildeten und die ländliche Bevölkerung jedoch blieben bei der Aussprache ohne **-s**. Nach Wartburg wird diese ursprünglich soziale Differenzierung zu einer regionalen: die Ostromania bewahrt die Aussprache ohne **-s**, in der Westromania ist das -s dagegen erhalten. Die Gründe dafür sieht er darin, dass in Italien die bäuerliche Bevölkerung in der Mehrheit war und in Dakien eine starke Kolonisierung aus Italien und Ansiedlung von Kriegsveteranen erfolgte, die Romanisierung von Gallien und Hispanien dagegen von den Städten und den höheren Schichten der Gesellschaft ausgegangen sei.

Der Hypothese von Wartburg steht der Befund der lateinischen Quellen entgegen: diese bezeugen Formen ohne **-s** auch in Gallien und Hispanien. Es ist vielmehr davon auszugehen, dass „in der vulgär-

8 Mit Ausnahme von *k, g* vor *i* und *e* (PLACERE > *placer*).

lateinischen Spontansprache eine allgemeinere (zur Zeit der Romanisierung noch schwache) Tendenz zum Schwund bestand, welche sich in späterer Zeit speziell im Osten durchsetzen konnte". Im Westen dagegen konnte sich das **-s** wieder stabilisieren, „wobei vermutlich die oberen Soziolekte und die Schulen mitbestimmend" waren (Stefenelli 1996a:78). Wenngleich die Ausgliederung sich nicht in der von Wartburg beschriebenen Weise vollzogen hat, so zeichnet sich doch aufgrund anderer Kriterien (Ausbreitung des vlat. Vokalismus) eine Großgliederung der Romania in der Kaiserzeit ab (Herman 1990).

Sonorisierung

Die westromanische Sonorisierung der intervokalischen stimmlosen Verschlusslaute wurde bereits im Zusammenhang mit dem keltischen Substrat erwähnt (*s. S. 7*). In den heutigen Ergebnissen gibt es Unterschiede innerhalb der Westromania, doch ist diesen sicher ein gemeinsames Stadium **-b-**, **-d-**, **-g-** vorausgegangen. Die Frage nach der Datierung dieses Lautwandels ist kontrovers diskutiert worden; mit einiger Sicherheit lässt sich aber sagen, dass die Sonorisierung keineswegs in allen Gebieten der Westromania zur Zeit der Romanisierung erfolgt ist. In Hispanien ist sie zur Zeit der Westgoten noch nicht nachweisbar. Aus der Zeit vom 6.–8. Jh. gibt es nur wenige schriftliche Zeugnisse, die eindeutig von der damaligen Sprechsprache beeinflusst sind, nämlich die Schiefertafeln aus der Provinz Salamanca; in diesen lässt sich – im Unterschied zu merowingischen Urkunden – die Sonorisierung nicht belegen (Herman 1995:69).

Literatur

Zur Ausgliederung der romanischen Sprachen vgl. Wartburg (1936, 1950); Kontzi [Hrsg.] (1978, 1982); Wright (1982); Herman (1990, 1993); Stefenelli (1996a).

2 Besonderheiten des hispanischen Lateins

Konservativer Charakter

Die Ausgliederung des iberoromanischen Sprachraums aus der Romania wird u. a. durch die frühe Romanisierung der Pyrenäenhalbinsel und den damit verbundenen konservativen Charakter des hispanischen Lateins erklärt, für den sich vor allem lexikalische Beispiele anführen lassen. Die Bewahrung älterer sprachlicher Formen gründet nach Stefenelli jedoch weniger in Zeit und Art der Romanisierung (die allerdings wichtige Teilfaktoren darstellen), als vielmehr in einer „relativ konservativ-traditionelle[n] Haltung Hispaniens nach der Romanisierung" (1996a:77). Ein Indiz dafür ist, dass sich hier das Schriftlatein auch nach dem Ende des Römischen Reiches noch kaum vom klassischen Latein entfernt hatte: Isidor von Sevilla (560–636), „einer der meistgelesenen Schriftsteller des Mittelalters, [schrieb] ein Latein, in dem nur ganz wenige lexikalische Abweichungen von der klassischen Norm festzustellen sind" (Berschin u. a. 1995:75).

Die Besonderheiten des hispanischen Wortschatzes teilt Mariner Bigorra (1983:822–824) ein in:

Wortschatz

(1) **Archaismen**, die sich durch die frühe Besiedelung erklären, z. B. COVA (> sp. *cueva*) für *cava* ‚Höhle'; CUIUS, -A, -UM > sp. *cuyo* ‚dessen'; CAPITIA (von CAPITIUM ‚Öffnung oben in der Tunika') > sp. *cabeza* ‚Kopf'; ROSTRUM ‚Schnabel, Schnauze' > sp. *rostro* ‚Gesicht'.
(2) **Konservativismen**, d. h. Bewahrung von älteren Wörtern, während sich in der Zentralromania Neuerungen durchsetzen (*s. u.*), z. B. Bezeichnungen für:

‚sieden': FERVERE > sp. *hervir*, pg. *ferver*, rum. *a fierbe*
vs. BULLIRE > fr. *bouillir*, it. *bollire*
‚finden': AFFLARE > sp. *hallar*, pg. *achar*, rum. *a afla*
vs. TROPARE > fr. *trouver*, it. *trovare*

Dass sich im Wortschatz des Spanischen bzw. der iberoromanischen Sprachen eine Reihe von Archaismen finden, ist unbestritten; eine andere Frage ist, ob das hispanische Latein insgesamt im Vergleich zum gallischen oder italischen als archaisch zu charakterisieren ist. In seiner Untersuchung der 1000 häufigsten Wörter kommt Stefenelli zu dem Ergebnis, dass die iberoromanischen Sprachen hinsichtlich der Zahl der spezifischen Archaismen vom Sardischen und Italienischen übertroffen werden und hinsichtlich der Gesamtzahl der erbwörtlich weitergeführten ‚Zentrallexeme' vom Altfranzösischen, Okzitanischen und Italienischen (1992:88–97).

Morphosyntax

Im Bereich der Morphosyntax sind die durch – etwa im Vergleich zu Gallien – stärkeres Festhalten an der traditionellen Latinität erklärbaren Besonderheiten nicht zahlreich:

- die Bewahrung des alten Plusquamperfekts (CANTAVERAM > *cantara*) und des Futurs bzw. Konjunktiv Perfekts CANTAVERO/CANTAVERIM, aus denen sich das „futuro de subjuntivo" *cantare* des Altspanischen entwickelt (Penny 1993:160, 163);
- die Erhaltung des dreistufigen Systems bei den **Demonstrativa**, das sich im Spätlatein herausgebildet hatte, im Französischen, Okzitanischen und in Norditalien jedoch auf ein zweigliedriges System reduziert wurde. Alle Formen wurden z. T. mit ACCU verstärkt:

  ISTE, *ACCU ISTE > sp. *este*, pg. *êste*, kat. *aquest*
  IPSE, *ACCU IPSE > sp. *ese*, pg. *êsse*, kat. *aqueix*
  *ACCU ILLE > sp. *aquel*, pg. *aquêle*, kat. *aquell*

Randromania – Zentralromania

Das Spanische (und Portugiesische) weisen, wie die o. g. lexikalischen Beispiele zeigen, oft sprachliche Übereinstimmungen mit dem Rumänischen auf, die von der ‚Areallinguistik'[9] als Bewahrungen eines älte-

[9] Begründet von Matteo Bartoli, der für die diachrone Analyse der romanischen Wortgeographie verschiedene ‚Arealnormen' aufgestellt hat, darunter die der „aree laterali" (Randgebiete). Sie besagt, dass die Randzonen eines Sprachgebietes oft einen älteren sprachlichen Zustand bewahren als das Zentrum (vgl. Rohlfs 1971:78–88).

ren Sprachstandes gedeutet wurden. Doch kann die Projizierung der heutigen Verhältnisse auf die protoromanische Latinität leicht zu Fehlschlüssen führen (vgl. auch die Geschichte des auslautenden **-s**, *s. S. 35 f.*). Ein viel zitiertes Beispiel ist die Geschichte der Bezeichnungen für ‚essen'. Nach älterer Auffassung wäre COMEDERE (> sp., pg. *comer*) als Ersatz für EDERE das ältere Wort, das sich in der Randromania erhalten hätte, MANDUCARE (> fr. *manger*, it. *mangiare*) das jüngere, das sich nur noch im Zentrum, nicht mehr an den Rändern durchsetzen konnte. Diese Annahme der romanischen Sprachgeographie ist durch die (vulgär)lateinischen Textzeugnisse zu korrigieren: das hispanische Latein kannte beide Wörter, und im *Itinerarium Egeriae* (*s. S. 22*) kommt sogar nur MANDUCARE vor. Die oft beschriebenen Gemeinsamkeiten zwischen dem Rumänischen und Spanischen/Portugiesischen lassen sich nicht generell durch den Konservativismus der Randzonen erklären, sondern müssen in jedem Einzelfall sprachgeschichtlich untersucht werden, sie beruhen nämlich „in manchen Fällen auch auf dem (zufälligen) Zusammentreffen zwischen der isolationsbedingt relativ alten rumänischen und der soziokulturell bedingt relativ gehobenen iberischen Latinität" (Stefenelli 1996a:85, 87).

Hispanische Neuerungen

Im Lichte neuerer Forschung ist die These vom archaischen oder konservativen Charakter des hispanischen Lateins nicht ganz falsch, die Archaismen finden sich allerdings überwiegend im Wortschatz; Phonetik und Morphosyntax bieten, von wenigen konservativen Phänomenen abgesehen, ein anderes Bild: Hier sind die iberoromanischen Sprachen mindestens so innovativ wie das Italienische, allerdings viel weniger als das Französische. Innovationen sind die völlige Eliminierung der 3. Konjugation auf -ĔRE, die weitgehend in die 2. auf -ĒRE und z. T. in die 3. auf -IRE übergeht (z. B. CADERE > *caer*, RECIPERE > *recibir*) sowie die ‚differentielle Objektmarkierung', d. h. die Markierung eines direkten Objekts mit *a* (< AD), wenn es sich um eine Person handelt (Bossong 1991). Beispiele für lexikalische Innovationen sind:

FRATER → GERMANUS > sp. *hermano*, pg. *irmão*, kat. *germá* ‚Bruder'

FIRMARE → SERARE > *cerrar* ‚schließen'

FLAVUS → AMARELLUS > *amarillo* (belegt bei Isidor) ‚gelb'

SERA → TARDIS > *la tarde* ‚Abend'

Literatur

Zu den Besonderheiten des hispanischen Lateins vgl. Lapesa (1981:83–110); Mariner Bigorra (1983); Cano Aguilar (1992:31–33); Banniard (1993a:159–163); Stefenelli (1996a:84 f.).

3 Der Zerfall des Römischen Reiches und das germanische Superstrat

1 Zerfall des Imperium Romanum

Dezentralisierung

Der Zerfall des Römischen Reiches bahnt sich ab dem 3. Jh. n. Chr. an; die Provinzen erstarken durch intensive Handelsbeziehungen, Rom und Italien verlieren an Ansehen und sprachlichem Einfluss. Es kommt zu einer wirtschaftlichen Krise, die den Niedergang der Städte und des dort gepflegten kulturellen Lebens nach sich zieht. Ein entscheidendes Datum für die zunehmende Dezentralisierung ist das Edikt des Kaisers Caracalla aus dem Jahre 212 n. Chr. (Constitutio Antoniana), mit dem allen freien Provinzialen das römische Bürgerrecht verliehen wurde. Ferner kam es seit dem 3. Jh. zu einer Schwächung der römischen Kultur; die zentrifugalen Kräfte werden stärker (Lleal 1990:54–56).

Ende des Weströmischen Reiches

Hauptursache für den schließlichen Untergang des Weströmischen Reiches waren die Germaneneinfälle ab dem 3. Jh., die in der Völkerwanderung des 4.–6. Jhs. ihren Höhepunkt erreichten. Im Jahre 257 besetzen die Goten Dakien und fügen dem Imperium den ersten Gebietsverlust zu; 270 wird die Provinz von Kaiser Aurelian geräumt. Ende des 3. Jhs. wird der Druck so stark, dass unter Diokletian (284–305) zur Entlastung der Reichsverwaltung eine umfassende Reichsreform erfolgen muss, die die Dezentralisierung entscheidend fördert. Das Imperium wird im Jahre 284 unter vier Herrscher aufgeteilt und Rom hört auf, offizielle Hauptstadt zu sein.

Im Jahre 324 stellt Konstantin der Große (324–337) die Reichseinheit noch einmal her, legt aber gleichzeitig die Grundlage für die spätere Teilung in Oströmisches und Weströmisches Reich im Jahre 395. Hauptstadt des Weströmischen Reiches ist ab 404 Ravenna; 476 erlischt es mit der Absetzung des Romulus Augustulus durch Odoaker.

2 Sprachkontakte zwischen Germanen und Römern

Adstrat und Superstrat

Kontakte zwischen Germanen und Römern gab es schon seit dem Ende des 2. Jhs., also vor der Völkerwanderung, und demzufolge auch schon sprachliche Interferenzen in geringem Umfang. Solange das Weströmische Reich bestand, bildete das Germanische ein **Adstrat**, später in den von den Germanen eroberten Gebieten der Romania ein **Superstrat**.

Adstratwörter

In der Kaiserzeit gab es rege Handelsbeziehungen zwischen Rom und den Germanen. Die dadurch bedingten sprachlichen Einflüsse gingen in beide Richtungen, allerdings sind Einflüsse des Lateinischen auf die germanischen Sprachen wegen des höheren Prestiges des Lateins bzw. der Römer viel häufiger. Die Kenntnis des Lateins war unter Germanen weit verbreitet, nicht nur bei den Soldaten, die im römischen Heer dienten. Einige Beispiele für lateinische Lehnwörter im Deutschen sind *kaufen, Kelch, Most, Keller, Trichter, Essig* (Weinherstellung), *Münze, Pfund, Straße.*

Seltener wurden germanische Wörter ins Latein übernommen. Frühe Entlehnungen sind z. B. (nach Dietrich/Geckeler 2000:146 und Tagliavini 1998:224):

germ. **saipôn* (cf. dt. *Seife*) ‚Art Schmierseife zum Blondfärben der Haare' > vlat. SAPONE > sp. *jabón*, frz. *savon* ‚Seife'
germ. *werra* ‚(Kriegs)wirren' > sp. *guerra*, frz. *guerre* ‚Krieg'
germ. *raubôn* (cf. dt. *rauben*) > sp. *robar*, it. *rubare* ‚stehlen'
**burgs* (got. *baúrgs* ‚Stadt, Turm') > BURGUS ‚Burg, kleines Kastell' > frz. *bourg* ‚Dorf', sp. *Burgo, Burgos*, it. *borgo* ‚Dorf, Vorstadt'

Entlehnungswege

Die germanischen Wörter, die früh ins allgemeine Vulgärlatein eindrangen, sind nicht zahlreich. Wenn sich heute ein germanisches Wort in allen westromanischen Sprachen findet (im Rumänischen gibt es kaum altgermanische Elemente), dann gehört es entweder zu diesen frühen Entlehnungen (Adstratwörtern), oder es geht auf voneinander unabhängige Entlehnungen aus den verschiedenen Superstratsprachen zurück: **Westgotisch** in den iberoromanischen Sprachen, **Fränkisch** in der Galloromania, **Langobardisch** in Italien. Daneben gibt es auch noch die Möglichkeit späterer innerromanischer Entlehnungen, z. B. ist sp. *jardín*, pg. *jardim*, kat. *jardí*, it. *giardino* fränkischen Ursprungs (< *gardo*, cf. dt. *Garten*), aber aus dem Französischen (*jardin*) in die anderen romanischen Sprachen entlehnt (nur so erklärt sich, dass das G vor A nicht erhalten geblieben ist). Zu einer Typologie der germanischen Lehnwörter in den romanischen Sprachen vgl. Tagliavini (1998:227f.).

Semantische Bereiche

Die semantischen Bereiche, aus denen die germanischen Entlehnungen in den romanischen Sprachen stammen, sind vor allem:

- **Kriegswesen**: *guerra* ‚Krieg', *tregua* ‚Waffenstillstand', *bandera* ‚Fahne', *botín* ‚Beute', *dardo* ‚Spieß', *espuela* ‚Sporn', *esgrimir* ‚fechten', *guiar* ‚führen', *yelmo* ‚Helm'
- **Farben**: *blanco* ‚weiß', *gris* ‚grau'
- **Germanische Institutionen**: *barón* ‚Baron', *bando* ‚Partei', *alodio* ‚Allod, Grundbesitz', *feudo* ‚Lehen'
- **Kleidung**: *falda* ‚Rock', *guante* ‚Handschuh', *fieltro* ‚Filz'

3 Völkerwanderung und Westgotenreich

Wandalen, Sueben, Alanen

Im Jahre 409 überquerte ein Konglomerat von Stämmen die Pyrenäen: ostgermanische Wandalen, westgermanische Sueben und Reste des iranischen Steppenvolkes der Alanen. Von den Alanen, auf die der Ortsname *Puerto del Alano* (Huesca) zurückgeht, liegt nach kurzer Zeit keine Kunde mehr vor. Die Wandalen halten sich von 409–429 in der Baetica auf und ziehen dann (vertrieben von den Westgoten) weiter nach Afrika. Auch sie haben nur in Form von Ortsnamen Spuren hinterlassen (z. B. *Bandaliés*, Huesca) und möglicherweise dem Hafen Iulia Traducta (heute Tarifa), von dem aus sie sich einschifften, zu einem neuen Namen verholfen: *Portu Wándalu*, im Munde griechischer Seefahrer *Portu Wandalusiu*. Davon soll sich der arabische Name *Al-Andalus* > sp. *andaluz, Andalucía* herleiten – nicht ganz klar ist, wieso das *w*- geschwunden ist, aber an der Etymologie besteht nach Lapesa kein Zweifel (1981:116 f.). Die Sueben siedelten sich in der Gallaecia an, bis hinunter zum Duero, wovon Ortsnamen wie *Suevos, Suegos* (Galicien) und *Puerto Sueve* (Asturien) zeugen. Das Reich der Sueben wurde 575 von den Westgoten erobert.

Westgoten

Die Westgoten (*visigodos*) lebten vom 3. Jh. an zuerst nördlich der Donau, dann in Dakien (= Rumänien) und südlich der Donau. Anfang des 5. Jhs. griffen sie Italien an und 410 nahmen sie unter ihrem König Alarich Rom ein. Nach dessen Tod in Cosenza zogen sie nach Südfrankreich und gründeten das Tolosanische Westgotenreich mit der Hauptstadt Tolosa (Toulouse), das von 419–507 bestand. Ab 466 griff es über die Pyrenäen auf die Iberische Halbinsel aus. 507 siegten die Franken unter Chlodwig bei Vouillé über die Westgoten; diese zogen sich über die Pyrenäen zurück und ließen sich definitiv auf der Iberischen Halbinsel nieder; ihre Hauptstadt wurde ab 568 Toledo (vgl. Karten in Metzeltin/Winkelmann 1992:2–3).

Kontakte mit den Römern

Die Westgoten waren schon im Donaugebiet ca. 150 Jahre lang als Föderaten im Kontakt mit den Römern, nahmen dort das arianische Christentum an und empfingen in der Zeit des Tolosanischen Reiches weiter starke Einflüsse der römischen Kultur. Sie waren zunächst Verbündete der Römer, und da gotische Soldaten von römischen Offizieren befehligt wurden, muss es auch zu sprachlichen Kontakten gekommen sein. Zu Beginn des 5. Jhs. löste der westgotische König den Bund mit dem römischen Kaiser und es kam zu den erwähnten kriegerischen Auseinandersetzungen (Lleal 1990:59–63).

Siedlungsgebiet

Auf der Iberischen Halbinsel waren die Westgoten in der ersten Zeit nicht sehr zahlreich und hielten sich von der iberoromanischen Bevölkerung fern; weil sie dem Arianismus anhingen, waren Mischehen verboten. Sie bevorzugten das Leben auf dem Land, die Romanen das in der Stadt. Das Siedlungsgebiet der Westgoten war hauptsächlich die kastilische Meseta, von Burgos bis nach Madrid und Toledo, Zentrum intensiver Kolonisierung die heutige Provinz Segovia. Die Westgoten übernahmen regionale Strukturen und Kulturzentren der Römer, fügten aber Toledo hinzu.

Lex Visigothorum

Nach anfänglicher Trennung von Romanen und Germanen änderten die Goten ihre Haltung, integrierten sich und wurden romanisiert; 589 konvertierte ihr König Rekkared zum Katholizismus. Um 654 wurde ein gemeinsames Gesetzbuch für Goten und Romanen in lateinischer Sprache erstellt, die *Lex Visigothorum*. Die Integration führte im 7. Jh. zum Verlust der gotischen Sprache.

Sprachlicher Einfluss

Im Hispanoromanischen ist der Einfluss der Westgoten unbedeutend. Da sie die römische Kultur und die lateinische Sprache schnell übernahmen, hat es keine so lange Periode der Zweisprachigkeit gegeben wie in Frankreich; außerdem war die gotische Bevölkerung zahlenmäßig nicht groß. Es gab keine Beeinflussung der lat. Aussprache; im Bereich der Morphologie ist nur das Suffix *-ingo* > *-engo* zu nennen, z. B. *abadengo* ‚zu einer Abtei gehörig; Besitzer eines geistlichen Gutes', *realengo* ‚Krongut' (Cano Aguilar 1992:40–42).

Wortschatz

Was den Wortschatz betrifft, so werden mehr als 100 Wörter diskutiert, doch nur bei etwa 20 besteht an ihrem westgotischen Ursprung wenig Zweifel, darunter *escanciar* ‚Wein ausschenken', *espía* ‚Spion', *ganso* ‚Gans', *ganar* ‚gewinnen', *sacar* ‚herausnehmen' (Corominas 1973).

Personen- und Ortsnamen

Besonders deutlich ist das gotische Erbe sichtbar in Personennamen sowie in Ortsnamen, die als Ableitungen von Personennamen gebildet wurden. Beispiele: *Alfonso, Adolfo, Elvira, Federico, Fernando, Álvaro, Gonzalo, Ricardo, Rodrigo;* Ortsnamen: *Guitiriz, Mondariz, Allariz, Gomesende, Aldán, Gondomar* (Lapesa 1981:121 f.).

4 Die Araber und der arabische Einfluss auf das Spanische

1 Die arabische Eroberung und die Reconquista

Dialektale Gliederung durch Reconquista

Das nach der Romanisierung wichtigste Ereignis für die spanische Sprachgeschichte ist die Eroberung der Pyrenäenhalbinsel durch die Araber im Jahre 711. Die arabische Invasion löste schon bald die Reconquista aus, die Rückeroberung der von den Arabern besetzten Gebiete durch die christlichen Völker, und ist damit indirekt für die ‚Ausgliederung' der Sprachräume auf der Iberischen Halbinsel verantwortlich, insbesondere für die Ausbreitung des Kastilischen von seinem Ursprungsgebiet im Kantabrischen Bergland über den größten Teil der Halbinsel. In der völligen Umgestaltung der bis zur Zeit der Westgoten entstandenen Sprachlandschaften liegt die eigentliche Bedeutung der Araber für die Sprachgeschichte. Durch die jahrhundertelange arabische Herrschaft und die Reconquista setzen viele Regionen nicht das Latein fort, das sich dort nach der Romanisierung entwickelt hatte. Die dialektale Gliederung der Iberoromania ist daher mit der Italiens und Frankreichs nicht vergleichbar.

Ausbreitung des Islam

Nach dem Tode Muhammads im Jahre 632 beginnt die Ausbreitung des Islam über Arabien hinaus. Zur Zeit der Dynastie der Omaijaden aus Mekka (661–750) wird Damaskus Zentrum; unter den Abbasiden, die 750 die Omaijaden ablösen, verlagert sich das Machtzentrum nach Bagdad, und in einer kulturellen Blütezeit wird die islamische durch die griechisch-byzantinische Welt beeinflusst. 641 wird Ägypten erobert und bis 710 werden die Lateinisch sprechenden Teile von Afrika besetzt: Libyen, das heutige Tunesien, Algerien und Marokko. Die nichtromanisierten Berber leisteten Widerstand, doch die romanisierte Bevölkerung trat z. T. zum Islam über. Der Islam war zunächst sehr tolerant, Christen und Juden wurden als ebenbürtig behandelt, sie galten wie die Muslime als „Leute des Buches" (*ahl al-kitāb*), d. h. als Bekenner „einer in einer heiligen Schrift geoffenbarten Religion" (Kontzi 1982:412). 711 griffen die Araber auf die Iberische Halbinsel über. Die arabische Eroberung Spaniens wurde durch bürgerkriegsähnliche Zustände unter den Westgoten erleichtert, deren Reich sich seit dem 7. Jh. in Feudalherrschaften aufgesplittert hatte und durch Kämpfe zwischen Adel (Anhänger einer Wahlmonarchie) und König (Erbmonarchie) geschwächt war. Einer der Gründe für das arabische Eingreifen war, dass jüdische Siedlungen sich von den Westgoten unterdrückt fühlten (Lleal 1990:63, 112).

Sieg bei Jerez de la Frontera

Zuerst schickte der Gouverneur von Nordafrika, Mūsā b. Nusair, seinen Klienten Ṭāriq b. Ziyād mit etwa 7000 Mann über die Straße von Gibraltar (*Ǧabal Ṭāriq* ‚Berg des Ṭāriq' > *Gibraltar*). Mit einer Verstärkung von 5000 Berbern schlug er die Westgoten am 19. Juli 711 in der Nähe von Jerez de la Frontera. Der Westgotenkönig Roderich floh und wurde wahrscheinlich getötet. Ṭāriq drang sofort nach Toledo vor und nahm es ohne Widerstand ein. Als Erklärung für die traumatische „pérdida de España" werden u. a. die Lähmung durch den Verlust des Königs und vieler seiner Leute an der Spitze des Reiches sowie die rasche Einnahme der Hauptstadt angesehen (Makki 1994:6–10; Kiesler 1994:4).

Eroberung der Halbinsel

Im Juni 712 setzte auch Mūsā selbst mit einem Heer von etwa 18.000 Mann über und eroberte in kürzester Zeit fast die gesamte Iberische Halbinsel bis auf einen schmalen Streifen im Norden, von dem aus im Jahre 718 mit der legendären Schlacht von Covadonga (Asturien) unter dem nach Norden geflüchteten Goten Pelayo der Widerstand gegen die Muslime seinen Anfang nahm. Alfons I. (739–757) dehnte seinen Machtbereich auf Galicien, Altkastilien und die Gebiete um Álava, die Bureba und die Rioja aus und wurde zum Vorläufer der Reconquista.

Araber und Berber

Die Mauren in Al-Andalus waren eine ethnisch komplexe Bevölkerungsgruppe; dominierend waren die Araber, die vor allem die Städte bevölkerten; ihnen untergeordnet – wenngleich zahlenmäßig überlegen – waren die Berber aus Nordafrika, die noch nicht lange islamisiert und kaum arabisiert waren und sich mehr auf dem Lande ansiedelten. Erst kamen nur Soldaten nach Al-Andalus, dann auch Familien. Die Sozialstrukturen der arabischen Welt wurden zunächst beibehalten. Wie groß die Zahl der orientalischen Soldaten und Einwanderer war, ist umstritten; nach Kontzi (1982:407) waren es etwa 50.000 gegenüber 5–6 Millionen Einheimischen.

Muladíes* und *mozárabes

Die hispanogotische Bevölkerung der Iberischen Halbinsel erkannte die kulturelle Überlegenheit der Araber bald an; zu Bevölkerungsmischung kam es aber in der Anfangsphase nur in begrenztem Umfang. Viele Hispanogoten traten zum Islam über, diese wurden ***muladíes*** genannt; andere bewahrten ihren christlichen Glauben, sie wurden als ***mozárabes***, Mozaraber, bezeichnet, von *musta'rib* ‚derjenige, der den Arabern ähnlich geworden ist'. Die zunächst herrschende religiöse Toleranz war nicht von Dauer.

Emirat von Córdoba

Die erste Etappe der arabischen Herrschaft unter verschiedenen Gouverneuren endete mit der Machtübernahme von Abd-ar-Rahman aus der Familie der Omaijaden, der 756 das Emirat von Córdoba begründete. Es wurden neue Strukturen der Verwaltung und Jurisdiktion geschaffen, das Staatsgebiet in Provinzen eingeteilt und militärisch gesicherte Marken zur Kontrolle der Grenzen im Norden eingerichtet. Unter Abd-ar-Rahman III. (912–961), der sich 929 zum Kalifen ausrief, und al-Hakam II. (961–976) war das Kalifat von Córdoba eines der bedeutendsten Reiche Europas und der islamischen Welt. Anfang des 11. Jhs. begann der Niedergang des Kalifats; nach dessen Ende 1031 entstanden etwa zwei Dutzend kleinere und größere Reiche der Reyes de Taifas (‚Kleinkönige'); sie bekämpften sich untereinander, was eine kulturelle Blütezeit allerdings nicht ausschloss.

Reconquista

Die Reconquista begann im 8. und 9. Jh. von den Marken her: asturisch-kantabrische Stämme drängten nach Süden, desgleichen Franken von der Spanischen Mark Karls des Großen, die 795 nach der Niederlage von Roncesvalles (778, literarisiert im altfranzösischen *Rolandslied*) und dem Arabereinfall in Narbonne (793) errichtet worden war. 785 wurde Gerona zurückerobert, 801 Barcelona und 806 Pamplona (*s. S. 53 ff.*).

Alfons VI. von Kastilien/León eroberte 1085 Toledo. Daraufhin riefen die Kleinkönige die marokkanischen Almoraviden zu Hilfe, was zum Verlust ihrer Selbstständigkeit führte. Die Almoraviden wurden 1147 von den Almohaden abgelöst, die ebenfalls aus Marokko kamen, doch auch sie konnten der Reconquista nicht Einhalt gebieten (zu den letzten Etappen der Reconquista *s. S.* 59).

Zur Ausgliederung der Sprachräume durch die Reconquista vgl. Menéndez Pidal (1980:441–514); Baldinger (1972:62–91); Kontzi (1982); Lleal (1990:113–129); Cano Aguilar (1992:43–51); Stefenelli (1996a:83); Penny (2000).

Literatur

2 Kultur- und Sprachkontakt

Kultur der Araber

Um die Bedeutung des arabischen Einflusses auf das Spanische (bzw. die iberoromanischen Sprachen insgesamt) einschätzen zu können, muss man sich vor Augen halten, dass der Islam nicht nur eine der großen politischen und militärischen Mächte des Mittelalters war, sondern dass die Araber auch Träger einer hoch entwickelten Kultur (geworden) waren. In der ersten Blütezeit unter den Omaijaden wurden sie durch die griechisch-byzantinische Kultur, unter den Abbasiden dann durch die persische Kultur beeinflusst, die wiederum Vermittler zu weiter östlich gelegenen Gebieten war. „Die Araber nahmen nun die Weisheit und Gelehrsamkeit des Ostens auf und entwickelten sie weiter“ (Kontzi 1982:388).

Philosophie und Wissenschaft

Mit den Leistungen der Araber beginnt in Europa die moderne Wissenschaft, vor allem auf den Gebieten der Medizin, Alchimie, Mathematik und Astronomie. Auch Namen berühmter arabischer Philosophen sind hier zu nennen: **Avicenna** (980–1037) aus Buchara, Philosoph und Arzt, vermittelte die Lehre des Aristoteles an die arabische Geisteswelt. In seinem *Canon medicinae*, der im 12. Jh. ins Lateinische übersetzt wurde und bis ins 18. Jh. ein anerkanntes Lehrbuch blieb, ergänzte und systematisierte er die griechische Heilkunde (Lapesa 1981:137). **Averroes** (*1126 in Córdoba, †1198 in Marrakesch), Richter in Sevilla und Córdoba, Philosoph, Theologe und Arzt, war der bedeutendste Vermittler und Kommentator der aristotelischen Schriften im Mittelalter.

Orientalisierung

Al-Andalus wurde in besonders starkem Maße von der blühenden Kultur in Bagdad geprägt. Orientalischer Lebensstil und Luxus wurden willig aufgenommen, auch von den Mozarabern, die – nach zeitgenössischen Zeugnissen – oft besser Arabisch als Latein konnten. Kontzi und andere Autoren zitieren die Klage des Paulus Alvarus von Córdoba (†861) über die Sprachkenntnisse der Christen: „Alle durch ihre Begabung hervorragenden jungen Christen kennen nur die arabische Sprache und Literatur. Sie lesen und studieren mit dem größten Eifer arabische Bücher [...]. Die Christen haben sogar die Sprache ihrer Religion vergessen, und auf tausend von uns findet man kaum einen, der einem Freund einen Brief in annehmbaren Latein schreiben kann! Handelt es sich aber darum, Arabisch zu schreiben, findet ihr eine Menge Leute, die sich in dieser Sprache richtig und sehr elegant ausdrücken“ (Kontzi 1998:330).

Mozaraber im Norden

Als innerhalb der mozarabischen Bevölkerung zunehmend Widerstände gegen die starke Orientalisierung und den Islam einsetzten, „gingen die muslimischen Behörden schärfer gegen die Mozaraber vor. Das gute Verhältnis war für lange Zeit gestört und viele Mozaraber wanderten aus“ (Kontzi 1982:409), und zwar in den Norden. Dort hatte die Reconquista im 9. Jh. bis zum Duero Fortschritte gemacht und das verödete Land von diesem Fluss bis zum Kantabrischen Gebirge wurde jetzt von Mozarabern aus dem Süden neu besiedelt (*repoblación*). Diese von der arabischen Kultur durchdrungenen Mozaraber, unter ihnen auch Äbte, Richter, Pröbste und Höflinge, waren zweisprachig und brachten Sachen und Wörter in den kulturell wenig entwickelten Norden. In Dokumenten der von Mozarabern gegründeten Klöster wurden 170 arabische Entlehnungen nachgewiesen, darunter: *azenia* ‚Wasserschöpfrad‘ (Sahagún/León, 945), *aldía, aldea* ‚Bauernhof‘ (916), *arravalde* ‚Vorstadt‘ (1146) > *arrabal, alfóndega* ‚Herberge‘ (1033) > *alhóndiga* ‚Kornspeicher‘, *alvazile* ‚Ratgeber‘ (1075) > *alguacil* ‚Gerichtsdiener‘, *adovera* ‚Lehmziegelei‘ (1062), *adobe* ‚Lehmziegel‘ (1157). Die Mozaraber bereicherten auch die Kunst (Architektur, Buchmalerei) mit arabischen Formen (Kontzi 1982:410; 1998:333).

Mudéjares

Nach den Kontakten mit Mozarabern im Kontext der *repoblación* des Nordens ergibt sich eine zweite Situation des sprachlichen Austauschs in der Zeit, als die Reconquista schon weit vorangeschritten ist. In den ersten Jahrhunderten hatte die muslimische Bevölkerung – soweit überhaupt vorhanden – immer rechtzeitig in den Süden fliehen können. Das änderte sich jetzt, als die Kastilier-Leonesen 1085 Toledo und das dazugehörige Land besetzten und als im 12. Jh. auch die Aragonesen den Vormarsch antraten. So kamen große Gebiete unter christliche Herrschaft, in denen viele Muslime wohnten; das Arabische wird zum Substrat des Kastilischen. Die Muslime mussten zwar die Stadtzentren räumen, konnten aber in ihrer Heimat bleiben. Man nannte sie ***mudéjares*** ‚denen man erlaubt hat zu bleiben‘; die freie Ausübung ihrer Religion wurde ihnen vertraglich zugesichert. Sie blieben jahrhundertelang ein wichtiges Element der spanischen Gesellschaft; der vor 1085 schon starke Einfluss der maurischen Kultur auf die Christen wurde noch stärker. Die Christen herrschten jetzt über bedeutende arabische Kulturzentren wie Toledo, Zaragoza, Tudela, Guadalajara, Lissabon und Valencia. Sie versuchten auf allen Gebieten, es den Muslimen gleich zu tun, und übernahmen auch deren gut funktionierende Verwaltung sowie viele Verwaltungstermini, z. B. *zalmedina* ‚Oberrichter der Stadt‘, *zabazoque* ‚Marktaufseher‘. Viele dieser Ausdrücke sind inzwischen wieder außer Gebrauch gekommen, es sind aber wichtige Zeugnisse für Art und Umfang des Sprachkontakts.

Sprachkontakt in Al-Andalus

Das in Al-Andalus gesprochene Romanisch war das **Mozarabische** (sp. *mozárabe, romance andalusí*), von den Arabern auch *aljamía* (‚Fremdsprache‘) genannt. Es handelte sich um eine Gruppe von Dialekten, die sich deutlich von denen des Nordens, insbesondere vom Kastilischen, unterschieden (vgl. Galmés de Fuentes 1995; *s. S. 52*) und die charakteristische Züge des im ganzen westgotischen Reich gesprochenen Frühromanisch (*primitivo romance*) fortsetzten, wie es vor der Ausgliederung der iberoromanischen Sprachen gesprochen wurde (Lleal 1990:149). Es wurde allerdings nicht nur von den Mozarabern gesprochen, sondern auch von den Muladíes, den konvertierten Romanen, und sogar von den meisten Arabern.

Das Mozarabische war überwiegend auf nähesprachliche Kommunikationssituationen beschränkt (Koch/Oesterreicher 1990:199). Als Distanzsprache diente den Christen zunächst nur das Latein und den Muslimen das klassische Arabisch – ihre Nähesprache war ein eigener arabischer Dialekt, der sich in Al-Andalus herausbildete und den auch die Mozaraber lernten (Corriente 1992). Ab Mitte des 9. Jhs. übernahmen viele Mozaraber dann auch die arabische Schriftsprache, doch gibt es immer noch viele lateinische Texte. Die jüdische Bevölkerung sprach Mozarabisch und den arabischen Dialekt, ihre liturgische Sprache war das Hebräische. Durch das Vordringen des Arabischen in den nähesprachlichen Bereich wird das Mozarabische diastratisch abgewertet, es wird in der Zeit des Kalifats mit dem großen Prestige der arabischen Kultur zur reinen Familiensprache, entwickelt sich nicht weiter und verarmt. Durch den Exodus der Mozaraber nach Norden zur Zeit der Almoraviden und Almohaden (vor allem ab 1099) verliert es naturgemäß viele Sprecher, verschwindet aber nicht völlig; nach Auffassung von Galmés de Fuentes ist der Bilinguismus in Al-Andalus bis zur Reconquista in der ersten Hälfte des 13. Jhs. durchaus noch lebendig. Im Königreich Granada allerdings ging das Mozarabische dann in einem mit vielen mozarabischen Wörtern vermischten Arabisch auf (Galmés de Fuentes 1983:14–17; Kontzi 1998:330f.).

Die aufgrund der Symbiose ethnischer und religiöser Gruppen herrschende Mehrsprachigkeit in Al-Andalus war also sehr komplex: Es gab zwei Nähesprachen, Mozarabisch und den arabischen Dialekt, und drei Distanzsprachen, die mit den drei Religionen korrelieren: Klassisches Arabisch, Latein und Hebräisch. Zu Sprachwechsel seitens der Romanen kam es nicht, es bildete sich auch kein romanisch-arabischer Interlekt heraus, der zu einer nachhaltigen Beeinflussung des Romanischen in den Bereichen der Aussprache und der Grammatik hätte führen können (Cano Aguilar 1992:52; Wright 1994:158). Entlehnungen beschränkten sich weitestgehend auf den substantivischen Wortschatz (*s. u.*).

Übersetzerschule von Toledo

Von besonderer Bedeutung für das kulturelle Leben in Al-Andalus war Toledo, wo nach 1085 alle Religionen toleriert wurden: arabische und jüdische Gelehrte trafen sich mit christlichen; die Letzteren waren mit der cluniazensischen Bewegung in anderen Ländern Europas in engen

Kontakt getreten. Als man unter Erzbischof Raymond (sp. Raimundo, 1126–51) anfing, arabische Bücher zu übersetzen, drang die Kunde davon auch nach Frankreich und darüber hinaus, und Gelehrte aus Nordeuropa beteiligten sich an dem Übersetzungswerk. Die Auseinandersetzung mit dem arabischen Wissen dauerte etwa 150 Jahre. Die „Toledaner Übersetzungsschule", die insbesondere zur Übernahme eines umfangreichen Fachwortschatzes beigetragen hat, erhielt unter Alfons dem Weisen neuen Auftrieb (*s. S. 72*).

3 Arabische Elemente im Spanischen

Wortschatz

Nach dem Latein ist das Arabische die zweitwichtigste Quelle für den spanischen Wortschatz. Lapesa (1981:133) spricht von 850 Wörtern, wozu noch 780 Ableitungen kommen. Rechnet man ferner Varianten und nicht gesicherte Arabismen dazu sowie mehr als tausend Ortsnamen (über 1000 sichere und fast 500 wahrscheinliche), so „kommt man auf die häufig mißverstandene Zahl von über 4000 ‚Arabismen' im Spanischen" (Kiesler 1994:69). Die erste Auflage des *DCEC* von Corominas enthält 730 direkte Arabismen (ebd.); Noll hat durch Auswertung des Akademiewörterbuchs 1285 Entlehnungen aus dem Arabischen ermittelt (1996:299). Der „Gebrauchswert der Arabismen im heutigen Spanisch ist [allerdings] relativ gering", unter den 5000 häufigsten Wörtern sind nur 36 Arabismen (Berschin u. a. 1995:93).

Semantische Bereiche

Die Arabismen gehören u. a. folgenden semantischen Bereichen an (Lapesa 1981:133–139; Kontzi 1998:336 ff.):

- **Kriegswesen:** *alcazaba* ‚Festung', *atalaya* ‚Wache; Wachturm, Aussichtsturm', *barbacana* ‚Brustwehr, Barbakane', *alférez* ‚Fähnrich', *adarga* ‚Schild', *rebato* ‚plötzlicher Angriff; Sturmläuten, Aufregung', *tambor* ‚Trommel', *alazán* ‚Fuchs (Pferd)'.
- **Ackerbau, Gartenkultur:** Die Araber waren geschickte Ackerbauern und Gärtner; sie verbesserten das System künstlicher Bewässerung und den Garten- und Ackerbau: *acequia* ‚Bewässerungsgraben, Kanal', *aljibe* ‚Zisterne', *azud* ‚Flusswehr', *noria* ‚Schöpfrad'; *alcachofa* ‚Artischocke', *alubia* ‚Bohne', *zanahoria* ‚Mohrrübe', *berenjena* ‚Aubergine', *aceituna* ‚Olive', *azafrán* ‚Safran', *(caña de) azúcar* ‚Zucker(rohr)', *algodón* ‚Baumwolle'; *azucena* ‚weiße Lilie', *azahar* ‚Orangenblüte', *adelfa* ‚Oleander', *alhelíe* ‚Levkoje', *arrayán* ‚Myrte', *alerce* ‚Lärche', *retama* ‚Ginster', *alhucema* ‚Lavendel'.
- **Arbeitswelt, Handwerk**: *tarea* ‚Arbeit, Aufgabe', *recamar, margonar* ‚sticken', *alfarero* ‚Töpfer', *taza* ‚Tasse', *jarra* ‚Krug', *arracada* ‚Ohrgehänge', *alfiler* ‚Brosche', *marfil* ‚Elfenbein'.
- **Handel und Verkehr**: *arancel* ‚Zoll', *tarifa de aduana* ‚Zollgebühr', *almacén* ‚Lagerhaus', *almoneda* ‚Versteigerung', *arroba* (11,5 kg) ‚Arroba', *quintal* ‚Zentner', *maravedí* ‚Goldstück'.

- **Siedlung, Haus, Wohnung:** Die Architektur der Araber und die Ausstattung ihrer Häuser und Wohnungen waren sehr viel prächtiger als die der Romanen: *arrabal* ‚Vorstadt', *barrio* ‚Stadtviertel', *aldea* ‚Dorf', *zaguán* ‚Vorsaal, Flur', *azotea* ‚Dach', *alcoba* ‚Alkoven', *albañil* ‚Maurer', *azulejo* ‚Fliese, Kachel', *taracea* ‚Intarsien', *almohada* ‚Kissen', *alfombra* ‚Teppich'.
- **Speisen, Instrumente, Spiele**: *alcuzcuz* ‚Kuskus', *arrope* ‚Sirup', *laúd* ‚Laute', *ajedrez* ‚Schach', *azar* ‚Glücksspiel' von arab. *az-zahr* ‚Würfel'.
- **Institutionen, Rechtspflege**: *alcalde* ‚Bürgermeister', *alguacil* ‚Gerichtsvollzieher', *albacea* ‚Testamentsvollstrecker'.
- **Mathematik**: *álgebra, algoritmo* ‚Algorithmus', von dem arab. Beinamen eines Mathematikers *Al-χuwārizmī*; davon kommt auch *guarismo* ‚Ziffer'. Die Null wird in die Mathematik eingeführt: arab. *sifr* ‚leer' > sp. *cifra* ‚Ziffer, Zahl'. Vom gleichen arab. Etymon stammt *cero* ‚Null', entlehnt über das ital. *zero* < spätlat. ZEPHIRUM.
- **Alchimie**: *alquimia* ‚Alchimie', *alambique* ‚Destillierkolben', *redoma* ‚Phiole', *alcohol, álcali, elixir* ‚Heiltrank, Zaubertrank, Stein der Weisen'.
- **Medizin**: *nuca* ‚Nacken' (ursprünglich ‚Rückenmark'), *bazo* ‚Milz'; Lehnübersetzungen: *duramadre* ‚harte Hirnhaut', *piamadre* ‚weiche Hirnhaut'.
- **Astronomie**: *cenit, nadir, acimut*; Sternnamen wie *Aldebarán, Algol, Rigel, Vega* usw.

Arabisch als Vermittler

Durch arabische Vermittlung kamen Wörter aus anderen Sprachen, z. B. aus dem Persischen: *jazmín, naranja, azúcar, azul, escarlata,* aus dem Griechischen: *óryza* > *arroz, ámbix* > *alambique*, aus dem Latein: (MALUM) PERSICUM > *albérchigo* ‚Frühpfirsich', CASTRUM > *alcázar* ‚Festung'.

Wortarten

Die Arabismen finden sich vor allem im Bereich der Substantive zur Bezeichnung von Konkreta; im Bereich der Abstrakta behauptete sich das lateinische Wortgut, von wenigen Ausnahmen abgesehen: *alborozo* ‚Freude, Jubel', *alboroto* ‚Lärm, Radau'. Nur wenige Adjektive sind arabischer Herkunft: *mezquino* ‚armselig, dürftig; knauserig', *baladí* ‚wertlos, gering, unbedeutend', *baldío* ‚öde, brach', *zahareño* ‚scheu, störrisch' sowie die Farbbezeichnungen *azul* ‚blau', *añil* ‚indigo', *carmesí* ‚scharlachrot'. Von arab. *fulán* ‚einer, irgendjemand' kommt *fulano* ‚Herr X'. Nur wenige Verben wurden entlehnt: *halagar* ‚schmeicheln', *acicalar* ‚reinigen, polieren'. Schließlich sind die Interjektion *ojalá* und die Präposition *hasta* zu nennen.

Orts- und Flussnamen

In der spanischen Toponymie (Ortsnamen) und Hydronymie (Flussnamen) finden sich viele arabische Wörter, z. B. *Algarbe* (‚Westen'), *La Mancha* (‚Hochfläche'), *Alcalá* (‚Burg'), *Medina* (‚Stadt'); Zusammensetzungen mit *wadi* ‚Fluss': *Guadalajara* ‚Steinfluss', *Guadalquivir* ‚großer Fluss'; *ğabal* ‚Berg' führt zu *Gibraltar* ‚Berg von Ṭāriq'; *al-ğar* 'Höhle' > *Algar, Algares*; *al-ğazira* ‚Insel' > *Algeciras, Alcira*.

Hybride Bildungen aus arabischen und lateinischen Elementen sind: *Guadalcanal, Guadelope, Guadelupe* (*lupus* ‚Wolf'), *Guadiana* (Name *Anna*), mit arab. Artikel: *Almonte, Alpuente, Alportel* < PORTELLUM. Eine Karte bei Lleal (1990:194) zur Verteilung von Flur- und Gewässernamen veranschaulicht die Intensität der Arabisierung.

Agglutinierter Artikel

Im Arabischen geht dem Substantiv normalerweise der Artikel *al* voraus (ohne Genus- oder Numerusmarkierung). Bei der großen Mehrheit der spanischen Arabismen ist der Artikel agglutiniert, d.h. mit dem Lexem zu einer Einheit verschmolzen, z.B. *alcachofa* ‚Artischocke', *almacén* ‚Lagerhaus'. Hiermit steht das Spanische im Gegensatz zum Italienischen, wo die über Sizilien eingedrungenen arabischen Wörter keinen agglutinierten Artikel aufweisen, vgl. *azúcar* – it. *zucchero* ‚Zucker', *algodón* – it. *cotone* ‚Baumwolle'. Nach Noll ist der Fall der Artikelagglutination eine Besonderheit, die mit der verbreiteten Zweisprachigkeit bei den Mozarabern in Al-Andalus zusammenhängt: „Die Artikelübernahme beruht auf einer habituellen, im Prinzip unreflektierten Übertragung der ihnen aus dem arabischen Syntagma vertrauten Struktur, wobei die Morphemgrenze zwischen Artikel und Nomen unaufgelöst blieb" (1996:304). Hinzu kommt, dass der Artikel im Hispano-Arabischen immer mit dem Vokal *a-* anlautet, der in anderen Varietäten des Arabischen häufig aus satzphonetischen Gründen elidiert wird (vgl. auch Wright 1994:158 und Solá-Solé 1983:71–85).

Morphologie und Syntax

Der Einfluss des Arabischen in Morphologie und Syntax ist sehr gering; von einiger Bedeutung ist nur die Endung *-í*, die als integrierender Bestandteil arabischer Adjektive und Substantive ins Spanische eingedrungen (*baladí, maravedí*) und heute noch als Suffix für Ableitungen von Namen (z.B. *alfonsí*) und Ethnika gebräuchlich ist, die sich auf Städte und Länder der semitischen bzw. islamischen Welt beziehen: *israelí, iraquí, bengalí, marroquí.* Die schon im Latein belegte Verwendung des Plurals für Paare, z.B. *los reyes* ‚König und Königin', *los padres* ‚Vater und Mutter' wurde im Spanischen vermutlich durch Konvergenz mit einer arabischen Struktur verstärkt (Lapesa 1981: 148–154).

Einflüsse auf die Syntax sind nur im Altkastilischen und da insbesondere in Übersetzungen zu beobachten: So werden z.B. in Relativsätzen ähnlich wie im Arabischen die syntaktischen Beziehungen nicht durch das Relativpronomen, sondern durch ein Personal- bzw. Possessivpronomen ausgedrückt: *la sombra* que *tu quieres saber* su *altura* (heute: *cuya altura tú quieres saber*); *otra estrella* que *sera* so *logar sabudo* (Kontzi 1998:334f.). Häufiger als in anderen romanischen Sprachen steht im Spanischen und Portugiesischen das Verb am Satzanfang, so wie auch normalerweise im Arabischen. Wahrscheinlich hat das Arabische aber auch hier nur verstärkend auf eine innerromanische Tendenz gewirkt (Neumann-Holzschuh 1997:220–222).

Bis zum 11. Jh., solange die Iberische Halbinsel nach Córdoba hin orientiert war, gab es eine wahre Flut von Arabismen. Im späteren Mittelalter machten Latinismen und Entlehnungen aus europäischen Sprachen den Arabismen Konkurrenz. In dem Maße, wie ab der Renaissance moderne Techniken und neue Moden die mittelalterliche Lebensweise veränderten, gingen auch die Arabismen zurück. Auch die endgültige Vertreibung der Mauren aus Spanien trug natürlich dazu bei. Viele Arabismen wurden durch Wörter ersetzt, die aus dem Latein stammen, z. B. *alfayate* durch *sastre* ‚Schneider' oder *alfajeme* durch *barbero* ‚Barbier' (Berschin u. a. 1995:94).

Rückgang der Arabismen

4 Die Jarchas und das Mozarabische

Jarchas

Die mozarabischen Jarchas gehören zu den ältesten romanischen Texten, die uns überliefert sind. Neben Glossaren und Zeugnissen von Botanikern, Medizinern und Pharmakologen, die in ihren arabischen Werken auch die mozarabischen Pflanzennamen genannt haben, sind sie die wenigen schriftlichen Zeugnisse des Mozarabischen (Galmés de Fuentes 1983, 1995). Es handelt sich bei den Jarchas um „in den Mund von Frauen gelegte spanische Schlussstrophen in arabischen und hebräischen Strophengedichten", Muwaššaḥ oder Muwaššaḥa genannt, verwandt mit dem Zağal (sp. *zéjel*) (Heger 1960:1). Der Name *jarcha* bedeutet ‚Ausgang' und kommt von arab. *ḫarağa* ‚herausgehen'. Die Jarchas stammen aus Gedichten von zumeist bekannten arabischen oder jüdischen Dichtern und sind vom Anfang des 11. Jhs. bis etwa 1150 zu datieren – die ältesten liegen also zeitlich vor dem Beginn der okzitanischen Trobadorlyrik (ab etwa 1100). Sie sind in arabischer oder hebräischer Schrift überliefert und daher der Forschung zunächst gar nicht aufgefallen; erst 1948 sind sie von Samuel M. Stern „entdeckt" worden. Sie bezeugen mit einiger Sicherheit eine weit verbreitete frühe romanische Lyrik und haben der Diskussion um die Ursprünge der romanischen Lyrik neuen Auftrieb gegeben. Ihr Inhalt sind Frauenklagen; sie sind also den galicisch-portugiesischen *cantigas de amigo* (‚Frauenliedern') vergleichbar (*s. S. 68*). Da die Jarchas – einige finden sich in mehreren Gedichten – in arabischer oder hebräischer Schrift niedergeschrieben wurden, also ohne Vokale, und die handschriftliche Tradition sie oft stark verderbt hat, stellt die Rekonstruktion der Texte die Forschung vor ganz erhebliche Probleme (vgl. Heger 1960; Deyermond 1980:47–57; García Gómez 1990; Ineichen 1997:80–84).

Textbeispiel

Die folgende Jarcha stammt aus einem Muwaššaḥ von Muhammad ibn Ubada (11. Jh.); in der phonetischen Rekonstruktion von Lleal (1990:157) lautet sie:

1 [Mew sídi Ibrahim,	Mein Herr Ibrahim,
2 já mwémne dóltʃe	oh süßer Name,
3 ßénte míb(e)	komm zu mir
4 de nóxte.	in der Nacht.
5 In nón, ʃi non kjéreʃ,	Wenn nicht, wenn du es nicht willst,
6 iréjme tíb(e):	werde ich zu dir gehen,
7 gárme ób(e),	sag mir wo
8 a ßérte].	ich dich sehen kann (zu sehen).

Merkmale des Mozarabischen

- Obwohl die Notierung in den Texten uneinheitlich ist, kann die Diphthongierung von Ĕ und Ŏ als gesichert gelten: FONTE > *fuente*, QUAERIS > *kjereʃ* im obigen Text;
- der Diphthong AU bleibt erhalten, bei AI ist die Entwicklung uneinheitlich: *qarbonero/qarboneyro*;
- F- bleibt erhalten: *fidalgo, filyas* ‚hijas', ebenso PL-, CL-, FL- (wie im Aragonesischen und Katalanischen);
- -MB- und -ND- sind erhalten: *qolomba, Onda*;
- -CT-, -(U)LT- werden teils zu [jt] (ELECTU > *eleyto*), teils zu [tʃ]; im obigen Text ist [χt] bezeugt: *nóxte*;
- das Ergebnis von C vor E, I ist [tʃ] (wie im Italienischen): [dóltʃe] im obigen Text (Galmés de Fuentes 1995:722 ff.; Dietrich/Geckeler 2000:42 f.).

Insgesamt gesehen bezeugen die Merkmale eine größere Nähe des Mozarabischen zum Galicisch-Portugiesischen und Asturisch-Leonesischen einerseits sowie zum Navarro-Aragonesischen und Katalanischen andererseits als zum Kastilischen; das Mozarabische kann gewissermaßen als ein Bindeglied zwischen den Sprachformen im Westen und Osten der Halbinsel angesehen werden (Galmés de Fuentes 1995:733). Die mit dem Mozarabischen noch bestehende inneriberische Kontinuität wird durch den Siegeszug des Kastilischen unterbrochen, das eine Sonderstellung einnimmt.

Bedeutung für das Spanische

Im Zuge der Reconquista wurde das Mozarabische durch die von Norden kommenden Sprachformen verdrängt, die größeres Prestige hatten. Es verschwand aber nicht, ohne Spuren in den Reconquistadialekten zu hinterlassen, deren Ausmaß allerdings unklar ist und die sich wohl nur auf den Wortschatz erstrecken. Die meisten der im vorigen Kapitel genannten Arabismen sind aber sicher über mozarabische Vermittlung ins Spanische gelangt (Kontzi 1998:332 f.). Nicht richtig ist wohl die vielfach geäußerte Annahme, das heutige Andalusische sei direkt durch das Mozarabische beeinflusst worden (Cano Aguilar 1992:50).

3 KAPITEL Frühromanisch und Altspanisch

1 Das Romanische im christlichen Spanien

1 Geschichtlicher Hintergrund

Christliche Reiche

Im Norden der Halbinsel hatten im Kantabrischen Bergland und in den Pyrenäen verschiedene von Christen bewohnte Gebiete dem Ansturm der Araber standgehalten. Hier vermischte sich die autochthone Bevölkerung – in unterschiedlichem Ausmaß – mit Flüchtlingen aus dem Süden. Wir finden im Norden einerseits Nachfahren der Bergstämme aus vorrömischer Zeit: Gallaeci, Astures, Cantabri, Vascones, andererseits die Erben des Westgotenreiches, die dessen Traditionen fortsetzten (vor allem in Oviedo) und in den ersten Jahrhunderten des Mittelalters für die endgültige Romanisierung (sieht man von den Basken ab) und Christianisierung der Gebirgsbewohner gesorgt hatten. In diesem Kontext bilden sich die verschiedenen primären iberoromanischen Dialekte heraus.

Asturien

Das asturisch-kantabrische Kerngebiet spielte im frühen Mittelalter die wichtigste Rolle. Geographisch erstreckte es sich von Galicien, das von den Arabern schon im 8. Jh. aufgegeben worden war, bis zur Ebene von Álava, vom maurischen Herrschaftsgebiet getrennt durch die sog. „strategische Wüste" (*desierto estratégico*) der Meseta nördlich des Duero. Das Gebiet war von seinen berberischen Bewohnern ebenfalls um die Mitte des 8. Jhs. nach den ersten Versuchen der **Reconquista** aufgegeben worden. Weitgehend menschenleer war es, weil die Asturer die dort lebenden Christen mit in den Norden genommen hatten. Es wurde aber schon ab Mitte des 9. Jhs. wieder besiedelt, vor allem im 10. Jh., nachdem die Reconquista um 900 bis zum Duero vorgedrungen war (zu den Mozarabern aus dem Süden, die sich hier niederließen, *s. S. 46*). Im Rahmen der Wiederbesiedlung (*repoblación*) spielten vor allem die Klöster eine wichtige Rolle, z. B. Sahagún und Cardeña.

León

Anfang des 10. Jhs. wird die Hauptstadt des Königreiches Asturien von Oviedo nach León verlegt und damit ändert sich auch der Name in Königreich León. Es war zu Anfang der Hauptträger der Reconquista, nicht zuletzt, weil es sich als Erbe der westgotischen Tradition sah und daher die Vorherrschaft über die anderen Reiche beanspruchte. Sprachlich bildete es keine Einheit: im Nordwesten sprach man Galicisch, im Zentrum Asturo-Leonesisch (mit Einflüssen des Mozarabischen, denn die Flüchtlinge aus dem Süden zog es eher in das zivilisiertere León als nach Kastilien) und im Osten das Kastilische, das von den romanischen Idiomen die dynamischste Entwicklung durchgemacht hat.

Galicien

Galicien ging ab dem 9. Jh., nachdem 813 das angebliche Grab des Heiligen Jakob aufgefunden worden war, eigene Wege und wurde zu einem wichtigen religiösen Zentrum. Zeitweise war es ein selbstständiges Königreich. Sprachlich bildet sich hier ein in vieler Hinsicht konservatives Romanisch heraus, beruhend auf dem Latein der Hispania Ulterior (*s. S. 32*) und konservativ wegen der Isolierung in der Zeit der Sueben und der späteren Marginalisierung. 1093 wurde die Grafschaft Porto selbstständig, ab 1139 wird daraus das Königreich Portugal, das 1147 Lissabon zurückeroberte. Die galicisch-portugiesische Sprache war im Mittelalter die wichtigste Sprache der lyrischen Dichtung auf der Iberischen Halbinsel.

Kastilien

Im Osten bildete sich die Grafschaft Kastilien heraus – der Name *Castilla* < lat. CASTELLA ‚Burgen', seit 800 bezeugt, erklärt sich dadurch, dass ab Mitte des 8. Jhs. die Gegend durch Burgen befestigt wurde. Das Ursprungsgebiet des Kastilischen liegt im Kantabrischen Gebirge, über das die Westgoten ihre Herrschaft nicht hatten ausdehnen können (vgl. die Karte bei Cano Aguilar 1992:14). Im Laufe des 9. und 10. Jhs. dehnt sich Kastilien, das anfangs aus einer Reihe von Grafschaften bestand, über die Meseta nach Süden aus, 884 wird Burgos wieder besiedelt; bei der kastilischen *repoblación* der wiedereroberten Gebiete haben Basken eine wichtige Rolle gespielt (Echenique Elizondo 1995:528). Im 10. Jh. löst sich Kastilien aus der Abhängigkeit von Asturien-León, wird politisch autonom und Mitte des 10. Jhs. von Fernán González in einer einzigen Grafschaft geeint. Nach dem Auseinanderbrechen des Königreichs León fällt die Krone 1035 an Ferdinand I., der 1037 León mit Kastilien vereint. Das Reich zerfiel dann noch einmal, wurde aber schließlich 1230 von Ferdinand III. wieder zu einem Königreich Kastilien-León zusammengeführt.

Navarra und Aragón

Nachdem Karl der Große zur Sicherung seiner Grenzen gegen die Mauren die Spanische Mark gegründet hatte (*s. S. 44*), entstanden im Pyrenäenraum in Abhängigkeit von Südfrankreich Grafschaften, von denen sich eine im 9. Jh. zum Königreich Navarra (oder Pamplona) entwickelte. Die zunächst noch von Navarra abhängige Grafschaft Aragón wurde erst 1035 zum Königreich erhoben. Im 10. Jh. eroberte Navarra das Gebiet bis zum Ebro und die Rioja; auch hier spielten die Klöster für die Wiederbesiedlung eine bedeutende Rolle (z. B. Albelda, San Millán de la Cogolla). Unter Sancho el Mayor (1000–35) hatte Navarra eine wichtige Machtstellung, geriet dann aber unter den Einfluss von Kastilien und Aragón und musste Gebiete abtreten.

Katalonien

Im Osten ist die wichtigste Grafschaft Barcelona, die ab dem 9. Jh. (801 wurde Barcelona zurückerobert) ein maßgeblicher Träger der Reconquista und zur Keimzelle von Katalonien wurde. Im 10. Jh. befreit sie sich von der politischen Dominanz des Frankenreichs, doch bleibt sprachlich ein starker okzitanischer Einfluss bestehen. Sprachlich bzw. dialektal gliedert sich das Pyrenäengebiet in Navarresisch (oder *riojano*), Aragonesisch und Katalanisch, allerdings mit fließenden Grenzen.

2 Die lateinisch-romanische Diglossie

Diglossie

Das Verhältnis der *romances peninsulares* im Norden der Halbinsel zum Latein kann man im Sinne von Ferguson (1959) als Diglossie bezeichnen, da das geschriebene Latein und das mit ihm genetisch verwandte gesprochene *romance* die typische komplementäre Funktionsverteilung einer „high variety" (Distanzsprache) und „low variety" (Nähesprache) aufweisen. Ab dem Einsetzen der volkssprachlichen Schrifttradition im Gefolge der Karolingischen Reform des Lateins, das dadurch zur schriftlichen Wiedergabe der romanischen Sprechsprachen ungeeignet wurde, scheint vielen Autoren der Terminus ‚Bilinguismus' angemessener (Lüdtke 1999). Allerdings ist es ein ‚Bilinguismus mit Diglossie', in dem sich Latein und Volkssprache den Distanzbereich teilen, während der Nähebereich den Volkssprachen vorbehalten bleibt.

Eine oder zwei Sprachen?

Die allgemeine Auffassung von der lateinisch-romanischen Diglossie vor Einsetzen der romanischen Schriftsprachen ist allerdings von Roger Wright in seinem Buch *Late Latin and Early Romance in Spain and Carolingian France* (1982) in Frage gestellt worden[10]. Die These von Wright lautet: Spätlatein und Frühromanisch sind ein und dieselbe Sprache; erst in der Karolingischen Renaissance wurde das Latein (Mittellatein) neu erfunden („ ‚Latin', as we have known it for the last thousand years, is an invention of the Carolingian Renaissance", 1982:ix und 186); was vorher in der Romania geschrieben wurde, ist nach Wright nichts anderes als die gesprochene Sprache im Gewand einer archaisierenden Graphie.

Die Antwort auf die Frage, ob es sich beim Spätlatein und Frühromanischen um Varietäten einer Sprache oder um zwei Sprachen handelt, hängt von der Definition von ‚Sprache' ab. Nimmt man als Kriterium die Verständlichkeit, dann kann man die Frage so beantworten, dass man von Varietäten einer Sprache so lange spricht, wie die Distanzsprache von allen Mitgliedern der Sprachgemeinschaft verstanden wird, und von verschiedenen Sprachen, wenn dies nicht mehr der Fall ist. Das **Ende der „vertikalen Kommunikation"** ist allerdings nicht für alle Gebiete der Romania gleichzeitig anzusetzen. Für das fränkische Gallien kann Herman (1996b) nachweisen, dass sie schon um 760, also vor Beginn der Karolingischen Reform, empfindlich gestört war und dass die von Karl dem Großen (ab ca. 790)

10 Kritisch dazu E. Löfstedt in *Vox Romanica* 42 (1983:259–263) sowie H. und W. Berschin (1987).

eingeleitete Rückkehr zu einem im Sinne der klassischen Normen korrekten Latein lediglich eine schon vorher unüberbrückbare Kluft weiter vertieft hat. Wie lange die vertikale Verständlichkeit der Distanzsprache auf der Iberischen Halbinsel andauerte, darüber gehen die Meinungen auseinander. Nach Banniard (1992:481–484) war sie schon in der zweiten Hälfte des 9. Jhs. nicht mehr gegeben, Herman hält einen späteren Zeitpunkt für möglich (1996b:379). Spätestens jedoch seit 1080, als auch in Spanien das reformierte Latein Sprache der Liturgie wurde (*s. S. 67*), wurden Volkssprache und Latein als zwei verschiedene Sprachen empfunden. Unabhängig davon dürfte schon früher den Schreibern von Urkunden ein deutlicher Unterschied zwischen der Sprechsprache und der lateinischen Zielnorm bewusst gewesen sein, denn sie verwendeten in Urkunden das synthetische Futur, Kasusendungen, unsonorisierte Verschlusslaute usw. (vgl. Pensado 1991:201).

3 Die ersten Zeugnisse des Romanischen

Romanische Elemente in Urkunden

„Die Entwicklung des Vulgärlateins zu den iberoromanischen Sprachen vollzog sich auf der Ebene der Sprechsprache. Sie ist uns nur insofern zugänglich, als sie Spuren in den schriftlichen Dokumenten der Übergangszeit (5.–10. Jh.) hinterlassen hat“ (Berschin u. a. 1995:81). Schriftliche volkssprachliche „Texte“ im eigentlichen Sinne gibt es in Spanien nicht vor dem 11. Jh. Vor allem in lateinischen Urkunden und Predigten kann man aber schon vor 1000 „ein erstes sporadisches Eindringen von Elementen der romanischen Volkssprachen in den Distanzbereich feststellen“, verursacht durch Unachtsamkeit oder mangelnde Bildung des Schreibers (Koch/Oesterreicher 1990:199). Eine Reihe von Beispielen für volkssprachliche Merkmale in notariellen Urkunden des 9.–11. Jhs. finden sich bei Lleal. In ihnen kommen z. B. Wörter wie *calçada, karrera, cabra, eglesia, luengo, duanna* (= dueña) vor (1990:136–139).

Erster volkssprachlicher Text

Während diese Urkunden nach allgemeiner Auffassung überwiegend lateinisch sind, gilt als erster volkssprachlicher Text die *Nodicia de kesos* aus dem Kloster San Justo y Pastor in der Nähe von León, die Menéndez Pidal auf ca. 980 datiert (1980:24-25; Wright 1982:173). Dieser auf der Rückseite einer Schenkungsurkunde aus dem Jahre 959 niedergeschriebene „Text“, bei dem es sich eigentlich nur um eine „Liste“ handelt (Koch 1993:48, 63), bildet insofern eine Ausnahme, als hier offenbar nicht beabsichtigt war, einen Vertrag o. ä. in lateinischer Sprache zu beurkunden; der Schreiber hat vielmehr eine informelle „Notiz“ über die Verteilung der Käse an die Mönche des Klosters mit romanischer Grammatik und Lexik niedergeschrieben, wenn auch in der damals für das Lateinische üblichen Graphie. Der Normalfall war jedoch im 10. Jh., für jede Art von Schriftlichkeit die lateinische Sprache zu benutzen, und sei es ein Latein, das sich von der traditionellen Korrektheit beträchtlich entfernt hatte.

Glossen

Mit einiger Sicherheit kann man davon ausgehen, dass ein „völlig diglossisches Bewußtsein" (Koch/Oesterreicher 1990:199) um die Jahrtausendwende in Nordspanien vorhanden war: man verstand das Schriftlatein nicht mehr oder jedenfalls nicht mehr ohne „Hilfestellungen". Solche Hilfestellungen sind Glossen, die im Mittelalter nicht nur in Spanien zu den ältesten Zeugnissen für die romanischen Sprachen gehören. Glossen sind Worterklärungen oder sonstige Verständnishilfen (in den emilianensischen Glossen z. B. auch Buchstaben über den Wörtern als Hilfsmittel für die syntaktische Analyse); die Worterklärungen können lateinisch oder romanisch sein, sie können aus Einzelwörtern oder Syntagmen bestehen.

Die ältesten Glossen der Iberischen Halbinsel sind die ***Glosas emilianenses*** in einem lateinischen Kodex, der im Kloster San Millán de la Cogolla in der Rioja aufbewahrt wurde (heute in Madrid), und die ***Glosas silenses*** aus dem Kloster Santo Domingo de Silos südlich von Burgos; heute befindet sich die Handschrift im British Museum.

Die *Glosas emilianenses*

Die emilianensischen Glossen wurden von Menéndez Pidal auf 977 datiert, stammen aber möglicherweise aus der ersten Hälfte des 11. Jhs. Eingetragen wurden sie in eine lateinische Handschrift aus der Zeit um 900 mit Predigten des Kirchenvaters Augustinus bzw. solchen, die ihm zugeschrieben werden. Aufgrund der sprachlichen Merkmale, u. a. der fehlenden Sonorisierung der intervokalischen Verschlusslaute, nimmt H. J. Wolf an, die Glossen könnten in einem Kloster im aragonesischen Sprachraum (möglicherweise in den Pyrenäen) von zwei verschiedenen Händen hinzugefügt worden sein. Das Manuskript wäre dann im 11. Jh. nach San Millán gelangt. Insgesamt lassen die Anmerkungen und Zusätze erkennen, dass der Text zu Unterrichtszwecken benutzt wurde (vermutlich hatte der erste Glossator auch baskische Schüler, daher finden sich auch zwei baskische Glossen). Nach der Analyse von Wolf gibt das in hohem Maße kohärente Transkriptionssystem den Lautstand des zugrunde liegenden aragonesischen Dialekts getreu wieder (Wolf 1991:91; andere Forscher nehmen eine Entstehung im Kloster San Millán selbst an, vgl. Wright 1994:209–219; Hilty 1996).

Beispiele

Die folgenden Beispiele sind der kritischen Ausgabe von Wolf entnommen (mit dessen Nummerierung der Glossen). Nach dem Zeichen = findet sich die entsprechende heutige kastilische Form:
(2) repente – lueco = *luego*; dieses und andere Beispiele sind nach Ansicht von Wolf ein Indiz dafür, dass im Dialektgebiet des Glossators die Sonorisierung der intervokalischen stimmlosen Verschlusslaute nicht eingetreten ist.

(3) suscitabi – (ego) lebantai = *yo levanté*; im Kastilischen wird der Diphthong [ai] zu [e] monophthongiert.
(5a) jussit – mandaot = *mandó*.
(9) tertius [diabolus] – elo terzero diabolo = *el tercer diablo*; hier ist der Gebrauch des Artikels im Romanischen zu beobachten.
(10) uix – fuerza = *fuerza*.
(17) pudor – uerecundia = *vergüenza*. Das Wort *verecundia* ist ein Latinismus.
(29) jnueniebit [inveniebit] – aflarat = *hallará*; diese Glosse zeigt die Ablösung des lateinischen durch das romanische Futur aus dem Infinitiv und Präsensformen von HABERE, die schon wieder zu einer synthetischen Form verschmolzen sind.

Am Rande des lateinischen Textes findet sich auch eine **Gebetsformel**, dies ist der erste belegte Text, der bewusst ins Romanische übersetzt wurde (Lleal 1990:140; Wolf 1991:134; die Kursivbuchstaben entsprechen aufgelösten Abkürzungen):
Cono ajutorio de nuestro dueno. dueno *christ*o. dueno salbatore. qual dueno g*ct* cna honore. e qual duen*no* tienet. ela mandatjone. cono patre con *spiritu* sancto enos sieculos. delo[s] sieculos. facanos de*us* om*ni*potes tal serbitjo fere. ke dena*n*te ela sua face gaudioso[s] segam*us*. Amen

Mit der Hilfe unseres Herrn, Herrn Christus, Herrn (und) Retters, welcher Herr ist (*get, yet* < EST) in der Ehre, und welcher Herr die Macht hat, mit dem Vater, mit dem Heiligen Geist, in alle Ewigkeit. Lasse uns Gott der Allmächtige solchen Dienst tun, dass wir vor seinem Antlitz fröhlich seien (*segamus* = *seyamus* < SEDEAMUS).

Vorausbauphase

Keines der ersten iberoromanischen Sprachdenkmäler begründet „eine feste volkssprachliche Schreibtradition“ (Krefeld 1988:749), sie gehören noch in die Vorausbauphase. Es handelt sich – in Spanien wie in Italien – um juristische (notarielle), kommerzielle und religiöse **Gebrauchstexte** (z. B. die Gebetsformel in den emilianensischen Glossen); sie sind episodischer Natur und aus ganz verschiedenen Anlässen entstanden. Eine Ausnahme bilden vielleicht die Jarchas, aber gerade bei diesen handelt es sich nicht um altspanische Texte, sondern um (sehr kurze) Teile von arabischen oder hebräischen Gedichten. Die Volkssprache diente vom 10. bis weit ins 12. Jh. noch nicht als Schriftsprache, sie ist noch an den Modus der Mündlichkeit gebunden, und bei den überlieferten Texten sind solche mit „**Medienwechsel** besonders stark vertreten“ (Koch/Oesterreicher 1990:130, 200), d. h. Texte, die – beim Kontakt mit Laien ohne Lateinkenntnisse – zum Vorlesen oder Vortragen bestimmt waren, wie etwa Predigten, notarielle Urkunden oder religiöse Theaterstücke wie das *Auto de los Reyes Magos* (*s. S. 62*).

2 Die Reconquista und die Ausbreitung des Kastilischen (1002–1250)

1 Geschichtlicher Hintergrund

Dekadenz der Maurenherrschaft

Zwischen dem Tode al-Mansurs im Jahre 1002 und dem Ende des Kalifats 1031 ändern sich die Machtverhältnisse auf der Iberischen Halbinsel grundlegend; die militärische Initiative geht an die christlichen Reiche des Nordens über, denen die maurischen Kleinkönige Tribut zahlen müssen (*época de las parias*, MacKay 1995:26–36). Die Zeit von der Jahrtausendwende bis 1250 bildet die wichtigste Etappe der Reconquista, die ab der Wende zum 12. Jh. getragen ist von der die christlichen Reiche einenden Idee einer gemeinsamen christlichen Nation und der Kreuzzugsideologie (*época de cruzada*, ebd. 37–46). Damit geht die Epoche des friedlichen Zusammenlebens, der *convivencia* von Christen und Mauren, in Al-Andalus zu Ende.

Kastilien und Aragón

Im Norden geht die Führung von den Königreichen León und Navarra unter den Söhnen von Sancho el Mayor an Kastilien und Aragón über. Was von Navarra übrig blieb, wird 1134 unabhängig, aber durch Kastilien und Aragón von der Reconquista abgeschnitten. Das Königreich Aragón, seit dem 11. Jh. unabhängig, dehnt sich 1118 bis Zaragoza aus und wird 1137 mit der Grafschaft Katalonien zur Krone von Aragón (*Corona de Aragón*) vereinigt. Mit der Einnahme der Balearen (1229–35) und Valencias im Jahre 1238 wird die katalanisch-aragonesische Reconquista abgeschlossen und Aragón kann nur noch in Richtung Italien expandieren. Im Zentrum wird Kastilien zum Hauptträger der Reconquista. Unter Alfons VI. wird 1085 – unter Mithilfe der dort ansässigen Mozaraber – Toledo erobert, dessen maurische (die *mudéjares*) und jüdische Bevölkerung nicht vertrieben wurde. Der Sieg über die Mauren bei Navas de Tolosa im Jahre 1212 führt zur Auflösung des Almohaden-Reiches; 1236 erobert Ferdinand III. (der Heilige) Córdoba, 1248 wird Sevilla und 1265 Cádiz rückerobert. Letzter arabischer Staat auf europäischem Boden ist Granada, das erst vom 14. Jh. an hispanisiert und 1492 erobert wird.

2 Die Ausgliederung des Kastilischen aus den nördlichen Dialekten

Dialektzonen

Um die Jahrtausendwende hatten sich auf der Pyrenäenhalbinsel fünf Dialektzonen herausgebildet. Das **Galicische** im Westen drang mit der Reconquista weiter nach Süden vor und wurde – politisch bedingt – zum **Portugiesischen.** Im Osten entstand in regem sprachlichem Austausch mit dem benachbarten Okzitanischen das **Katalanische**, das sich mit der Reconquista bis nach Valencia ausbreitete. Die Dialekte im Zentrum, das **Asturisch-Leonesische** im Westen und das **Navarro-Aragonesische** im Pyrenäenraum und der Rioja, bildeten „eine Archaitätszone, die aufgrund der Übereinstimmungen mit dem Mozarabischen für die relative sprachliche Einheitlichkeit des westgotischen Hispanien zeugt" (Berschin u.a. 1995:82). Diese Einheit wird unterbrochen durch das Eindringen des in Kantabrien geprägten und sich besonders eigenständig entwickelnden **Kastilischen**, das als „ein Dialekt mit auffallenden Neuerungen in der Aussprache" charakterisiert werden kann (ebd.). Wie ein sich vergrößernder Keil hat es sich zwischen die übrigen Dialekte geschoben und entscheidend die heutige sprachliche Ausgliederung der Pyrenäenhalbinsel mitbestimmt (Baldinger 1972:55). Im Gegensatz zum Norden, wo die unmittelbar aus dem Vulgärlatein entstandenen **primären Dialekte** eine Art Kontinuum mit fließenden Übergängen bilden, sind im Zentrum und im Süden klare Sprachgrenzen zwischen dem Portugiesischen, Kastilischen und Katalanischen entstanden. Das **Andalusische** ist ein sog. **„sekundärer Dialekt"**, d.h. ein in den zurückeroberten Süden getragenes Kastilisch, das sich dort weiterentwickelt hat.

Mit dem Vordringen der christlichen Königreiche nach Süden verschwanden die **mozarabischen Dialekte**. Ihre Absorption vor allem durch das Kastilische begann mit der Eroberung von Toledo, das ein wichtiges Zentrum des Mozarabischen gewesen war. Allerdings fand der Sprachwechsel nicht von heute auf morgen statt: Dokumente des 12. und 13. Jhs. bezeugen, dass es sich um einen langsamen Assimilationsprozess gehandelt hat. Nennenswerten Widerstand aber hat das Mozarabische dem Siegeszug der nördlichen Dialekte nicht geleistet.

Das „primitivo romance hispánico"

Das „primitivo romance hispánico" weist folgende **lautliche Merkmale** auf, wobei das Kastilische oftmals aufgrund von Neuerungen oder Weiterentwicklungen eine Sonderstellung einnimmt, die die Einheit der übrigen Dialekte sprengt:

- In den ersten Jahrhunderten der Reconquista gehen die Phoneme /tʃ/ und /dʒ/ (aus lat. C vor E, I) zur dentalen Lautung [ts] bzw. [dz] über, was durch Schreibungen wie *dizimus, conzedo* (in Urkunden aus dem Norden) bezeugt wird. Das Mozarabische zeigt diese Entwicklung nur sporadisch.
- Die lat. Doppelkonsonanten LL und NN (im Inlaut) werden palatalisiert zu [ʎ] und [ɲ] – nicht im Galicisch-Portugiesischen, wo sie vereinfacht werden. Beispiele: *caballo, año* (so leon., kast. und arag.; kat.: *cavall, any*).
- Die Gruppen [l + j], [k'l] und [g'l] ergeben palatales [ʎ], das überall erhalten bleibt, nicht jedoch im Kastilischen, wo es weiterentwickelt wird zu [ʒ] (*mujer, hijo*).
- G oder J vor unbetontem E oder I werden (als [j], [dʒ] oder [ʒ]) bewahrt, im Kastilischen dagegen schwindet der anlautende Konsonant: GERMANU > *hermano* (das <h> ist nur graphisch), JANUARIU/*JENUARIU > *enero*.

- Anlautendes F- wird bewahrt, entwickelt sich im Kastilischen dagegen zu ***h***- (*s. S. 16*): FILIU > *hijo.*
- Der Nexus CT entwickelt sich zu [χt] oder [jt], im Kastilischen dagegen zu [tʃ]: LACTE > moz. *laχtaira, leite,* gal.-pg. *leite,* leon. *lleite,* arag. *leite,* kast. *leche;* FACTUM > gal.-pg. *feito,* kast. *hecho.*
- [st + yod] und sc werden zu [ʃ]: CRESCIT > moz. *crešе,* gal.-pg. *creixe,* kast. dagegen zu [ts]: asp. *creçe.*
- Im Kastilischen diphthongieren offenes ĕ́ und ŏ́ (auch in geschlossener Silbe: PETRA > *piedra,* TERRA > *tierra,* SOLU > *suelo,* PORTA > *puerta*), im Gegensatz zum Galicisch-Portugiesischen und Katalanischen.
- Im Kastilischen verhindert ein *yod* die Diphthongierung: NOCTEM > *noche,* TENEO > *tengo,* nicht so im Leonesischen und Aragonesischen.
- Im Kastilischen wird [ie] vor Palatal zu [i] monophthongiert: *Castiella > Castilla, siella > silla.*
- Lat. CL, PL-, FL- , z. B. in CLAMARE, PLORARE, FLAMMA >

asp. [ʎ]	*llamar, llorar, llama*
gal.-pg., leon. [tʃ] oder [ʃ]:	*chamar, chorar, chamma*
arag., kat., moz. *cl-, pl-, fl-*:	*clamar, plorar, flama*

Literatur

Zum Frühromanischen auf der Iberischen Halbinsel vgl. Menéndez Pidal (1979); Lapesa (1981:161–167, 176–179, 182–187); Tovar (1989:75); Cano Aguilar (1992:67–112).

3 Das Altspanische (1200–1450)

1 Die Ausbauphase (ca. 1200 – ca. 1280)

Verschriftlichung der Volkssprachen

Die Verschriftlichung der Volkssprachen, d. h. ihr intensiver Ausbau und ihr Vordringen in den Distanzbereich, wurde angestoßen durch die Karolingische Reform, die das Latein zu einer „toten“ bzw. „künstlichen“ Sprache werden ließ. Die Reform wurde nur in Katalonien bald nach ihrer Durchsetzung im Frankenreich rezipiert; in Kastilien geschah dies erst nach 1080, im Zusammenhang mit der Ablösung der westgotisch-mozarabischen Liturgie durch die römisch-katholische. Deren Praktizierung erforderte die Beherrschung des in den europäischen Klöstern üblich gewordenen reformierten Lateins und Mönche aus Frankreich mussten bei dessen Durchsetzung helfen (Wright 1982:208 ff.). In diesem Kontext wurde auch die westgotische Minuskel durch die karolingische ersetzt; als Relikt blieb nur eine besondere Form des <z> übrig, aus dem sich das im Mittelalter gebräuchliche <ç> mit Cedille entwickelt hat.

Beginn des Sprachausbaus

Das Romanische gewinnt zwar im 11. und 12. Jh. zunehmend an Bedeutung, doch der eigentliche Sprachausbau beginnt in Spanien erst am Anfang des 13. Jhs. Es bilden sich sog. *Scriptae,* Schreibtraditionen und graphische Konventionen heraus, und das *romance* dringt in bestimmte Diskurstraditionen vor, so mit den ersten beiden ganz auf romanisch geschriebenen Texten: dem 1206 zwischen den Königreichen León und Kastilien geschlossenen **Vertrag von Cabreros**[11] und dem ***Poema de Mio Cid***, dem ersten großen literarischen Werk, das nach neuerer Auffassung wohl frühestens zu Beginn des 13. Jhs. entstanden ist (*s. u.*). Dies bedeutet, dass die volkssprachliche Literatur in Spanien deutlich später beginnt als in Frankreich: die *Vie de Saint Alexis* entstand um die Mitte des 11. Jhs., das *Rolandslied* wurde um 1100 niedergeschrieben, und etwa um diese Zeit sind auch die Dichtungen des „ersten" Trobadors Wilhelm von Aquitanien zu datieren.

Aus dem 12. Jh. sind uns außer den Jarchas einige wenige Texte überliefert (Gonzalez Ollé 1980:35–71), die man auch noch eher der Vorausbauphase zurechnen würde, darunter juristische Texte wie die Gesetzessammlung *Fuero de Avilés*, ca. 1155, in asturischem Dialekt mit Okzitanismen; das Fragment einer Übersetzung des *Forum Iudicum*, aus der ersten Hälfte des 12. Jhs., in katalanischer Sprache, und religiöse Texte aus der zweiten Jahrhunderthälfte wie die *Disputa del alma y el cuerpo* und das ***Auto de los Reyes Magos***. Dieses erste in Spanien erhaltene Theaterstück, wahrscheinlich vom Ende des 12. Jhs., ist im Dialekt der Rioja abgefasst und möglicherweise im Kloster San Millán entstanden (Hilty 1981:300 f.). Es war zur Aufführung im Gottesdienst am Dreikönigstag, also für ein lateinunkundiges Publikum bestimmt.

2 Das *Poema de Mio Cid*

Heldenepos

Wie in Frankreich mit dem *Rolandslied*, so beginnt auch in Spanien die volkssprachliche Literatur mit einem Heldenepos, dem ***Cantar de Mio Cid*** (oder *Poema de Mio Cid*), mit dem die Vorausbauphase eindeutig endet. Das Wort *Cantar* ist wörtlich zu nehmen: Die Epen wurden von Spielleuten auf Jahrmärkten, bei Kirchweihfesten und dergleichen in einer Art Sprechgesang vorgetragen (*mester de juglaría* ‚Spielmannsdichtung'); sie waren für ein breites Publikum bestimmt. Menéndez Pidal vermutet, dass es in Spanien bereits seit dem Jahr 1000 eine epische Tradition gegeben hat, von dieser ist aber wenig überliefert: das Fragment *Roncesvalles*, das *Poema de Fernán González* und die *Siete Infantes de Lara* (Gier 1991:6 f.).

---

[11] Spätestens bei Abfassung dieses notariellen Textes wusste man, wie man Romanisch schreibt. Der Vertrag wurde vermutlich aus dem gleichen Grunde wie in Frankreich die Straßburger Eide (842) nicht auf Latein verfasst: alle davon Betroffenen sollten den Text verstehen, wahrscheinlich wurde er auch laut vorgelesen (Wright 1982:239).

Historischer Kern

Der *Cid* ist auf Kastilisch verfasst und in einer fragmentarischen Abschrift vom Anfang des 14. Jhs. überliefert (3730 Verse in assonierenden Laissen). Das Epos berichtet von den Heldentaten und der sehr bewegten Geschichte des historischen **Rodrigo Díaz de Vivar**, eines Vasallen des Königs Alfons VI., geboren 1043 in Vivar (nördlich von Burgos), der 1094 Valencia erobert hat und dort 1099 gestorben ist. Obwohl die historischen Ereignisse relativ treu in das Epos übernommen werden, ist die Figur des Cid als vollkommener mittelalterlicher Ritter stark idealisiert dargestellt.

Datierung

Menéndez Pidal hat gezeigt, dass die Sprache des Epos in vielem archaisch ist, z. B. die Diphthonge in *muort, fuort,* und nicht zuletzt aus diesem Grund das *Poema* auf 1140 datiert. Das Argument der archaischen Sprache ist jedoch nicht unbedingt beweiskräftig – der Dichter kann mit Absicht archaisierende Varianten verwendet haben. Heute überwiegt die Auffassung, „daß der Autor ein gebildeter Mann, ein Jurist oder Kleriker (vielleicht beides) aus Burgos war, der zu Beginn des 13. Jh.s schrieb“ (Gier 1991:7). Diese Datierung nimmt das im Schlussvermerk der Handschrift genannte Datum 1207 als *terminus ante quem* und 1201 als *terminus post quem*, nämlich das Jahr, in dem auf allen Thronen Spaniens Nachkommen des Cid sitzen: „Oy los rreyes d'España sos parientes son“ (Vers 3734, vgl. die Anmerkung in *Poema*: 309).
Textbeispiel, zitiert nach der Ausgabe von Michael (*Poema de Mio Cid* 1987:77–79):

15 *Mio Çid Ruy Díaz   por Burgos entrava,*
en su conpaña   sessaenta pendones.
16b *exiénlo ver   mugieres e varones,*
burgeses e burgesas   por las finiestras son,
plorando de los oios,   tanto avién el dolor;
de las sus bocas   todos dizían una rrazón:
20 *„¡Dios, qué buen vassallo,   si oviesse buen señor!“*

3 Sprachliche Merkmale des Altspanischen

Lautliche Merkmale

Der *Cid* kann als ein Beispiel für den Sprachstand des Altspanischen bzw. Altkastilischen der voralfonsinischen Zeit herangezogen werden. Bis zum 16. Jh. werden einige Phoneme unterschieden, die seitdem zusammengefallen sind:

- **/b/ und /v/** (*bienes* ‚Güter' vs. *vienes* ‚du kommst'); das /b/ wurde (auch intervokalisch) als Verschlusslaut realisiert, das /v/ entweder als labiodentaler Reibelaut oder schon als bilabialer Reibelaut wie im heutigen Spanisch.
- Bei den Frikativen und Affrikaten gab es im Altspanischen eine Korrelation von stimmhaften und stimmlosen Phonemen; im Mittelspanischen tritt Entsonorisierung ein (*s. S. 110 f.*).

- **/ts/ und /dz/**, im (Silben)anlaut kommt nur die stimmlose Affrikate vor; im Auslaut ist die Opposition neutralisiert (das Archiphonem wird stimmlos realisiert); graphisch wird /ts/ mit <ç> (*Çid, fuerça*) und /dz/ mit <z> wiedergegeben (*dezir, razón*); die neusp. Entsprechung beider Phoneme ist /θ/.
- **/s/ und /z/**, die Graphie <s> notiert im Altsp. ein stimmloses [s] im An- und Auslaut: *señor, Burgos*, und ein stimmhaftes [z] in intervokalischer Stellung (*cosa, casa*). Das stimmlose [s] wird zwischen Vokalen mit <ss> geschrieben (*passar, vassallo*). Im Mittelspanischen sind die beiden Phoneme in /s/ zusammengefallen.
- **/ʃ/ und /ʒ/** konvergieren im Mittelsp. in /ʃ/, das sich zu /χ/ weiterentwickelt hat. Die Schreibung für /ʃ/ ist im Altsp. <x> (*dexar, baxo*); die Schreibung für /ʒ/ ist unterschiedlich, <i>, <j> oder <g> (*oio, ojo, gente, muger*).
- **/f/ und /h/**: lateinisch F- ist in volkstümlicher Aussprache zu /h/ geworden (das später verstummt), doch wird es in altspanischen Texten, so auch in der Handschrift des *Cid*, noch mit <f> geschrieben (*fijo, fablar*).
- Konsonanten, die durch Apokope des **-e** in den Auslaut treten, werden entsonorisiert: *nueve* > *nuef, homenaje* > *omenax*.
- Konsonanten, die sich in der Umgebung eines synkopierten Vokals befanden, haben sich noch nicht stabilisiert: *vertad, verdad* < VERITATEM, *comde, conde* < COMITEM.
- Im Satzzusammenhang können die enklitischen Pronomina *me, te, se, le* ihren Vokal verlieren: *nol, quem, ques*; einige Laute werden an der Wortgrenze assimiliert oder elidiert: *vedarlo* → *vedallo, adobarse* → *adobasse*.
- Im Vokalismus sind bis weit ins 16. Jh. hinein Schwankungen bei den Vortonvokalen zu beobachten (*mejor/mijor, trobado/trubado, voluntad/veluntad*), die sich z. T. im amerikanischen Spanisch erhalten haben.

Morphologie und Syntax

- Die analytische Grundlage des Futurs und des Konditionals (*s. S. 26 f.*) ist noch erkennbar, da zwischen dem Infinitiv und der ursprünglichen Form von HABERE ein klitisches Pronomen eingeschoben werden kann: *querer me ha* ‚me querrá', *conbidar lo ien* ‚le convidarían'.
- *Gela, gelo* (meistens zusammengeschrieben) sind entstanden aus lat. ILLI ILLAM, ILLI ILLUM, die im Vlat. zu [eljela], [eljelo] werden (das vorvokalische I wird zum Halbvokal). Sie entwickeln sich lautgerecht zu [ʒela], [ʒelo] und werden auch für die Kombination von indirektem und direktem Pronomen im Plural generalisiert. Die Entwicklung zu den heutigen Formen *se la, se lo* vollzog sich im 16. Jh.
- Intransitive und reflexive Verben konnten das Perfekt mit *ser* bilden: *son idos, somos entrados, se era alçado*, doch erscheint oft auch *aver*: *a Valencia an entrado* (*Cid*).

- Der Gebrauch des präpositionalen Akkusativs ist noch eingeschränkter als im Neuspanischen; im Altsp. steht er vor allem vor betonten Objektpronomina und bei Personennamen: *a ti adoro*; *reçibir salien las dueñas al bueno de Minaya* (*Cid*) (García 1993).

Literatur

Zu den Strukturen des Altspanischen vgl. Lapesa (1981:204–219); Lloyd (1987); Cano Aguilar (1992:67–173); Penny (1993, 2000).

4 Der altspanische Wortschatz

Variation

Die altspanische Lexik (wie auch beispielsweise die altfranzösische) war durch starke Variation gekennzeichnet; es gab viele Wörter, die inzwischen außer Gebrauch gekommen sind, aber (z. T.) in anderen romanischen Sprachen weiterleben (Lapesa 1981:220), z. B.

tiesta neben *cabeça* – frz. *tête*, it. *testa*, kat. *testa*
camba, cama neben *pierna* – frz. *jambe*, it. *gamba*, kat. *cama*
matino neben *mañana* – frz. *matin*, it. *mattino*, kat. *matí*
prender neben *tomar* – frz. *prendre*, it. *prendere*, kat. *prendre*
trobar neben *fallar* – frz. *trouver*, it. *trovare*, kat. *trobar*
finiestra (heute *ventana*) – frz. *fenêtre*, it. *finestra*, kat. *finestra*
(h)inojo (heute *rodilla*) – frz. *genou*, it. *ginocchio*, kat. *genoll*

Im Falle von *(h)inojo* und *finiestra* wird das Verschwinden durch die Homonymie mit *hinojo* ‚Fenchel' und *iniestra* ‚Ginster' erklärt (Corominas 1973).

Erbwort und Kultismus

Die Entwicklung der romanischen Sprachen aus dem Sprechlatein vollzog sich immer in der Symbiose mit dem Schriftlatein; zwischen der *low variety* und der *high variety* des Lateins bzw. später dem Latein und den *romances* fand ein ständiger Austausch statt, der in Bezug auf die romanischen Sprachen mit dem Terminus ‚**Relatinisierung**' bezeichnet wird (Raible 1996). Für den spanischen Wortschatz hat dies zur Folge, dass man drei Kategorien von Wörtern unterscheiden kann (Lapesa 1981:107 ff.; Penny 1993:33 ff.):

- **Erbwörter** (*palabras populares*), d. h. Wörter, die in ununterbrochener Kontinuität seit der Zeit der Römer in der Sprechsprache existiert haben und den Lautgesetzen unterworfen waren, z. B. FILIUM > *hijo*, REGULA > *reja* ‚Pflugschar; Gitter'.
- **Halbgelehrte Wörter** (*palabras semicultas*), d. h. Wörter, die ebenfalls in ununterbrochener Kontinuität in der Sprechsprache tradiert wurden, deren lautliche Entwicklung aber durch Einfluss der entsprechenden schriftsprachlichen Formen, die in Kirche, Verwaltung oder Wissenschaft geläufig waren, gehemmt worden ist, die also dem Latein noch näher stehen, z. B. REGULA > *regla* ‚Regel', VIRGINE > *virgen* (statt **verzen*), ANGELUS > *ángel* (statt **año* oder **anlo*), SAECULUM > *siglo* (statt **sejo*), APOSTOLUS > *apóstol* (statt **abocho*), MIRACULUM > *milagro* (statt **mirajo*).

Buchwörter oder gelehrte Wörter

- **Buchwörter** oder **gelehrte Wörter** (*palabras cultas, cultismos*), d. h. Wörter, die in späteren Jahrhunderten aus der lateinischen Schriftsprache entlehnt worden sind und den Lautgesetzen nicht unterworfen waren; sie stehen also der lateinischen Form sehr nahe (bzw. auch der griechischen), sind aber doch in geringem Maße der lautlichen und morphologischen Struktur spanischer Wörter angepasst worden (vor allem hinsichtlich der Endungen); z. B. REGULAREM > *regular* ‚regelmäßig', EVANGELIUM > *evangelio*, VOLUNTATEM > *voluntad*. Zur Periodisierung der Kultismen vgl. Lüdtke (1998:500).

Dubletten

Manchmal gibt es sog. Dubletten, d. h. nebeneinander einen Latinismus und ein Erbwort vom gleichen Etymon (Lüdtke 1998:510 f.; zur semantischen Entwicklung von Dubletten vgl. Raible 1996:130); Beispiele:

	Kultismus	Erbwort
INTEGRUM	*íntegro* ‚vollständig'	*entero* ‚ganz'
ARTICULUM	*artículo* ‚Artikel'	*artejo* ‚Knöchel'
FRIGIDUM	*frígido* ‚frigide'	*frío* ‚kalt'
OPERARE	*operar* ‚operieren'	*obrar* ‚arbeiten'
RECITARE	*recitar* ‚rezitieren'	*rezar* ‚beten'

Entlehnungswege

Cultismos finden sich schon in den frühesten Texten, z. B. im *Auto de los Reyes Magos*: *escriptura, celestial*; im *Poema de Mio Cid*: *vigilia, vocación, voluntad, monumento* ‚Grab', *monasterio, cristiano*. Viele Latinismen gelangen über die gelehrte Dichtung (*mester de clerecía*) und über die Übersetzungsliteratur in die spanische Sprache, etliche davon, z. B. *convivio, exilio, leticia, absolución, penitencia, perfidia, honorificencia* sind zum ersten Mal bei Gonzalo de Berceo belegt (Lapesa 1981:220, 227).

5 Galloromanische Einflüsse

Beziehungen zwischen Spanien und Frankreich

Beziehungen zwischen Spanien und Frankreich gab es schon seit der Gründung der germanischen Reiche; sie verstärken sich zwischen dem 11. und dem 13. Jh. und führen zu zahlreichen sprachlichen Einflüssen des Französischen und Okzitanischen auf das *romance* der Pyrenäenhalbinsel. Folgende Gründe lassen sich dafür anführen:

- Santiago de Compostela wurde ab dem 10. Jh. ein beliebter Wallfahrtsort. Dorthin wanderten so viele französische Pilger, dass die Pilgerstraße den Namen *camino francés* erhielt. König Sancho el Mayor (1000–35) erleichterte dies dadurch, dass er im baskischen Bergland Wege bauen ließ. An der Pilgerstraße (aber auch in Städten wie Zaragoza und Logroño) siedelten sich viele „Franken" an (als *francos* wurden unterschiedslos alle Ausländer von jenseits der Pyrenäen bezeichnet, darunter vor allem Franzosen, Burgunder und Okzitanier). Die Sicherung des Jakobswegs war übrigens auch ein Motiv für die frühe Periode der Reconquista, an der auch *francos* teilnahmen.

- Sancho el Mayor und Ferdinand I. (1035–65) knüpften politische Kontakte zu Cluny; auf diese Weise gelangte auch die **Klosterreform der Cluniazenser** nach Spanien. Dies führte letztlich dazu, dass im Konzil von Burgos 1080 die westgotisch-mozarabische Liturgie durch die römisch-katholische abgelöst wurde. Zusammen mit der cluniazensischen Reform kamen auch viele *francos* auf die Halbinsel: der Gaskogner Bernardo wurde Abt von Sahagún und später Erzbischof von Toledo, Jerónimo von Périgord wurde Bischof von Valencia. Baumeister aus dem Norden wirkten an romanischen Bauwerken mit.
- Es entstehen dynastische Beziehungen zwischen Kastilien, Burgund und Portugal.

Gallizismen im Wortschatz

Gallizismen im spanischen Wortschatz sind z. B.:

- aus dem Bereich des Rittertums und des Lehnswesens: *homenaje* ‚Huldigung', *mensaje* ‚Botschaft', *fonta* ‚Schande', *doncel* ‚Edelknabe, Knappe', *doncella* ‚Jungfrau; Zofe', *linaje* ‚Geschlecht, Abstammung', *paraje* ‚hohe Abkunft, Adel';
- aus dem Bereich der Kirche und des Pilgerwesens: *pitanza* ‚Armenspeisung', *fraire* > *fraile* ‚Mönch', *monje* ‚Mönch', *preste* ‚Priester', *mesón* ‚Wirtshaus', *sojornar* ‚sich aufhalten', *manjar, vianda* ‚Speise, Esswaren', *peaje* ‚Wegegeld';
- aus anderen Bereichen: *ligero* ‚leicht', *roseñor* (> *ruiseñor*) ‚Nachtigall', *salvaje* ‚wild', *tacha* ‚Fehler, Makel', *sen* ‚Verstand', *follía* ‚Torheit', *sage* ‚weise' (Lapesa 1981:168–170, 197–201; Niederehe 1998).

Adjektiv *español*

Eine wichtige Entlehnung ist ohne Zweifel das Adjektiv *español* < HISPANIOLUS, in Südfrankreich als Eigenname seit Ende des 11. Jhs. belegt, etwas später in Aragón, Soria und Navarra, von 1192 bis 1212 in Katalonien, Toledo, Burgos und der Rioja, fast immer bei Einwanderern aus Frankreich. Zuerst wurden damit wohl die *hispanogodos* bezeichnet, die im 8. Jh. vor den Arabern über die Pyrenäen geflohen waren. Als ethnisches Adjektiv ist das Wort bei okzitanischen Trobadors belegt, im Spanischen seit Berceo (ca. 1198–vor 1264). Für dieses Adjektiv bestand ein Bedarf, nachdem der Name *España* nicht mehr als Synonym für Al-Andalus, sondern für die Gesamtheit der christlichen Staaten auf der Halbinsel gebraucht wurde. Während die Spanier selbst sich im frühen Mittelalter noch *castellanos, leoneses* usw. nannten, wird mit dem neuen Terminus dem durch die Reconquista entstehenden neuen Einheitsgefühl Rechnung getragen (Cano Aguilar 1992:65).

Apokope

Durch galloromanischen Einfluss erklärt Lapesa den Verlust des unbetonten Auslautvokals bei vielen Wörtern, z. B. *noch, mont, part, fuent, tot* ‚todo', der sich in den frühen alfonsinischen Texten noch findet, später aber rückgängig gemacht wurde (Moreno Bernal 1993). Ferner geht die Schreibung <ch> für [tʃ] auf französisches Vorbild zurück (Lapesa 1981:170, 200 f.).

Zentren des Ausbaus

Der mit den bisher genannten Texten begonnene Prozess des Sprachausbaus „wurde im 13. Jhdt. – polyzentrisch – massiv fortgesetzt" (Koch/Oesterreicher 1990:200). Die Autoren sprechen in diesem Zusammenhang einerseits von **intensivem Ausbau**, womit vor allem der Ausbau der Literatursprache sowie der juristischen, historischen und wissenschaftlichen Prosa gemeint ist, also die Bereicherung der sprachlichen Ausdrucksmittel, und vom **extensiven Ausbau**, d. h. der Ausbreitung der Distanzsprache in den einzelnen Sprachräumen und den verschiedenen Diskurstraditionen. Für den Sprachausbau und die Entfaltung der Literatur waren bis zum Ende des 13. Jhs. nur wenige kulturelle Zentren bedeutsam (Gier 1988:91).

Galicien

Kurz vor 1200 begann auf der Pyrenäenhalbinsel „eine umfangreiche Produktion lyrischer Dichtung", die sich des Galicisch-Portugiesischen, der Sprache des Nordwestens, bediente (Gier 1991:9). Sieht man von Katalonien ab, wo die Dichter in engem Kontakt mit den okzitanischen Trobadors die altokzitanische Sprache verwendeten, so war das Galicisch-Portugiesische die einzige Sprache der Lyrik und blieb es bis zur Mitte des 14. Jhs. Ein erstes kulturelles Zentrum, in dem diese Lyrik aufblühte, war Santiago de Compostela, das sich seit dem 10. Jh. „durch Zustrom von Pilgern aus ganz Europa, vor allem aus Frankreich, zu einem Umschlagplatz für Ideen wie auch für neue literarische Formen" entwickelte (ebd.). Hier entstand die Gattung der ***cantigas de amigo*** (Frauenlieder, Frauenklagen), die mit den Jarchas inhaltlich verwandt waren. Unter starkem Einfluss der okzitanischen Trobadorpoesie standen die anderen beiden Gattungen der galicisch-portugiesischen Lyrik: die ***cantigas de amor*** (Minnelieder, die unerfüllte Liebe aus der Sicht des Mannes schildern) und die ***cantigas de escarnho e maldizer*** (satirische Spott- und Rügelieder wie das altokzit. *Sirventes*) (vgl. die Anthologie von Alvar/Beltrán 1985).

Kastilien

Schon vor der Mitte des 12. Jhs. kamen okzitanische Dichter (als erster Marcabru) an den Hof von Alfons VII. von Kastilien, und im 13. Jh. machten Ferdinand der Heilige (1217–52) und Alfons der Weise (1252–84) „den kastilischen Hof zum Zentrum lyrischer Dichtung" (Gier 1991:11). Alfonso el Sabio verfasste in galicisch-portugiesischer Sprache seine berühmten ***Cantigas de Santa María***, daneben aber auch eine Reihe weltlicher Gedichte, vor allem *cantigas de escarnho.* Nach seinem Tod führte König Denis von Portugal (1279–1325), ein Enkel von Alfons, die Tradition weiter. In den Jahrzehnten nach dessen Tod geht die lyrische Produktion in galicisch-portugiesischer Sprache zu Ende.

Im Jahre 1208 wurde in Palencia (Kastilien) ein *estudio general*, d. h. eine Art Universität gegründet, an der Magistri aus Frankreich lehrten. So entstand ein kulturelles und literarisches Zentrum, in dem Kleriker der Region die Anregungen der französischen Literatur aufnahmen und versuchten, sie in ihrer eigenen Sprache weiterzuführen. Ihre Dichtung, im Unterschied zur Spielmannsdichtung (*mester de juglaría*) für die Lektüre bestimmt, wird ***mester de clerecía*** genannt (*mester* < MINISTERIUM ‚Dienst', *mester de clerecía* ‚Beschäftigung gebildeter Leute'). Das erste Werk aus diesem Bereich ist wahrscheinlich die ***Vida de Santa María Egipcíaca***, Übersetzung einer altfranzösischen *Vita* der hl. Maria Aegyptiaca, die zu den populärsten Heiligenlegenden des Mittelalters zählt. Literarisch anspruchsvoller ist das ***Libro de Alexandre***, die fabulöse Lebensgeschichte Alexanders des Großen, die durch den französischen Alexanderroman inspiriert ist, vor allem aber aus einer lateinischen Quelle schöpft. Der Autor ist vermutlich der Kleriker und Jurist **Gonzalo de Berceo** (ca. 1198–vor 1264), der erste namentlich bekannte spanische Dichter. Mit diesem Werk wurde der französische Alexandriner (nach dem Alexanderroman so genannt) für die spanische gelehrte Dichtung übernommen; die spanischen Dichter bauen daraus vierzeilige gereimte Strophen, die sog. ***cuaderna vía***.

Palencia und die Rioja

Gonzalo de Berceo war im zweiten Abschnitt seines Lebens Notar des Klosters San Millán de la Cogolla in der Rioja – hier entsteht im 13. Jh. ein weiteres literarisches Zentrum (vermutlich ist bereits das *Auto de los Reyes Magos* vom Ende des 12. Jhs. hier zu lokalisieren). Berceo stellte seine „literarischen Fähigkeiten in den Dienst geistlicher Propaganda" für dieses Kloster und verfasste Dichtungen über Heilige, die mit dem Kloster verbunden waren, darunter die ***Vida de San Millán***, des Klostergründers (Gier 1991:17). Von seinen weiteren Werken seien noch die ***Milagros de Nuestra Señora*** genannt, die auf einer lateinischen Sammlung von Marienmirakeln beruhen. Mit Berceos Tod endet die literarische Aktivität in San Millán.

San Millán de la Cogolla

7 Der extensive Ausbau des Kastilischen

Die Ausbreitung des Kastilischen durch die Reconquista ist auch unter dem Blickwinkel des extensiven Sprachausbaus und der Überdachung der anderen diatopischen Varietäten zu sehen, die bereits mit dem intensiven Ausbau im 13. Jh. einhergeht (vgl. Echenique Elizondo 1995). Es seien hier kurz die mit der fortschreitenden Reconquista zusammenhängenden soziopolitischen und soziolinguistischen Faktoren genannt, die für die Ausbreitung des Kastilischen und die Entstehung des sekundären Dialektes Andalusisch im Süden maßgebend waren (vgl. Lleal 1990:199–210).

Ausbau und Überdachung

Convivencia

Ein wichtiger Faktor ist die demographische Komplexität in den christlichen Reichen. Die in vielen Regionen über Jahrzehnte oder Jahrhunderte hin friedliche *convivencia* von Christen, Moslems und Juden führte zu einer Symbiose der drei Kulturen, die für die spanische Kultur und Geschichte außerordentlich bedeutsam gewesen ist. Im Süden herrschten allerdings andere Verhältnisse als in Toledo, im Zentrum Spaniens. In der ehemaligen Baetica wurden die Mauren zum größten Teil des Landes verwiesen, und ihre Ländereien wurden einerseits zwischen den Feudalherren, den Ritterorden und kirchlichen Würdenträgern aufgeteilt (*donadíos*), andererseits an die Neubürger der Städte vergeben (*heredamientos*).

Urbanisierung

Wichtig für die Sprachgeschichte ist der auf die militärische Eroberung folgende Prozess der Urbanisierung. In den zurückeroberten Gebieten entwickelte sich sehr schnell ein neues städtisches Leben, was sich z. B. in der Gründung von Schulen, einer Wiederbelebung des Handels und der Schaffung neuer administrativer Institutionen und Strukturen manifestierte. Auch die Kirche spielte eine wichtige Rolle, insbesondere die unmittelbar von Rom abhängigen Militärorden und die Bettelorden der Dominikaner und Franziskaner, die sich in den Städten etablierten, mit missionarischem Eifer gegen Andersgläubige und Ketzer predigten und so ein Klima der Intoleranz schufen.

Schulen und Universitäten

Auf der anderen Seite ist eine Bereicherung des geistigen Lebens zu verzeichnen, das in der Zeit der militärischen Eroberungen einen Niedergang erlebt hatte. Während es vorher nur Klosterschulen für die Mönche gegeben hatte, werden im 13. Jh. städtische Schulen eingerichtet, in denen der Unterricht auf der Primarstufe in der Volkssprache erteilt wurde. In den Sekundarstufen dagegen wurde auf Latein unterrichtet und auf die weiterführende Bildung in den Artes liberales (Trivium: Grammatik, Rhetorik, Dialektik; Quadrivium: Arithmetik, Geometrie, Musik, Astronomie) vorbereitet. Schließlich kam es auf Initiative des Königs zur Gründung von *Estudios Generales*, den mittelalterlichen Universitäten: Palencia (1208, später nach Valladolid verlegt), Salamanca (um 1240), Valencia (1246), Sevilla (1254), Lissabon (1290, später Coimbra), Lérida (1300), Huesca (1354) (Gier 1991:12; Bleiberg/Marías 1972:904 und *Mapas*).

Säkularisierung der Bildung

Neu an diesen Einrichtungen war ihre Konzeption autonomer Disziplinen (*Artes*, Recht, Medizin) und ihre allmähliche Emanzipation von der Vorherrschaft der Theologie. Die Universitäten führten zu einem beträchtlichen Anwachsen der Buchproduktion. Bildung war jetzt nicht mehr das Privileg der Kleriker, auch Ritter, Bürger, Kaufleute und Handwerksmeister konnten lesen und schreiben lernen. Dieser Säkularisierungsprozess im Bildungsbereich führte zum Erscheinen neuer literarischer Formen (vor allem Epik) auf Romanisch, die insbesondere an den Höfen und in den Städten rezipiert wurden.

Im Zusammenhang mit diesen Veränderungen im sozialen und im Bildungsbereich muss die Entwicklung der Sprache gesehen werden. Unter Ferdinand III. (1217–52) wurde das Kastilische offizielle Kanzleisprache und von daher üblich für alle Gesetzestexte – das Französische bekam diesen Status erst drei Jahrhunderte später (1539) durch den Erlass von Villers-Cotterêts. Eine Reihe von Faktoren haben zu dieser Entwicklung beigetragen:

Kastilisch als Kanzleisprache

- Die Reconquista des 13. Jhs. hat das kastilische Gebiet nahezu verdoppelt; die Bevölkerung wuchs zwischen 1225 und 1475 von vier auf sieben Millionen (Vicens Vives 1977:II, 45–53).
- Daraus ergab sich die Dringlichkeit der Abfassung von notariellen Dokumenten (man denke an die *fueros* [Landrechte], die im Zuge der o. g. Umverteilung von Ländereien erlassen wurden), die auch für die nicht lateinkundigen Betroffenen verständlich sein mussten. Romanisch diente als Lingua franca zwischen Christen und Moslems.
- Schließlich spielt das neue Selbstverständnis des kastilischen Königreichs eine Rolle: „la potencia política de Castilla parece que necesitó un modo propio de manifestarse“ (Cano Aguilar 1992:194).

Selektion des Standards

Die frühe Selektion und Verbreitung einer Standardsprache hat in den anderen romanischen Ländern keine Parallele. „Gerade im Blick auf die Situation im Französischen und Italienischen ist besonders hervorzuheben, daß im Königreich Kastilien das Kastilische nicht nur als Basis einer Standardsprache **früh** endgültig **selegiert** und – durch die Reconquista – **maximal verbreitet** worden ist, sondern daß zu Beginn des 14. Jhdt.s mit dem *castellano drecho* zugleich schon eine **leistungsfähige Distanzsprache** entstanden ist“ (Koch/Oesterreicher 1990:201).

4 Alfons der Weise und das *castellano drecho*

1 Der kastilische Königshof als sprachliches Ausbauzentrum

Förderer der Wissenschaft

Die kastilischen Könige residierten zunächst in Burgos, das als kulturelles Zentrum aber schon ab dem 12. Jh. von Toledo, seit 1086 Hauptstadt des Königreichs, abgelöst wurde. Unter Alfonso X el Sabio wird der kastilische Hof in Toledo zum wichtigsten kulturellen Zentrum des Mittelalters in Spanien. Als Staatsmann hatte Alfons der Weise keine glückliche Hand, umso bedeutender aber war er als Förderer der Wissenschaft und der Literatur, wofür auch politische Überlegungen eine Rolle spielten. Im Zusammenhang mit seinen Bestrebungen, in der Doppelwahl von 1257 die Kaiserkrone zu erringen, „suchte der König offenbar für sein Land ein kulturelles ‚Erbe‘ aus dem Boden zu stampfen, das dem des römischen Reiches gleichwertig wäre“. Unter anderem aus diesem Grund „förderte er Projekte [...] wie die *Siete partidas* und die Chroniken, und aus diesem Grund tritt das Kastilische durchgehend an die Stelle des Lateinischen" (Gier 1991:18). Das Kastilische sollte in den Rang einer Literatursprache erhoben und die literarische Produktion in dieser Sprache vermehrt werden.

Literatur

Alfons entfaltete an seinem Hof ein blühendes wissenschaftliches und literarisches Leben, zu dem er selbst durch seine *Cantigas de Santa María* in galicischer Sprache den bedeutendsten Beitrag leistete. Vor allem aber gilt er als **Schöpfer der kastilischen Prosa**. Schon als Kronprinz hatte er sich als Mäzen betätigt und die kastilische Version eines Steinbuchs (*Lapidario*) nach arabischen Quellen gefördert (ab 1250, 1279 beendet) sowie die Übersetzung der Fabelsammlung *Calila e Dimna* (1251) aus dem Arabischen.

Übersetzungstätigkeit

Alfons setzte die durch den Erzbischof Raimundo im 12. Jh. begonnene Übersetzertätigkeit fort, durch die große Teile des Wissensbestands der arabischen Welt, die das Gedankengut der griechischen Antike in sich aufgenommen hatte, nach Westeuropa gelangte. Unter Raimundo bildeten in der Regel zwei Übersetzer eine Equipe: ein Kenner der Ausgangssprache Arabisch und ein Kenner der Zielsprache Latein, die beide die *lengua vulgar* beherrschten (G. Menéndez Pidal 1951:365). Der erste Mitarbeiter, meist ein des Arabischen mächtiger Jude, fertigte eine mündliche Übersetzung ins Romanische an, diese wurde dann von dem anderen, meist einem Christen, ins Latein übersetzt. Unter Alfons X. wird nun eine entscheidende Neuerung eingeführt: die volkssprachliche Übersetzung wird aufgeschrieben, und mehr und mehr belässt man es dabei; auf eine lateinische Version wird verzichtet. Für die romanische Fassung war ein *emendador* (‚Korrektor') zuständig, der dafür sorgte, dass die Sprache dem *castellano drecho* (‚richtigen Kastilisch') entsprach. Auf diese Weise entstand die kastilische Prosa.

2 Das Werk Alfons' des Weisen

Gesetzessammlung

Unter den juristischen Werken am wichtigsten sind die ***Siete Partidas*** (1251–56), in denen „das geschriebene römische Recht (*derecho escrito*), wie es gerade an der Universität Bologna wiederentdeckt wurde, und das spanisch-westgotische Gewohnheitsrecht (*derecho consuetudinario*) in sieben Teilen" zusammengetragen wurde (Tietz 1997:38). Aus diesem Grund bekam die Sammlung im 14. Jh. den Titel *Siete Partidas* (der ursprüngliche Titel war *Libro del fuero* oder *Libro de las leyes*). Es handelt sich um fast zweieinhalbtausend Gesetze, die grundlegende Neuerungen des Rechtssystems mit sich brachten. Dem König wird eine politische Vorrangstellung eingeräumt, daher hat der Adel zunächst ein Inkraftsetzen der Gesetze verhindert: erst ab 1348 wurden sie gültiges Recht und lösten die lokalen *fueros* ab.

Auf arabischen Vorlagen beruhen die astrologischen Traktate *Libro conplido* und *Libro de las Cruzes*. Am wichtigsten ist das ***Libro del Saber de Astronomía***, das 1276/77 zusammengestellt wurde und die Mehrzahl der auf Weisung von Alfons angefertigten astronomischen Schriften enthält: einen Sternkatalog und 14 Bücher über astronomische Instrumente. Ferner ist das (nur in lateinischer Sprache überlieferte) *Libro de las Taulas alfonsíes* zu nennen, dt. *Alfonsinische Tafeln*, ein Tabellenwerk zur Berechnung der Himmelspositionen von Sonne, Mond und den fünf damals bekannten Planeten, basierend auf dem ptolemäischen Planetensystem. Es war im Mittelalter in ganz Europa in Gebrauch.

Astrologie und Astronomie

Die ***Cantigas de Santa María*** sind das persönlichste Werk des Königs, auch insofern, als sie autobiographische Elemente enthalten. Die *Cantigas* nehmen in der galicisch-portugiesischen Lyrik eine Sonderstellung ein: sie sind das einzige Beispiel religiöser Lyrik und quantitativ machen sie etwa die Hälfte der gesamten in dieser Sprache überlieferten Dichtung aus; sie sind die bei weitem reichhaltigste Sammlung von Mariendichtung des Mittelalters (Gier 1991:19 f.).

Poesie

Die historiographischen Werke Alfons' X. stellen den wichtigsten Beitrag dar, den er zur Entstehung der spanischen Prosa geleistet hat. „In ihnen ging es nicht nur um eine sachangemessene, sondern auch um eine stilistisch anspruchsvolle, ästhetisch befriedigende Darstellung" (Tietz 1997:38). Er hat zwei große Projekte der Geschichtsschreibung begonnen, die aber beide zu seinen Lebzeiten nicht vollendet wurden:

- Die ***Estoria de Espanna***, für die sich seit der Erstausgabe des Textes 1906 durch Menéndez Pidal der Titel ***Primera Crónica General*** eingebürgert hat. Sie wurde um 1270 begonnen, aber nicht abgeschlossen, weil man ein ehrgeizigeres Projekt in Angriff nahm (*s. u.*); erst unter Sancho VI. wurde 1289 das Werk beendet. Als Geschichtsquelle ist die *Primera Crónica General* nicht sehr wichtig, wohl aber für die Literaturgeschichte, weil sie verlorene Epen in Prosafassung wiedergibt (z. B. die *Siete Infantes de Lara*);
- Die ***General e grand Estoria***, begonnen etwa 1272, sollte eine monumentale Weltgeschichte von Adam und Eva bis zum 13. Jh. werden, eine Summe aller historischen Kenntnisse der damaligen Zeit. Rückgrat der Darstellung ist die Bibel, darin eingeflochten jüdische und antike Geschichte und Mythologie. Diese Chronik wurde nicht zu Ende geführt und ist auch nicht vollständig überliefert; sie endet bei der Geburt der Jungfrau Maria.

Geschichtsschreibung

Alfons der Weise war in der Romania der erste, der die Volkssprache benutzte, um den Gelehrten seiner Zeit wissenschaftliche und historiographische Werke zugänglich zu machen. Mit seinem Werk, das in der mittelalterlichen Literatur Europas ohne Beispiel ist, betritt er absolutes Neuland. Für diese moderne Haltung (Bossong 1982:1) gibt es mehrere Gründe:

Volkssprache in der Wissenschaft

- Es besteht ein Zusammenhang zwischen der identitätsstiftenden Verwendung des Kastilischen und „den Hegemonieansprüchen des kastilischen Königs im Kräftespiel mit den iberischen Monarchien und – zeitweilig – des christlichen Europas" (Gumbrecht u. a. 1987:1148). Wichtig sind hier vor allem die Chroniken an der Schnittstelle von gelehrter und volkssprachlicher Literatur.
- Die wichtige Rolle der jüdischen Gelehrten am alfonsinischen Hof, die vor allem an den Übersetzungen mitwirkten; sie konnten kein Latein und hatten eine Abneigung gegen das Latein als liturgische Sprache des Christentums (Niederehe 1975:94).

Sprachliche Variation

Man weiß, dass sich Alfons ab 1269 persönlich seinen Chroniken widmete. Er hatte einen großen Mitarbeiterstab von Übersetzern und Redakteuren um sich; wie weit er selbst an der Abfassung der Texte beteiligt war, ist nicht bekannt, er hat aber mit ziemlicher Sicherheit an den Vorarbeiten und an der Endredaktion mitgewirkt (vgl. Cano Aguilar 1989). Da die Texte in Etappen redigiert wurden und meist zahlreiche Mitarbeiter an der Abfassung beteiligt waren, ist die sprachliche Gestalt der Werke der alfonsinischen Schule nicht ganz einheitlich: Es gibt gelegentlich dialektale Formen und darüber hinaus diachronische Unterschiede. Die ersten Kapitel der *Crónica General* enthalten Archaismen, die in späteren Kapiteln fehlen, sowie andere für das Altspanische typische Merkmale (z. B. Apokope des *-e: trist, recib, pued* usw.), die später selten werden. Der jüngere Teil der *Crónica* dokumentiert insgesamt eine größere sprachliche Stabilität und steht der heutigen Sprache schon viel näher (Lapesa 1981:239 f.).

3 Die alfonsinische Sprachnorm: das *castellano drecho*

Intensiver Ausbau

Das Kastilische rückt zur Zeit Alfons' des Weisen in die wichtigsten distanzsprachlichen Bereiche ein: Literatur, Jurisdiktion und Wissenschaften; Domänen des Lateins sind nur noch die Liturgie und einige wenige Bereiche des Geisteslebens. Damit dies aber geschehen konnte, musste sich das Kastilische entwickeln, d. h. in Syntax und Wortschatz intensiv ausgebaut werden, um die neuen Inhalte ausdrücken zu können und den gegenüber der Mündlichkeit ganz anderen Kommunikationsbedingungen und Versprachlichungsstrategien der Schriftlichkeit zu genügen. Dieser Prozess erforderte sowohl die Selektion bestimmter Formen und Regeln als auch die Schaffung neuer Wörter (vor allem im Bereich der Fachsprachen) und syntaktischer Ausdrucksmittel (vor allem Satzkonnektoren). Zu diesem internen Ausbau der Sprache hat das Vorbild des Lateinischen beigetragen, aber auch das Arabische hat wichtige Impulse gegeben (Bossong 1979; Neumann-Holzschuh 1997). Allerdings kam es in den seltensten Fällen zu einfachen Übernahmen; vielmehr wurden vielfach romanische

Äquivalente für lateinische bzw. arabische Muster bewusst auf der Basis vorhandener Konstruktionen geschaffen (Lleal 1990:234).

Burgos vs. Toledo

Natürlich konnte als Basis für Ausbau und Normierung auf die gesprochene Sprache zurückgegriffen werden; diese war aber zu dieser Zeit in eine Vielzahl regionaler und lokaler Varietäten zersplittert. Im Hochmittelalter standen sich zwei Normen des Kastilischen gegenüber: das toledanische Kastilisch, das die am Hofe von Alfons gesprochene Sprache war, und die Norm von Burgos. Diesem sprachlichen Dualismus entsprach auch ein gesellschaftlicher: städtische vs. bäuerliche Welt, Zentralmacht der Monarchie vs. Feudalaristokratie, homogene Gesellschaft vs. soziale und ethnische Heterogenität (Lleal 1990:236).

Ausgleichsform

Eine dieser beiden Varietäten musste selegiert werden oder man musste eine Art Ausgleichsform schaffen. Man wählte die zweite Alternative: das alfonsinische Skriptorium schuf mit dem *castellano drecho* eine nivellierende Norm (*norma niveladora*), die zwar auf dem Altkastilischen von Burgos basiert, letztendlich aber eine deutliche neukastilische Prägung hat und konservative Tendenzen mozarabischer Provenienz aufweist (Cano Aguilar 1989; Lleal 1990:235[12]). Merkmale der neuerungsfreudigen Varietät von Burgos, die als zu eindeutig dialektal galten, fanden zunächst keinen Eingang in das *castellano drecho*: so wurde die in Altkastilien weit fortgeschrittene Entwicklung von F- > *h*- noch nicht toleriert, auch nicht der Wandel von *-iello* > *-illo* und der Zusammenfall von /v/ und /b/.

Wortschatz

Der Wortschatz musste um zahlreiche fachsprachliche Ausdrücke bereichert werden; als Quellen kamen die beiden Sprachen in Frage, die über ein reiches Fachvokabular verfügten: Arabisch und Latein. Zahlreiche Arabismen finden sich vor allem in den astronomischen und astrologischen Werken. Doch werden auch viele Wörter mit den eigenen Mitteln der spanischen Sprache gebildet: *ladeza* ‚Breite' (*lado*), *longueza* ‚Länge' (*longo*), *paladinar* ‚veröffentlichen' zu *paladino* ‚öffentlich'.

Durchsetzung des *castellano drecho*

Die in Toledo entwickelte **kastilische Koiné** hat ab dem 13. Jh. zwar nicht *de iure*, wohl aber *de facto* offiziellen Status für die spanische Sprachgemeinschaft erlangt. Zu ihrer Durchsetzung trug das Übergewicht der kastilischen Textproduktion bei, das im 13. Jh. durch das Œuvre von Alfons X. und seinen Mitarbeitern gegeben war und sich im 14. und 15. Jh. verstärkte. Die Urkundensprache in den zu Kastilien gehörigen Gebieten Asturien, León und Galicien wurde kastilianisiert.

12 Über das Ausmaß des toledanischen Einflusses auf das *castellano drecho* ist sich die Forschung offensichtlich nicht einig (vgl. Cano Aguilar 1989; Koch/Oesterreicher 1990:201). Die von Humanisten geäußerte Annahme, Alfons habe selbst die Varietät von Toledo als vorbildlich bezeichnet, hat sich freilich als „Legende" erwiesen (Eberenz 1989:201).

Das Kastilische breitete sich aber nicht nur im distanzsprachlichen Bereich, sondern durch die Reconquista auch als **gesprochene Sprache** aus. Das Leonesische konnte aufgrund der Führungsrolle von Kastilien nicht nach Süden expandieren, und auch dem Aragonesischen wurde der Weg nach Süden durch das Kastilische bzw. an der Mittelmeerküste durch das Katalanische abgeschnitten: Daher sind in Extremadura, Andalusien und Murcia sekundäre Dialekte des Kastilischen entstanden. „Die Reconquista führte wegen der auf die Eroberung folgenden Repoblación, der Ansiedlung von Christen zur Sicherung der Gebiete, zur Vermischung verschiedensprachiger Bevölkerungsgruppen"[13], wofür die Toponymie noch heute Zeugnis ablegt (Ortsnamen wie *Gallegos, Francos, Castellanos*; Berschin u. a. 1995:88–90). Diese sprachliche Heterogenität wiederum förderte Ausgleichstendenzen und erklärt somit die relative Einheitlichkeit des Kastilischen in den rückeroberten Gebieten. Das Mozarabische wurde vom Kastilischen absorbiert, sofern es nicht bereits in den ab dem 13. Jh. eroberten Gebieten durch Arabisierung oder Auswanderung der romanischsprachigen Bevölkerung verschwunden war.

4 Die alfonsinische Orthographie

Lateinschrift

Die Verschriftung des Spanischen, wie aller romanischer Sprachen, geschah auf der Grundlage der lateinischen Schrift. Zur Verfügung standen also die Zeichen des lateinischen Alphabets, ergänzt durch die griechischen Buchstaben *k, y* und *z*[14]. Wenngleich diese Zeichen nicht ausreichten, wurde nirgends in der Romania das lateinische Alphabet durch neue Buchstaben ergänzt. Es entstanden lediglich zwei Grapheme mit diakritischen Zeichen: das <ç> aus dem westgotischen <z> und das <ñ> mit der Tilde, ursprünglich ein übergeschriebenes *n* auf einem Buchstaben anstelle eines nachfolgenden <n>; ferner wurde aus dem Französischen das Digramm <ch> für [tʃ] entlehnt.

Probleme

Das Hauptproblem bestand darin, dass sich im Romanischen Laute entwickelt hatten, die dem Latein fremd waren und für die daher keine Zeichen zur Verfügung standen. So war man z. B. bei der Schreibung der Diphthonge [jɛ], [wɔ/wɛ] zunächst unsicher, was die Schreibungen <timpo> ‚tiempo', <tirra> ‚tierra', <fure> ‚fuere', <pusto> ‚puesto' im *Auto de los Reyes Magos* erklärt. Große Probleme bereiteten einige Konsonanten, die es im Lateinischen nicht gab (z. B. die Palatallaute), und entsprechend groß war die anfängliche Unsicherheit bzw. Variation.

---

13 In Salamanca beispielsweise kamen Neubürger aus Portugal, León (Tierra de Toro), Frankreich und Kastilien zusammen, darunter möglicherweise auch Sprecher des Baskischen (Echenique Elizondo 1995:535).

14 Das <z> wurde sinnvoll zur Notierung des Phonems /dz/ eingesetzt.

Die einfachste und oft gewählte Lösung war, die lateinische Graphie beizubehalten, z. B. <nn> für [ɲ]: <anno>, <ll> für [ʎ]: <caballo>, <x> für [ʃ]: <exir>.

Varianz und Mehrdeutigkeit

Da aber ein und derselbe spanische Laut oft auf verschiedene lateinische Laute oder Lautkombinationen zurückgeht, gab es oft mehrere Möglichkeiten, und dies führte insgesamt zu einer enormen Variation. Es seien hier nur zwei Beispiele herausgegriffen:

- Für /ɲ/ gibt es die Schreibungen <ni, nj, nn, gn>, z. B. in *senior* < SENIOREM, *uinia* < VINEA, *penna* < PINNA, *cugnato* < COGNATUM, die in den genannten Beispielen etymologisch motiviert sind. Die betreffenden Wörter finden sich aber auch jeweils mit anderen graphischen Varianten geschrieben: *sennor, cunnado* usw.
- Für /ʃ/ gibt es die Schreibungen <x, sc, sç, s, ix>, z. B. in *Ximena, Scemenez, Sçimeno, Simeno, Buixedo,* und außerdem <ss, isc, sci, is, iss, sz, ç, z, c, cs, ch> (Schmid 1992:416).

Zum Problem der Varianz kommt das Problem der Mehrdeutigkeit vieler Grapheme, z. B. wird bei den Sibilanten häufig das gleiche Graphem für den stimmhaften und den stimmlosen Laut verwendet.

Ortografía alfonsí

Als Resultat einer allmählichen Selektion und Systematisierung kristallisiert sich im 13. Jh. die sog. ‚Ortografía alfonsí' heraus (Schmid 1992:416; Meisenburg 1996:220 ff.). Die am Hofe von Alfons X. etablierte orthographische Norm, von Menéndez Pidal als präzise, einfach und bewundernswert phonetisch bezeichnet (1980:70), blieb bis zum Ende des 15. Jhs. in Gebrauch und war in erstaunlichem Maße geeignet, das phonologische System des Altkastilischen mit allen distinktiven Merkmalen wiederzugeben. Folgende Grapheme haben sich durchgesetzt:

- Palatales /ʎ/ und /ɲ/ werden <ll> bzw. <nn/ñ> geschrieben;
- die dentalen Affrikaten werden mit <z> für stimmhaftes /dz/ und <ç> bzw. <c> vor *e, i* für stimmloses /ts/ geschrieben; ab dem 14. Jh. wird auch vor palatalem Vokal meist <ç> geschrieben, vgl. *çerca, preçiosas* im *Conde Lucanor*;
- bei den Sibilanten wird <ch> für die Affrikate /tʃ/ geschrieben (*dicho*) und <x> für den stimmlosen Reibelaut /ʃ/ (*dixo*); für das stimmhafte /ʒ/ hat sich noch keine einheitliche Schreibung durchgesetzt, es finden sich <j/i> oder <g> vor *e, i* (*fijo, coger*);
- /z/ und /s/ bilden nur intervokalisch eine distinktive Opposition, die mit <s> vs. <ss> graphisch wiedergegeben wird: *casa, esso*;
- auch kurzes /r/ und langes /r:/ werden durch Einfach- oder Doppelschreibung differenziert: *mira* vs. *mirra*; im Anlaut wird oft <rr> geschrieben: *rey* oder *rrey,* aber auch *Rey*;
- die meisten Texte unterscheiden (zumindest im Inlaut) zwischen <u, v> für den Reibelaut /v/ ([v] oder [β]) und <b> für den Verschlusslaut /b/.

Alternanzen

Eine eindeutige Zuordnung von Phonem und Graphem wird allerdings nicht in allen Fällen erreicht, es gibt noch Alternanzen, und zwar u. a. aus folgenden Gründen:

- weil neben den volkstümlichen Formen gelehrte Formen mit latinisierender Graphie existierten, wobei die Aussprache volkstümlich oder latinisierend sein konnte, z. B. *secundo/ segundo, gratia/ gracia, sseptimo/ ssetimo, sancto/ ssanto, regnar/ reynar* usw.;
- weil in Eigennamen und Wörtern biblischen Ursprungs die gelehrten Digraphen <ph>, <th> und <ch> mit <f>, <t> und <c> alternieren;
- weil <u / v> und <j / i> noch nicht geschieden werden, <y> für /j/ oder /i/ gebraucht wird und <i/j> bzw. <g> vor *e, i* den gleichen Lautwert haben;
- /k/ durch <c> oder <qu> repräsentiert wird, <qu> aber auch für [kw] steht;
- weil <h> verschiedene Funktionen hat: in den alfonsinischen Werken steht es (ohne Lautwert) oft in den Formen *ha, han* und vor anlautendem *ue*, wo es nur anzeigen soll, dass das *u* vokalisch ist: *hucsso, huevo*. Beispiele der Notierung von [h] durch <h> sind im 13./14. Jh. noch selten, „da in der Schrift (und wohl auch in der gepflegten Aussprache) lat. *F-* beibehalten wurde (*fijo, fazer*)" (Schmid 1992:417).

5 Das Spanische im Spätmittelalter

1 Autoren und Werke

Individualstil

Im Gegensatz zum Kollektivstil der alfonsinischen Schule weist die spanische Literatur ab dem 2. Viertel des 14. Jhs. Autoren mit ausgeprägter Individualität auf, die ihren jeweiligen Stil prägt.

Don Juan Manuel

Don Juan Manuel (1282–1349), Neffe von Alfons dem Weisen, war der erste Autor, der auf die getreue Überlieferung seiner Schriften Wert legte: Er hinterlegte von ihm selbst korrigierte Manuskripte in einem Kloster, damit nicht etwaige Fehler von Abschreibern ihm angelastet werden konnten. Sein Stilideal war eine möglichst klare, konzise und logische Ausdrucksweise, die ihm jedoch nicht immer gelang. Sein bekanntestes Werk ist ***El Conde Lucanor*** (1335), mit dem die Gattung der Novelle zum ersten Mal in der spanischen Literatur erscheint.

Juan Ruiz

Juan Ruiz, Arcipreste de Hita (1283–1351?) war Erzpriester in der Provinz Guadalajara, sonst weiß man aber wenig über seine Biographie, außer, dass er aus unbekannten Gründen 13 Jahre lang ein Gefangener des Bischofs von Toledo war. In dieser Zeit verfasste er das ***Libro de Buen Amor*** (1330/40), ein Liebestraktat mit didaktisch-moralisierender Absicht in autobiographischer Form, in 1728 Strophen. Das Werk von Juan Ruiz stellt eine Synthese von *juglaría* und *clerecía* dar und bildet in gewisser Weise einen Gegenpol zu Juan Manuel: sein wortreicher Stil ist ohne formale Strenge; verschiedenste stilistische Möglichkeiten werden genutzt.

Pero López de Ayala

Pero López de Ayala (1332–1407), der 1398 Großkanzler von Kastilien wurde, gilt als Wegbereiter des spanischen Humanismus. Er verfasste Chroniken, in denen er als genauer Beobachter die Übel seiner Zeit, des ausgehenden Mittelalters, aufdeckte und beschrieb. In seinem ***Rimado de Palacio*** (1383?/1403?; 8200 Verse, meist in *cuaderna vía*) kritisiert er mit außerordentlichem Pessimismus die zeitgenössische spanische Gesellschaft.

2 Die Entwicklung der Sprache

Stabilisierung

Im 14. Jh. werden die Schwankungen des Altspanischen weitgehend überwunden, die Sprache festigt sich und die am Hofe Alfons' des Weisen noch bestehenden Vorurteile gegenüber den typischen lautlichen Merkmalen des Kastilischen werden fallen gelassen (Lapesa 1981: 257–259 und 280 f.; Cano Aguilar 1992:206–218).

- Die Apokope des *-e*, bis zur alfonsinischen Epoche noch sehr häufig, geht stark zurück und hält sich nur noch im Norden durch Einfluss des Navarro-Aragonesischen, wo der Schwund von *-e* die Regel ist. Als „arcaísmo popular" kommt die Apokope noch im *Libro de Buen Amor* vor (*nief* ‚nieve', *promed* ‚promete', *dam* ‚dame' usw.), vereinzelt auch in Andalusien und im Judenspanischen. Gegen Ende des 14. Jhs. ist das *-e* in fast allen Fällen wieder restituiert (außer nach *d, l, n, r, s* und *z*: *verdad, sal, pan, mar, mes, luz*), und zwar auch bei unbetonten Pronomen: *dixole* statt *dixol*. Auch in der Verbalmorphologie setzt sich die Endung *-e* durch: *pude, vine, viene* usw. (vgl. Moreno Bernal 1993:202 ff.).
- Die kastilische Form des Diminutivsuffixes, *-illo*, tritt nun auch in der Literatursprache an die Stelle von *-iello*.
- <h-> statt <f-> taucht zwar in offiziellen Dokumenten auf, in der Literatur aber nur ganz vereinzelt; dort ist <f-> noch vorherrschend, während [h] sich in der Sprechsprache durchgesetzt hat. In Altkastilien beginnt es im 15. Jh. bereits zu verstummen.
- Die Imperfekt- und Konditionalendungen *-ié, -iés* usw. *(sabiés, tenié)* werden bei den meisten Autoren durch die Endungen *-ía* usw. ersetzt: *entendías, quería*.
- Das *-d-* in der Verbalendung *-des* beginnt bei Betonung auf der vorletzten Silbe zu schwinden: *andarés, yrés*.
- Häufiger finden sich *nos otros, vos otros* statt *nos, vos* (vor dem 14. Jh. sehr selten).
- Es gibt erste Belege für die Entsonorisierung der Sibilanten (Zusammenfall von /ʒ/ und /ʃ/), eine Entwicklung, die von Altkastilien ausging (*s. S. 110 f.*)

Variation

Doch wurde die im Altspanischen zu beobachtende Variation natürlich nicht vollständig abgebaut. Noch im 15. Jh. gab es in der Schreibung Schwankungen zwischen *-t/-d*: *edat/edad* usw. sowie Schwanken zwischen verschiedenen Wortformen, z. B. *dubda/duda, ome/hombre, judgar/juzgar* usw., ferner nebeneinander starke (aus dem Latein ererbte) und schwache (analog gebildete) Verbformen: *prise/prendí* ‚ich nahm'.

Latinismen

Die Zahl der Latinismen nimmt weiter zu; im ganzen 14. Jh. kommt es laufend zu neuen Entlehnungen, durch die *studia humanitatis* an den Universitäten sowie Übersetzungen wissenschaftlicher und historischer Werke. Beispiele für Latinismen sind: *asimilar, mutación, occorrir, pollítico, próspero, solicitar, statuto, súbito, ypócrita.* Die sich hier dokumentierende ‚Relatinisierung' ist, wie viele Beispiele zeigen, ein internationales Phänomen. Manche schon ältere Latinismen werden im mündlichen Gebrauch vereinfacht (z. B. *dino* statt *digno* ‚würdig') (Lapesa 1981:260).

Ende des 14. Jhs. kommt aus Frankreich die literarische Strömung des Rhetorizismus (*rhétoriqueurs*): gebildete Autoren, die ihre Prosa mit großem Wortreichtum, rhetorischen Figuren, Anspielungen auf antike Geschichte und Mythologie und vielen Latinismen ausschmücken. In der Literatursprache findet sich das latinisierende Wortstellungsmuster SOV (Cano Aguilar 1992:213).

4 KAPITEL Das Mittelspanische (1450–1650)

Mittelspanisch

In der neueren Forschung wird die Geschichte der spanischen Sprache in die drei Epochen Alt-, Mittel- und Neuspanisch eingeteilt (*s. S. 9*). Das Mittelspanische, das in etwa dem *español clásico* in den Handbüchern von Lapesa (1981) und Cano Aguilar (1992) entspricht, ist eine Epoche des Übergangs, in der sich die Strukturen des mittelalterlichen Spanisch teilweise „auflösen und die verschiedenen Möglichkeiten des kastilischen und des atlantischen Spanisch sichtbar werden, ohne jedoch bereits festumrissene Konturen zu gewinnen. Aber nicht nur die Sprachstruktur ändert sich, sondern ebenso die gesamte Architektur des Spanischen" (Lebsanft 2000a:198). Mit Franz Lebsanft kann man sich fragen, ob die Epoche der Siglos de Oro in der Sprachgeschichte nicht eher „eine ‚Epochenschwelle' denn eine tatsächlich durch ihren ‚Zustand' gekennzeichnete Epoche darstellt" (ebd. 199). Nach dieser Periode des Übergangs, also ab etwa 1650, ist das System des Neuspanischen erreicht, das im 18. Jh. von der Real Academia Española kodifiziert wird.

Kriterien der Abgrenzung

Parameter des Sprachwandels in mittelspanischer Zeit sind vor allem die Veränderungen im Konsonantismus: die Entsonorisierung und Entphonologisierung der stimmhaften Sibilanten, die sich von Altkastilien aus verbreitet und erst Anfang des 17. Jhs. abgeschlossen ist. Dazu kommen Abgrenzungskriterien aus der Morphosyntax. Noch im 16. Jh. weist beispielsweise die Verbalflexion starke Variation auf, die erst im 17. Jh. eingeebnet wird. Zwischen 1500 und 1600 ist ferner das Verschwinden des Auxiliars *ser* zur Bildung des *perfecto compuesto* bei intransitiven Verben zu beobachten; bis zu dieser Zeit ist auch die Trennung von Stamm und Endung bei Futur- und Konditionalformen noch möglich. Für Epochengrenzen im 15. Jh. bzw. 17. Jh. lassen sich aber auch sprachexterne Gründe anführen: die ab der zweiten Hälfte des 15. Jhs. in Spanien rezipierte geistige Neuorientierung des Humanismus und der Renaissance sowie das Ende der spanischen Hegemonie in Europa nach dem Pyrenäenfrieden von 1659.

1 Vom Mittelalter zur Renaissance

1 Die Vereinigung von Kastilien und Aragón

Politische Geschichte

Die Iberische Halbinsel ist im 15. Jh. unter vier Königreiche aufgeteilt: Portugal im Westen, Kastilien-León im Zentrum, Aragón im Osten, und im Norden zwischen Kastilien und Aragón das kleine Königreich

Navarra, das 1512 von Kastilien annektiert wird. Das Haus Aragón betrieb – was für die Sprach- und Kulturgeschichte sehr bedeutsam werden sollte – eine Politik der Expansion nach Italien: Alfons V. (1416–58) eroberte 1442 das Königreich Neapel, vereinte es mit dem ebenfalls von Aragón regierten Sizilien und verlegte seine Residenz nach Neapel; die Regentschaft in Barcelona überließ er seinem Bruder Juan II. Dessen Sohn Ferdinand heiratete 1469 die kastilische Thronerbin Isabella, die 1474 Königin von Kastilien wurde. Als Aragón im Jahre 1479 Ferdinand als Erbe zufiel, waren beide Königreiche miteinander verbunden; jedoch hielt Aragón an seiner verfassungsmäßigen Ordnung fest.

Eroberung von Granada

Ferdinand und Isabella beendeten innere Wirren in ihren Reichen und schufen die notwendigen Voraussetzungen für die Beendigung der Reconquista. 1481 ergriff das Königspaar die Initiative zum Krieg gegen Granada und am 2. Januar 1492 konnten sie dort feierlich einziehen; Granada wurde ein Teil Kastiliens. Die maurische Herrschaft war damit beendet, doch blieben die Morisken noch bis zu ihrer Vertreibung Anfang des 17. Jhs. im Lande.

Vertreibung der Juden

Die Juden allerdings wurden noch im gleichen Jahre 1492 durch ein königliches Edikt des Landes verwiesen, sofern sie sich nicht taufen lassen wollten. Dies war – neben der Errichtung der staatlich kontrollierten Inquisition, der Reform des Klerus, der Zwangsbekehrung der Mauren und der Durchsetzung des Staatskirchentums – eine der Maßnahmen zur Herstellung auch der religiösen Einheit des Landes. Das Vertreibungsedikt wurde ohne Aufschub durchgesetzt und führte zu einem großen Exodus. Die Juden, die sich hatten taufen lassen – *conversos*, abfällig auch *marranos* (‚Schweine') genannt – blieben Bürger zweiter Klasse; Zweifel an ihrer Rechtgläubigkeit brachten viele vor ein Inquisitionsgericht, und durch die Verordnungen „zur Reinheit des Blutes" (*limpieza de sangre*) wurden sie von einflussreichen Stellungen ferngehalten.

Entdeckung Amerikas

Nachdem Christoph Columbus jahrelang vergeblich versucht hatte, von dem Königspaar Unterstützung für eine Expedition zur Entdeckung eines Seewegs nach Asien auf der Westroute zu erhalten, schlossen Ferdinand und Isabella am 17. April 1492 mit ihm die sog. *Capitulación* von Santa Fé (in der Nähe von Granada). Am 3. August brach Columbus auf, und am 12. Oktober landete er auf einer kleinen Insel, die er San Salvador nannte (heute zu den Bahamas gehörig) (Schmitt 1984:105–134). Bis zu seinem Tod im Jahre 1506 blieb er in dem Glauben, in Asien gelandet zu sein.

1492 – *Annus mirabilis*

Durch die drei bemerkenswerten Ereignisse: Eroberung Granadas, Vertreibung der Juden, Entdeckung Amerikas, wurde 1492 zum *Annus mirabilis,* einem denkwürdigen Jahr der spanischen Geschichte. In Anerkennung ihrer Verdienste um die religiöse Einigung des Landes verlieh Papst Alexander VI. im Jahre 1496 Ferdinand und Isabella den Ehrentitel „Katholische Könige“ (*Reyes Católicos*) (zur politischen Geschichte vgl. Bernecker/Pietschmann 1997).

2 Der extensive Ausbau des Kastilischen

Überdachung und Zentralisierung

Der Überdachungsprozess anderer diatopischer Varietäten durch das Kastilische und die sprachliche Zentralisierung waren in der zweiten Hälfte des 15. Jhs. im Zentrum der Iberischen Halbinsel schon fast vollzogen und kamen im 16. Jh. in den vereinigten Königreichen schnell zum Abschluss. Alle „anderen Varietäten – das Portugiesische im Königreich Portugal ist hier natürlich auszuklammern und für das Katalanische gelten Sonderbedingungen – wurden verdrängt und vom teilweise schon weit gediehenen Ausbau abgeschnitten; sie sanken somit als Dialekte in den Nähebereich zurück“ (Koch/Oesterreicher 1990:201). Das **Kastilische** ist damit zum **Spanischen** geworden, und der Aufstieg des Spanischen zur Weltsprache hat begonnen.

Literatursprache

Das Kastilische hat sich in der Hofdichtung des 15. Jhs. auch als Sprache der Lyrik durchgesetzt und wird jetzt sogar von Dichtern aus Galicien und Portugal verwendet. In diesem Sprachwechsel manifestiert sich eine generelle geistige und literarische Neuorientierung (Tietz 1997:41), als deren erster und bedeutendster Vertreter Iñigo López de Mendoza gilt, der humanistisch gebildete **Marqués de Santillana** (1398–1458), der im Umfeld des kastilischen Hofes von Juan II tätig war. Die Regierungszeit dieses Königs wird als Tor zur spanischen Renaissance bezeichnet.

Auch in Aragón wird die Regionalsprache zugunsten des Kastilischen aus der Literatur völlig verdrängt. Höfische Dichter des *Cancionero de Lope de Stúñiga*, der letzten großen höfischen Liederhandschrift vom aragonesischen Hof aus der Mitte des 15. Jhs., verwenden das Kastilische, das jedoch noch mit Dialektalismen durchsetzt ist (Lapesa 1981:274). Selbst bis Katalonien dringt das Kastilische vor, doch ist gerade das 15. Jh. die Blütezeit der katalanischen Dichtung.

3 Beginn des Humanismus und der Renaissance

Vermittlung durch Neapel

Im 15. Jh. bleibt in Spanien der kulturelle Einfluss Frankreichs zwar noch bestehen, sehr viel stärker wird aber jetzt der Einfluss Italiens. Die Eroberung Neapels durch Alfons V. von Aragón (1442) intensiviert die kulturellen Beziehungen zu Italien. Der aragonesische Hof in Neapel, an dem italienische Humanisten wie Lorenzo Valla wirken, vermittelt das Denken Petrarcas und des italienischen Humanismus über Katalonien nach Kastilien.

Universitäten

Zur Ausbreitung des Humanismus trugen auch die *letrados* (‚Gelehrte') am Hofe von Juan II (1406–54) bei, ferner die *studia humanitatis* oder *letras humanas* an den zwischen 1400 und 1500 neu gegründeten Universitäten (Alcalá 1478/1506, Zaragoza 1474/1543, Ávila 1490/1504, Sigüenza 1476), die „im Gegensatz zu den theologischen *letras divinas* eine von der christlich dogmatischen Tradition unverstellte Auseinandersetzung mit dem philosophischen Denken der Antike aufnahmen" (Tietz 1997:68).

Übersetzungen

Ein gewisses Interesse für die griechisch-römische Antike hatte sich bereits Ende des 14. Jhs. manifestiert, als Übersetzungen antiker Autoren angefertigt wurden: **López de Ayala** übersetzte Livius, Boethius, Isidor von Sevilla und auch Boccaccio. **Enrique de Villena** (1384–1434) übertrug Vergils *Äneis*: Die *Eneida* (1427–28) war die erste Übersetzung der *Äneis* in eine Volkssprache (außerdem übersetzte er Dantes *Divina Commedia*). **Juan de Mena** (1411–56) übersetzte die *Ilias latina*, andere Autoren Werke von Seneca und Cicero sowie Platons *Phaidon* (nach einer lateinischen Vorlage). Mit der Verehrung der klassischen Autoren ging die Verherrlichung der lateinischen und griechischen Sprache einher; die Volkssprache galt dagegen noch als *rudo y desierto* (‚rauh und ungepflegt') (Lapesa 1981:267).

Literatursprache

Die Folge dieser Bewunderung war der Versuch, die Volkssprache im schriftlichen Duktus nach lateinischem Vorbild umzugestalten, vor allem in der Syntax, ohne Rücksicht darauf, ob typisch lateinische syntaktische Konstruktionen in das System des Spanischen passten oder nicht. Beispiele für syntaktische Latinismen (Lapesa 1981:267f.; vgl. Raible 1996:125):

- Hyperbaton (Trennung von Substantiv und zugehörigem Adjektiv oder Determinanten): *pocos hallo que* de las mías *se paguen* obras (Enrique de Villena).
- Partizip Präsens anstatt Gerundium oder Relativsatz: *Oh vos,* dubitantes, *creed las estorias!* (Marqués de Santillana).
- Im Spanischen ungebräuchliche Verwendung des Infinitivs: *honestidad e contenencia non es dubda* ser *muy grandes e escogidas virtudes* ‚es besteht kein Zweifel, dass Ehrbarkeit und Zurückhaltung große und vorzügliche Tugenden sind'.
- Häufige Stellung des Verbs am Satzende.

Latinismen

Während des 15. Jhs. wurde eine Fülle von Latinismen in die spanische Sprache übernommen, allerdings blieb dieser Einfluss im Wesentlichen auf die geschriebene Sprache beschränkt. In einer einzigen Strophe des Marqués de Santillana finden sich: *exhortar, disolver, geno, subsidio, colegir, describir, servar, estilo*. Ähnliche Häufungen finden sich bei Juan de Mena (Lapesa 1981:270). Längst nicht alle Latinismen, die über den Rhetorizismus dieser ersten Humanisten ihren Weg ins Spanische fanden, hielten sich in der Sprache, aber doch recht viele.

Im Gegensatz dazu ist die Lyrik von Jorge Manrique (1440–79) in seinen *Coplas por la muerte de su padre* (entstanden 1474, erschienen 1494) nicht durch die Nachahmung klassischer Autoren geprägt. Nach Menéndez Pidal erhält seine Sprache ihre Vornehmheit aus der Schlichtheit und besitzt das, was die Renaissance so sehr lobte, nämlich die höfische Ungezwungenheit (*desenvoltura cortesana*), die ernstesten Dinge mit den einfachsten Worten zu sagen (1950:12).

Jorge Manrique

In dem Lesedrama (oder *novela dialogada*) *Celestina o Tragicomedia de Calisto y Melibea* (1499) des Konvertiten Fernando de Rojas sieht Lapesa ein Meisterwerk, in dem zwei Strömungen zusammenfließen: die gelehrte Sprache der Humanisten und die volkstümliche Sprache des *Corbacho* (1498, verfasst vom Arcipreste de Talavera nach dem Vorbild des *Corbaccio* von Boccaccio). Der Wortschatz ist gespickt mit Latinismen, daneben finden sich aber auch viele volkstümliche Sprichwörter (*refranes*). Vor allem die schwatzhafte Kupplerin *Celestina* ist ein Born von Sprichwörtern und Volksweisheiten.

Celestina

2 Antonio de Nebrija

1 Volkssprache und Latein

Die Epoche der Katholischen Könige ist geprägt von einem neuen Geschmacksideal, das sich u. a. in der *Celestina* manifestiert, aber auch von Königin Isabella selbst propagiert wurde: dem *buen gusto* (‚guten Geschmack'). Man erkannte zunehmend den Eigenwert der spanischen Sprache und versuchte nicht mehr, sie nach lateinischem Vorbild umzuformen, und dies, obwohl die lateinische Sprache damals sehr hoch im Kurs stand: Die Königin und ihre Hofdamen lernten bei den Humanisten Latein. Auf Anregung der Königin verfasste Alfonso Fernández de Palencia 1490 das erste lateinisch-spanische Wörterbuch (*s. S. 107*). Der bedeutendste spanische Humanist war Antonio de Nebrija, der die Lehrmethoden an der Universität nach dem Vorbild von Lorenzo Valla reformiert und dadurch die lateinischen Studien in Spanien entscheidend gefördert hat. So entstand ein Potential von Gelehrten, auf das der Kardinal Cisneros zurückgreifen konnte, als er im Jahre 1500 mit der Edition der *Biblia Políglota Complutense* begann.

Latein am Hofe

Das Wirken Nebrijas und seine *Gramática de la lengua castellana* (1492) müssen vor dem Hintergrund der überall in Europa stattfindenden Emanzipation der Volkssprachen vom Latein gesehen werden. Es ging jetzt nicht mehr darum, „am Lateinischen die universalen Formen einer logischen Semantik abzulesen", sondern ihm als „historisch gewachsener Einzelsprache wieder neu gerecht zu werden" (Bossong 1990:64). Einen wichtigen Beitrag dazu leistete der italienische Huma-

Emanzipation der Volkssprachen

nist **Lorenzo Valla** (1407–57); Valla knüpft an das Stilideal der klassischen Antike an und will das „verderbte" Latein des Mittelalters wieder an dieses Ideal heranführen. Dadurch stellt das humanistische Latein einen elitären Anspruch, dem nur noch eine kleine Schicht hoch spezialisierter Intellektueller gerecht werden kann. Es wird jetzt endgültig zu einer toten Sprache, ist nicht mehr fähig, sich den neuen Anforderungen der Zeit anzupassen und muss „das Feld den jungen, aufstrebenden Volkssprachen überlassen" (ebd. 67). Diese emanzipieren sich vom Latein und werden nicht mehr als minderwertig angesehen wie noch von Lorenzo Valla, der eine eingehende Beschäftigung mit dem Volgare für nicht sinnvoll hielt.

2 Leben und Werk Nebrijas

Vita

Antonio Martínez de Cala, geboren 1444, wurde unter dem Namen Antonio de Lebrixa/Nebrissa bekannt, nach dem Namen seiner Geburtsstadt Lebrixa < NEBRISSA VENERIA, später Lebrija, das ca. 60 km von Sevilla entfernt ist. Er studierte an der Universität Salamanca Philosophie und Mathematik; in dieser Zeit erwachte sein konstantes Interesse an Sprache, die für ihn „entrada para todas las ciencias" ist (Braselmann 1991:50). Mit 19 Jahren ging Nebrija zur Vervollkommnung seiner Ausbildung nach Italien und verbrachte dort 10 Jahre. Lorenzo Valla, der 1457 gestorben war, lernte er nicht mehr kennen, doch wurde er stark von ihm beeinflusst. 1470 kehrte er nach Spanien zurück und wurde 1476 an der Universität Salamanca zum Grammatik-Professor ernannt. Zunächst galt sein ausschließliches Interesse dem Latein. Das Fehlen geeigneter Lehrbücher gab ihm den Anstoß zu seinem 1481 erschienenen Hauptwerk, den *Introductiones latinae*. 1486 veröffentlichte er eine spanische Übersetzung, mit der Begründung, auch den Frauen sollte die Möglichkeit geboten werden, Latein zu lernen, und zwar „sin participación de varones" (Bossong 1990:72). Die *Introductiones* wurden sofort ein großer Erfolg – im 16. Jh. sind 59 Editionen auf den Markt gekommen und 76 vom 17. Jh. bis 1834. Ähnlich erfolgreich waren Nebrijas lexikographische Werke: das *Diccionario latino español* (1492) und das *Vocabulario español latino* (1495). Er hat sich zeit seines Lebens in den Dienst der Anhebung des Latein-Niveaus in Spanien gestellt.

In seiner letzten Lebensphase widmete Nebrija sich theologischen Schriften und der Erklärung von Bibeltexten. Kardinal Cisneros wurde sein Mäzen und berief ihn nach Alcalá de Henares, wo er zeitweilig an der polyglotten Bibel mitarbeitete. Dann kehrte er nach Salamanca zurück, das er aber 1513 aufgrund inneruniversitärer Streitigkeiten verließ. Bis zu seinem Tode im Jahre 1522 hatte er in Alcalá den Lehrstuhl für Rhetorik inne.

3 Die *Gramática de la lengua castellana*

Wissenschaftsgeschichtlicher Kontext

Die *Gramática de la lengua castellana* ist die Transposition und die optimierte Festschreibung dessen, was Nebrija in Italien vorfand, denn viele seiner für Spanien revolutionären Gedanken waren dort bereits geläufig. Allerdings war mit Alfons dem Weisen der Weg für die Nutzung der Volkssprache natürlich bereitet. Nebrijas vorrangiges Ziel war es, das intellektuelle Niveau in Spanien anzuheben, wo gegenüber Italien ein großer Nachholbedarf bestand.

Erste romanische Grammatik

So erfolgreich Nebrija mit seinen lateinischen Lehr- und Wörterbüchern war, so wenig Erfolg war seiner spanischen Grammatik beschieden, die aus heutiger Sicht eines der wichtigsten Denkmäler der spanischen Sprachgeschichte ist. Von der *Gramática de la lengua castellana* erschien zu seinen Lebzeiten nur die Erstausgabe von 1492, im gesamten Siglo de Oro wurde sie kaum beachtet und die nächste Auflage erschien erst im 18. Jh. Ein Grund dafür war die starke Stellung des Lateins im 16. und 17. Jh., als die Beschäftigung mit der Volkssprache trotz des zunehmenden Interesses dafür nach wie vor als unwürdig galt. Die Grammatik erntete heftige Kritik, beispielsweise von Valdés, der „nicht an die Möglichkeit glaubt, für eine Vulgärsprache eine wirksame *Arte* [= Grammatik] zu schaffen" (Braselmann 1991:77 f., 164 f.; *s. S. 98 f.*).

Aus sprachwissenschaftlicher Sicht liegt die Bedeutung der Grammatik von Nebrija nicht zuletzt darin, dass es sich um die erste gedruckte Grammatik einer romanischen Sprache handelt. Vorher gab es okzitanische Grammatiken bzw. eher Poetiken, bei denen es sich um Zusammenstellungen von Regeln für die Dichtkunst im Stile der Trobadors handelt, die an ausländischen Höfen nach ihrem Verfall im Stammland weiter gepflegt wurde, sowie um Beschreibungen und Interpretationen der Dichtung der Blütezeit.

Bedeutung der Grammatik

Nebrijas Grammatik ist in zweifacher Hinsicht von herausragender Bedeutung: Sie ist zum einen ein Dokument für das Sprachbewusstsein des beginnenden Siglo de Oro, zum anderen ist sie das erste Regelwerk, das systematisch Strukturen und Eigenarten der kastilischen Sprache darstellt. Es war eine neue und bahnbrechende Leistung, die vorher nur auf die toten alten Sprachen angewandten Methoden der Sprachbeschreibung auf die lebendige Volkssprache zu übertragen, grammatische Regeln für eine Sprache aufzustellen, die man – im Gegensatz zum Latein – für regellos gehalten hatte. Nebrijas Grammatik kann man als das erste große sprachwissenschaftliche Werk über eine romanische Sprache bezeichnen. Er schuf auch eine spanische grammatische Terminologie (in Anlehnung an die griechische und lateinische): *passado* ‚Präteritum', *venidero* ‚Futur', *acabado* ‚Perfekt', *no acabado* ‚Imperfekt', *más que acabado* ‚Plusquamperfekt' usw.

Aufbau

Die Grammatik (hier zitiert nach der Ausgabe von Quilis 1989) enthält wie die lateinischen Schulgrammatiken fünf Bücher, über Orthographie, Metrik und Prosodie, Etymologie, Syntax, sowie ein knappes Kompendium für Spanischlernende. Besonders bekannt geworden ist der Prolog – viele Sprachwissenschaftler haben überhaupt nur diesen wirklich zur Kenntnis genommen.

Prolog

Das Vorwort der *Gramática* ist der reinste Ausdruck humanistischen Sprachbewusstseins und gehört ohne Zweifel zu den wichtigsten Dokumenten der spanischen Sprachgeschichte. Den Rahmen bildet die Widmung an die Königin Isabella, was sicherlich in direktem Zusammenhang mit dem damaligen politischen Geschehen zu sehen ist. Gleich am Anfang stellt Nebrija in dem berühmten Topos der **Sprache als Begleiterin der Herrschaft** eine direkte Verbindung zwischen politischer Macht und Sprache her und umreißt das sprachpolitische Programm des jungen spanischen Nationalstaates:

... una cosa hállo & sáco por conclusión mui cierta: que siempre la lengua fue compañera del imperio; & de tal manera lo siguió, que junta mente començaron, crecieron & florecieron, & después junta fue la caida de entrambos (1989 [1492]:109).

Zentrale Gedanken des Prologs sind:

- Die Idee der **Geschichtlichkeit der Sprache**. Jede Sprache hat eine Kindheit, einen Höhepunkt, einen Verfall. Sprache ist dem Werden und Vergehen unterworfen. Sprache wird jetzt endgültig nicht mehr als etwas Statisches angesehen, Veränderung ist einer ihrer universalen Wesenszüge. Dieser Gedanke wird dann auf das Spanische angewandt, das nach Nebrija unter den Richtern und Königen von Kastilien und León seine Kindheit durchlebte, unter Alfons dem Weisen seine Kraft zu zeigen begann und jetzt das Erwachsenenalter erreicht hat (ebd. 100).
- Nebrija sieht mit der politischen Einigung Spaniens auch die **sprachliche Einheit** verwirklicht; auf dem Höhepunkt der politischen und sprachlichen Entwicklung gilt es nun, auch die geistige Geltung der Kultursprache Spanisch hervorzuheben und sie zu festigen, um sie vor Veränderungen und Schwankungen zu bewahren. Bisher war die Sprache regellos: „Ésta hasta nuestra edad anduvo suelta & fuera de regla, & a esta causa a recebido en pocos siglos muchas mudanças“ (ebd. 112). Jetzt aber sei das Spanische auf dem Höhepunkt angelangt und müsse fixiert werden. Geschehe dies nicht, bestünden zwei Gefahren: dass die großen Werke und Taten der Katholischen Könige der Nachwelt nicht erhalten blieben, weil sie mit der spanischen Sprache untergehen, oder dass man sich ihrer nur noch in anderen Ländern, aber nicht mehr in ihrem Heimatland erinnere. Angesichts dieser Gefahren glaubt Nebrija, dass das Spanische nur durch die Kodifizierung in einer Grammatik die gleiche Unveränderlichkeit erlangen könne wie das Griechische und

Lateinische. – Hier allerdings irrt er, denn man kann Sprachwandel nicht mit Hilfe normativer Regeln verhindern.

- Nebrijas Denken ist typisch für das Sprachdenken der Renaissance: „Aus dem Gedanken der Historizität von Sprache folgte die Idee ihrer Perfektibilität, d.h. ihrer bewußt gestalteten Veränderung" (Bossong 1990:75). Daraus wiederum folgt, dass die Einzelsprachen in Wettstreit miteinander treten und zu nationalen Symbolen werden können – dieser Gedanke beherrscht die Diskussion um Sprache im 16. und 17. Jh., nicht nur in Spanien.
- Der **Nationalismus** ist bei Nebrija besonders ausgeprägt; ihm liegt die imperiale Expansion und die Ausbreitung des Spanischen bei den eroberten Völkern am Herzen:

[...] después que vuestra Alteza metiesse debaxo de su iugo muchos pueblos bárbaros & naciones de peregrinas lenguas, & con el vencimiento aquellos ternían necessidad de recebir las leies quel vencedor pone al vencido, & con ellas nuestra lengua, entonces, por esta mi Arte, podrían venir en el conocimiento della, como agora nos otros deprendemos el arte de la gramática latina para deprender el latín. I cierto assí es que no sola mente los enemigos de nuestra fe, que tienen ia necessidad de saber el lenguaje castellano, mas los vizcainos, navarros, franceses, italianos, & todos los otros que tienen algún trato & conversación en España & necessidad de nuestra lengua, si no vienen desde niños a la deprender por uso, podrán la más aína saber por esta mi obra (1989 [1492]:113 f.).

Aufgrund dieser Stelle hat man Nebrija oft prophetische Gaben zugesprochen, weil im Erscheinungsjahr der Grammatik Amerika entdeckt wurde und „muchos pueblos bárbaros" unter spanische Herrschaft kamen (Braselmann 1991:179).

Sprachbeschreibung

Als Renaissancephilologe erkennt Nebrija zwar die Eigenständigkeit des Volgare, sieht es jedoch stets vor dem Hintergrund des Lateins. So folgt er in seiner Grammatik im Prinzip der lateinischen Schulgrammatik, dennoch ist er bemüht, den Besonderheiten des Spanischen gerecht zu werden; wenn nötig, führt er auch neue Kategorien ein, die das Latein nicht kennt. Ein Beispiel dafür ist der Artikel, den er in Kap. 9 unter Hinweis auf das Griechische beschreibt und mit dem Terminus *articulo* benennt. Hauptfunktion dieser im Lateinischen nicht existierenden Wortart ist es nach Nebrija, das grammatische Genus anzuzeigen; die syntaktischen und textkonstituierenden Funktionen des Artikels erkennt er noch nicht. Darüber hinaus beschreibt er erstmals, dass im Spanischen viele Verbalkategorien durch periphrastische, also analytische Formen ausgedrückt werden bzw. auf solche zurückgehen: So erklärt er zutreffend, dass man Futur und Konditional auf eine Verbindung des Infinitivs des Verbs und Formen von HABERE zurückführen muss, und die Tempora der Perfektgruppe beschreibt er als Verbindungen von *aver* und unveränderlichem Partizip.

Sprachgebrauch

Für die grammatische Beschreibung orientiert Nebrija sich am *uso* (im Sinne Quintilians), d. h. am „guten" Sprachgebrauch, dem ***buen uso***. Der *uso*-Begriff war nicht rein statistisch, sondern prinzipiell elitärer Natur. Norminstanzen sind die Gelehrten (*varones doctos*) und die „‚guten Autoren' sowie der Hof und das Königspaar, also der *uso cortesano* von Toledo" (Braselmann 1991:404 f.). Dies ist typisch für alle Renaissancephilologen: Der *uso* wird deskriptiv ermittelt, dann aber aus elitärer Sicht einer Kritik unterzogen. Bei einer prinzipiell deskriptiven Haltung gewinnt die Präskription immer wieder die Oberhand.

Bilanz

Nebrija war mit seiner Grammatik seiner Zeit weit voraus. Die von ihm so brillant begonnene Tradition spanischer Grammatikschreibung fand erst in der 2. Hälfte des 16. Jhs. eine Fortsetzung, als man vor allem im Ausland begann, spanische Grammatiken zu schreiben und zu drucken. Inzwischen war das Spanische zur Weltsprache geworden, und es bestand vor allem in den Niederlanden, in Deutschland und in Italien das Bedürfnis, Spanisch zu lernen.

Literatur

Zur *Gramática de la lengua castellana* vgl. Bossong (1990:71–79); Braselmann (1991); Neumann-Holzschuh (1992:617 f.); Esparza Torres (1995).

4 Nebrijas Vorschläge für eine Orthographiereform

Was für die Grammatik in ihrer Gesamtheit gilt, gilt auch für das Kapitel über die Orthographie, dessen Leitlinien Nebrija 1517 in einer Schrift mit dem Titel *Reglas de Orthographía* noch einmal aufnimmt, weil seine Vorschläge in der Grammatik offenbar keine Resonanz gefunden hatten. Dies ist umso bedauerlicher, als sie aus heutiger Sicht modern und linguistisch wohl begründet sind.

Notwendigkeit einer Reform

Nachdem sich durch das Wirken Alfons' des Weisen bereits ein recht gutes und für das Altkastilische adäquates Schreibsystem herausgebildet hatte, war am Ende des 15. Jhs. eine Reform eigentlich nicht dringlich, denn das Phonemsystem hatte sich seitdem nicht wesentlich geändert. Die alfonsinische Graphie hatte aber keine eineindeutigen Graphem-Phonem-Korrespondenzen geschaffen; dazu kam, dass durch den starken humanistischen Einfluss viele etymologische Schreibungen eingeführt wurden, z. B. „griechische" Schreibungen mit <ph>, <th>, <rh> usw., gelehrte Konsonantengruppen (*sciencia, sancto*) und Schreibungen mit <h> in Latinismen, aber auch in Wörtern wie *huevo, hielo* zur Kennzeichnung des diphthongischen Lautwertes. Durch den Buchdruck setzten sich diese Schreibungen im letzten Viertel des 15. Jhs. so fest, dass sie nicht leicht zu reformieren waren.

Phonologische Graphie

Nebrija propagiert ein phonologisches Graphie-System mit eindeutiger Zuordnung von Phonem (*boz, sonido, fuerça* oder *letra*) und Graphem (*figura de letra* oder *figura*), d.h. jeder Buchstabe darf nur eine Funktion (*oficio*) haben. Er konstatiert, dass es bereits im lateinischen Alphabet Abweichungen von diesem Prinzip gibt (z.B. drei Schreibungen <c, k, q> für den Laut [k]), mehr natürlich noch im Kastilischen, wo die Buchstaben <c, g, h, i, l, n, u, x> polyvalent sind. Nebrija schlägt daher die folgenden Grapheme vor:

/k/ = <c>, die Buchstaben <k, q> sind überflüssig und werden daher eliminiert

/ts/ = <ç>

/tʃ/ = <cħ> mit Tilde, um zu verdeutlichen, dass die Buchstaben anders ausgesprochen werden als im Latein

/ʃ/ = <x̃> mit Tilde, zur Unterscheidung von lat. <x> mit dem Lautwert [ks]

/ʒ/ = <j> und /i/ = <i>, Konsonant und Vokal werden also systematisch differenziert, ebenso <v> = Konsonant und <u> = Vokal

/λ/ = <ll>, wobei das zweite <l> verkürzt werden soll, damit ein eigenständiges Graphem entsteht

<h> repräsentiert die Aspiration und wird bei Wörtern wie *huevo* überflüssig, ebenso bei Latinismen wie *humano, humilde.*

Das von Nebrija umgestaltete spanische Alphabet lautet also:

<a, b, c, ç, cħ, d, e, f, g, h, i, j, l, ll, m, n, ñ, o, p, r, s, t, v, u, x̃, z>

Doppelkonsonanten gibt es nur bei <rr> und <ss>, jedoch nicht im Anlaut und Auslaut; vor den Labialen soll nicht <n>, sondern <m> geschrieben werden (z.B. *tiempo*).

Appell an die Obrigkeit

In den *Reglas* von 1517 appelliert Nebrija an die Herrscher seiner Zeit, die Einführung einer einheitlichen Orthographie offiziell zu unterstützen. Doch blieb ihm diese Unterstützung versagt und auch er selbst war nicht konsequent in der Anwendung seines Systems. Erst auf lange Sicht hatte er Erfolg, weil sich durch die von ihm eingeleitete Orthographiediskussion in Spanien „eine starke Reformtradition herausbildete" (Schmid 1992:415). „Nebrijas Verdienst besteht darin, daß er die Bedeutung einer einheitlichen Schreibnorm erkannt und als erster eine systematische Orthographie für eine romanische Sprache ausgearbeitet hat. Die Reformer der folgenden Jahrhunderte berufen sich alle mehr oder weniger auf Nebrija, und einige seiner Ideen beeinflußten italienische und französische Reformer (Trissino, Meigret, Ramus)" (ebd. 420).

3 Die Epoche des „Goldenen Zeitalters“

Eckdaten

Das 16. Jh. und 17. Jh. bilden das sog. „Goldene Zeitalter“, das *Siglo de Oro* (oder auch die *Siglos de Oro*), das man mit 1492 oder mit dem Regierungsantritt von Carlos I im Jahre 1516 beginnen und mit 1681, dem Todesjahr Calderóns, enden lässt. Im Hinblick auf die Sprache werden die beiden Jahrhunderte als „época clásica“ bezeichnet (Cano Aguilar 1992:221). Spanien, unter Ferdinand und Isabella zur Großmacht geworden, wird unter Karl V. zur Weltmacht; das Kastilische war zum Spanischen geworden und wird jetzt zu einer der großen Weltkultursprachen.

1 Geschichtlicher Hintergrund

Karl V.

1496 heiratete der Habsburger Erzherzog Philipp der Schöne, Erbe der österreichischen und burgundischen Länder, die Erbtochter von Ferdinand und Isabella, Johanna die Wahnsinnige, die wegen ihrer Geisteskrankheit für regierungsunfähig erklärt wurde. Als Ferdinand 1516 starb, übernahm daher ihr 1500 in Gent geborener Sohn, Carlos I von Spanien (Karl V. in Deutschland) den Thron. Er tritt die Herrschaft über ein Reich an, „in dem die Sonne nicht untergeht“: Spanien, Burgund, die Niederlande und die amerikanischen Kolonien; die österreichischen Erblande überlässt er 1521 seinem Bruder Ferdinand I. 1519 wird er, ein Verfechter der universalen Kaiseridee des Mittelalters, zum deutschen Kaiser gewählt, wodurch die spanische Monarchie „eine wahrhaft europäische Dimension“ erlangt (Bernecker/Pietschmann 1997:82).

Vorherrschaft in Europa

Aus dem Kampf um die Vorherrschaft in Europa – vor allem gegen Frankreich und die protestantischen Reichsfürsten, aber auch gegen das Osmanische Reich, das 1529 zum ersten Male Wien belagerte – ging Karl siegreich hervor, allerdings um den Preis zahlreicher Kriege und gewaltiger finanzieller Anstrengungen, vor allem Kastiliens, die die Kräfte des Landes überforderten und den Keim der späteren Krise in sich trugen.

Glaubensspaltung

Trotz aller Anstrengungen kann Karl die Ausbreitung der Reformation nicht verhindern. Die durch Luthers Lehre bedrohte Einheit des Glaubens soll durch den Reichstag zu Worms 1521 wiederhergestellt werden, Luther weigert sich jedoch, seine Lehre zu widerrufen und wird geächtet. Auch der Reichstag zu Augsburg 1530 kann die Glaubensspaltung nicht aufhalten: Die Protestanten legen ihre Bekenntnisse vor (u. a. die *Confessio Augustana* von Melanchthon), katholische Theologen widerlegen sie.

Zur Klärung der religiösen Fragen beruft der Papst das Konzil von Trient ein (1545–63), doch verweigern die protestantischen Reichsstände ihre Teilnahme. Ergebnisse des Konzils sind eine Reform der katholischen Kirche, eine grundlegende Reorganisation, aber auch eine klare Abgrenzung vom Protestantismus und der Beginn der Gegenreformation. Im Deutschen Reich wird durch den Augsburger Religionsfrieden von 1555 die konfessionelle Spaltung des Landes besiegelt.

Amerika

Unter Karl V. dehnt sich das spanische Kolonialreich in Amerika beträchtlich aus. Nach der Eroberung Mexikos durch Cortés (1519–21) und Perus durch Pizarro (1532–33) expandiert es im 16. Jh. bis zu den La-Plata-Ländern. Die Hispanisierung Amerikas hat zumindest im distanzsprachlichen Bereich zur Konsolidierung des kastilischen Standards beigetragen; „die von der kastilischen Norm abweichenden Kennzeichen des amerikanischen Spanisch müssen im Zusammenhang mit den verschiedenen Formen des ‚sekundär-dialektalen' Reconquista-Kastilisch, insbesondere des sogenannten *español meridional* gesehen werden" (Koch/Oesterreicher 1990:202; *s. S. 8 f.*).

Philipp II.

Aus dem Universalreich Karls V., der 1556 abdankt, wird unter seinem Sohn Philipp II., der von 1556–98 regiert, eine spanische Monarchie, die allerdings die Hegemonie in Europa bewahren kann. Mit Philipps Herrschaftsantritt beginnt das spanische Jahrhundert in Europa; Spanien ist auf dem Höhepunkt seiner Macht. Als Spanier, Habsburger und tief religiöser Katholik fühlt sich Philipp verpflichtet, die Christenheit unter spanischer Führung im katholischen Glauben zu einen. Dies wiederum führte in den protestantischen Ländern Nordeuropas zu antispanischer Propaganda, die sich, verstärkt von der französischen Aufklärung, zur sog. „schwarzen Legende" (*leyenda negra*) verdichten und bis ins 20. Jh. nachwirken sollte (Bernecker/Pietschmann 1997:97 ff.).

Innenpolitik

Innenpolitisch wird die religiöse und politische Einigung erreicht durch:

- die Gegenreformation und die Verschärfung der Inquisition (die es seit dem 12./13. Jh. gab; in Spanien war sie 1481 von den Katholischen Königen gegen die bekehrten Juden und Mauren erneuert worden, die insgeheim ihrem alten Glauben weiter anhingen; sie wurde erst 1813 durch die *Cortes* von Cádiz abgeschafft). Sie richtete sich gegen falsche *conversos*, Protestanten und sog. Hexen (*brujas*). Außerdem überwachte die Inquisition das Schrifttum und gab 1559 erstmals den *Index librorum prohibitorum* heraus (Bernecker/Pietschmann 1997:114). Verbotene spanische Bücher wurden häufig in den Niederlanden nachgedruckt;
- die absolute Herrschaft über die Nationalkirche; alle päpstlichen Anordnungen bedürfen eines königlichen Plazets. Die *Cortes* (Stände) sinken zur Bedeutungslosigkeit herab, die Granden werden entmachtet;
- die Kontrolle der Wirtschaft und der Kolonien.

Hauptstadt Madrid

Philipp II. verlegte die Hauptstadt erst nach Valladolid, dann 1561 endgültig nach Madrid. Damit verlor Toledo seine kulturelle Führungsrolle, die es seit Alfons X. innehatte, wenngleich die Sprache Toledos noch bis weit ins 17. Jh. hohes Prestige behielt (*s. S. 109 f.*).

Niederlande

In den Niederlanden löste die Politik Philipps II., vor allem die Verschärfung der Inquisition ab 1565, Unruhen aus. 1566 beauftragte der König den „eisernen Herzog" Alba mit der Befriedung der rebellischen Provinzen; dessen Militärdiktatur bewirkte 1569 einen Aufstand, der 1581 zum Abfall der Niederlande führte.

Morisken

In Spanien selbst führte verstärkter Druck, sich taufen zu lassen und sich auch sprachlich zu assimilieren, 1568 zu einem Aufstand der Morisken im bergigen Umland von Granada, der blutig niedergeschlagen wurde und mit der Zerstreuung von 80.000 Personen über ganz Kastilien endete (Bernecker/Pietschmann 1997:105). Die meisten Morisken sprachen neben Arabisch ein mit Arabismen durchsetztes Romanisch, das in der Aljamiadoliteratur überliefert ist (Hegyi 1995).

Folgen

Die absolutistische Innenpolitik hatte verheerende Folgen: Abwanderung des Kleinadels (Hidalgos) in die Kolonien, Zerrüttung der Wirtschaft durch Staatsbankrotte, Handelsverbote und Inflation, die z. T. durch die Silbereinfuhren aus den Kolonien bedingt war. Das gesellschaftliche Klima hatte sich verändert: das Streben des Bürgertums nach Aufstieg in den Adel und „die damit verbundene Geringschätzung manueller und kommerzieller Tätigkeiten" ließ wirtschaftlich erfolgreiche Teile der Mittel- und Oberschicht unproduktiv werden; mit Landwirtschaft und Gewerbe ging es bergab. Auch durch Statuten der *Limpieza de sangre* wurden mit den Neuchristen jüdischer Abkunft dynamische Elemente gesellschaftlich ausgegrenzt (Bernecker/Pietschmann 1997:122).

Außenpolitik

Außenpolitisch sind die Gegner des spanischen Strebens nach Vorherrschaft in Europa vor allem Frankreich und England; gegen Frankreich wird 1556–59 Krieg geführt. 1580 kann Philipp seine Ansprüche auf den portugiesischen Thron durchsetzen und Portugal bleibt bis 1640 mit Spanien vereint. In England erfolgt unter Elisabeth I. (1558–1603) eine scharfe antikatholische Reaktion. Wegen seiner offenen Unterstützung der niederländischen Rebellen führt Spanien ab 1585 Krieg gegen England. Die schwere Niederlage der spanischen Armada leitet 1588 den Niedergang der spanischen Macht ein.

17. Jahrhundert

Das 17. Jh. ist in Spanien eine Zeit des politischen, wirtschaftlichen und sozialen Niedergangs, was jedoch dem blühenden Geistesleben keinen Abbruch tut. Literatur und Kunst erreichen erst jetzt ihren Höhepunkt; es ist die glanzvollste Epoche, das Jahrhundert der berühmtesten Autoren. Unter Philipp III. (1598–1621) führten Epidemien, Missernten, Bevölkerungsrückgang und die Politik des Königs zum Zusammenbruch der spanischen Vormachtstellung in Europa. Auch die Vertreibung der Morisken im Jahre 1609 trug mit zum Niedergang bei, da diese, vorwiegend als Bauern und Handwerker, wirtschaftlich sehr aktiv gewesen waren.

1621–43 mischte sich Spanien auf Seiten der österreichischen Habsburger in den Dreißigjährigen Krieg ein, vor allem gegen Frankreich, das aus dem Kampf als europäische Großmacht hervorging. 1621 trat der Krieg gegen die Niederlande in eine neue Phase ein; 1648 musste Spanien im Westfälischen Frieden die Unabhängigkeit der nördlichen Provinzen (= Holland) endgültig anerkennen. Die südlichen Provinzen, das spätere Belgien, blieben bei Spanien und fielen 1713 an Österreich.

Ende der Vormachtstellung

Im Pyrenäenfrieden mit Frankreich 1659 verlor Spanien das Roussillon und Grenzgebiete in den Niederlanden. Dieser Friedensvertrag besiegelte das Ende der europäischen Vormachtstellung Spaniens, die an Frankreich überging. Das wirtschaftliche Schwergewicht Europas verlagerte sich vom Mittelmeer- in den Nordseeraum, wo Holland und England den Überseehandel beherrschten.

2 Vom *castellano* zum *español*

Distanzsprache

Der Überdachungsprozess der Idiome auf der Iberischen Halbinsel durch das im 13. Jh. zur Distanzsprache ausgebaute Kastilische war im Zeitalter der Katholischen Könige schon sehr weit fortgeschritten; im 16. Jh. kommt er – von Portugal abgesehen – zum Abschluss. Die Überdachung vollzieht sich sowohl auf der Ebene der Nähesprache als auch der Literatur- bzw. der Distanzsprache, es gibt kaum noch Literatur, die nicht auf Kastilisch geschrieben ist. Das *castellano* wird damit zur *lengua española* und das Verhältnis von Distanz- und Nähebereich konsolidiert sich.

Nähesprache

Die anderen Varietäten werden als Dialekte in den Bereich der Nähesprache abgedrängt, wie schon aus der bekannten Äußerung von Juan de Valdés erkennbar ist: „La lengua castellana se habla no solamente por toda Castilla, pero en el reino de Aragón, en el de Murcia con toda el Andaluzía y en Galizia, Asturias y Navarra; y esto aun hasta entre gente vulgar, porque entre la gente noble tanto bien se habla en todo el resto de Spaña" (1535, zit. nach Lapesa 1981:298). Das **Galicische** wurde im Verhältnis zum überdachenden Kastilisch zur reinen Nähesprache ohne Schriftgebrauch, deren Sprachgebiet aber erhalten blieb; anders war es bei den anderen ebenfalls in den Nähebereich abgedrängten Dialekten: sowohl beim **Asturisch-Leonesischen** als auch beim **Aragonesischen** trat eine starke Reduktion des Verbreitungsgebiets ein – eine Entwicklung, die bis heute andauert. Das **Navarresische** verschwand im 16. Jh. völlig von der Sprachenkarte (Koch/Oesterreicher 1990:202).

Katalanisch

Komplexer gestalten sich die sprachlichen Verhältnisse in Katalonien. Das Katalanische, das im 14./15. Jh. eine bemerkenswerte literarische Blüte erlebt hatte, „verschwand aus dem literarisch-kulturellen Distanzbereich, sank aber keineswegs völlig in den Nähebereich zurück" (ebd.). Durch die politische Sonderstellung der Krone von Aragón blieb es in Verwaltung und Rechtsprechung bis Anfang des 18. Jhs. in Gebrauch, desgleichen im Bereich der Kirche (Predigt, Katechese). Somit war eine Basis für die *Renaixença* im 19. Jh. gegeben, durch die das Katalanische in der Folgezeit auch andere Distanzbereiche zurückerobern konnte.

Castellano* oder *español?

Welcher Name für die zur *lengua española* gewordene Sprache angemessen ist, darüber ist bis in die Gegenwart viel diskutiert worden. Im Mittelalter gab es keine feste Bezeichnung für das Kastilische, der Ausdruck *castellano* war seltener, als man erwarten würde. Im 13. Jh. wurde einerseits die Bezeichnung *romance* mit spezifizierenden Zusätzen üblich, also *romance castellano* oder *de Casti(e)lla*, andererseits *lenguage castellano* oder *de Castiella*, und am Ende des Jahrhunderts ist das Substantiv *castellano* in der Bedeutung ‚Sprache des Königreichs Kastilien' belegt. Schließlich wurde *lengua vulgar* in Kontexten gebraucht, wo es um den Gegensatz zum Latein der Gelehrten ging. Bei Alfons dem Weisen taucht neben der häufigen Bezeichnung *lenguage de España* das Adjektiv *espannol* nur einmal auf (Alonso 1979; Cano Aguilar 1992:227 f.; Metzeltin/Winkelmann 1992:12).

Español

Der im Mittelalter noch seltene Name *español* wird erst ab dem 16. Jh. die dominante Bezeichnung. Humanisten wie Antonio de Nebrija oder Juan de Valdés (1535) verwenden ihn zwar noch nicht, aber bei Fernando Colón, dem Sohn von Christoph Columbus, der die Geschichte der Entdeckungen seines Vaters schrieb und 1539 starb, ist er schon häufig, und um die Jahrhundertmitte wird er immer häufiger. Die neue Bezeichnung passt zu der neuen nationalen Realität der vereinigten Königreiche, in denen die mittelalterlichen Reiche aufgegangen waren; erst jetzt bekommt der Neologismus *español* einen realen Inhalt. Symptomatisch ist auch, dass Ausländer immer nur von der *lengua española* sprechen, z. B. in den Grammatiken und Wörterbüchern des Spanischen, die im 16. Jh. im Ausland entstehen. Ferner konnten sich auch die Nichtkastilier in den vereinigten Königreichen mit diesem Namen identifizieren; für Aragonesen, Valencianer, Navarrer usw. wurde das Spanische die Sprache, in der sie mit den Bewohnern des alten Kastilien, den Andalusiern und Leonesen kommunizieren konnten.

Castellano

Der Name *castellano* geriet damit aber noch nicht in Vergessenheit: konservativ Gesinnte bewahrten ihn, z. T. auch zur Bezeichnung eines „reineren" Spanisch (so bei Valdés), um den historischen Bezug zu verdeutlichen oder ihrem Stolz auf die glorreiche kastilische Abkunft und die kastilische Vergangenheit Ausdruck zu verleihen. Dies ist z. B. in der anonymen Grammatik von Löwen (1555) oder bei Correas (17. Jh.) zu beobachten (*s. S. 104 f.*). Viele Autoren aber verwenden beide Namen nebeneinander völlig synonym, so etwa Covarrubias, der seinem Wörterbuch von 1611 den Titel *Diccionario de la lengua castellana o española* gibt.

3 Das spanische Sprachbewusstsein im Siglo de Oro

Latein und Spanisch

Im 16. und 17. Jh. erlebt Spanien eine unvergleichliche kulturelle Blüte, deren Folge auch ein ausgeprägtes sprachliches Selbstbewusstsein ist. Der interne Ausbau des Spanischen und die Standardisierung schreiten zügig voran. Ein Indiz für die Aufwertung des Spanischen ist die im Vergleich zu Frankreich viel stärkere Zurückdrängung des Lateinischen in der Buchproduktion: „eindeutig gilt dies für den Bereich der Literatur und Musik, für die Historiographie, die Medizin u. a., erwartungsgemäß jedoch nicht für die Rechtswissenschaft" (Koch/Oesterreicher 1990:203). Predigten wurden auf Spanisch gehalten, für gedruckte religiöse Literatur musste jedoch das Latein verwendet werden, gemäß den Bestimmungen des Konzils von Trient, das auch Bibelübersetzungen in die Volkssprache verbot. Die Verwendung der Volkssprache bedurfte vielfach noch der Rechtfertigung, beispielsweise wurde religiöse Erbauungsliteratur in der Volkssprache als „Gegengift" für die „verderbliche Lektüre trivialer und leichtsinniger Bücher" empfohlen (Weinrich 1985:157).

Relatinisierung

Das Latein wird natürlich nicht völlig verdrängt, es bleibt ein Korrektiv und eine Quelle auch für die Autoren, die in der Volkssprache schreiben. Anleihen beim Latein (‚Relatinisierung') spielen weiterhin für den internen Ausbau des Spanischen im Bereich der Syntax und des Wortschatzes eine wichtige Rolle; sogar die Aussprache vieler Kultismen wird „relatinisiert" (*digno* neben *dino*, *significar* neben *sinificar*, *efecto* neben *efeto* usw.). Außerdem wird die Sprache durch Entlehnungen aus dem Italienischen, dem Französischen und den autochthonen Sprachen in den Kolonien bereichert (Lapesa 1981:390 und 408–414).

Sprachenwettstreit

Mit dem erstarkenden Nationalbewusstsein wuchs auch die Wertschätzung für die Nationalsprache. Man war sich bewusst, dass diese vom Latein abstammt, aber sie galt als „korrumpiertes Latein". Daher bemühte man sich, ihre große Ähnlichkeit mit der Prestigesprache Latein nachzuweisen. Dies trieb sonderbare Blüten: So soll der spanische Botschafter Garcilaso (der Vater des Dichters Garcilaso de la Vega) am päpstlichen Hof eine „Rede" gehalten haben, die gleichzeitig spanisch und lateinisch gelesen werden kann: *Et rogando te Francia scribas tales probationes, tractando de tua eloquentia, et excellentia, tantas quantas et quales scribo de Hispania.* ‚Und ich bitte dich, Frankreich, schreibe solche Beweise deiner Beredsamkeit nieder, wie ich sie der Quantität und Qualität nach über Spanien schreibe' (zit. nach Weinrich 1980:271; Übersetzung bei Weinrich 1985:191). Die aus dieser Anekdote ablesbare internationale Rivalität um die Vorrangstellung hinsichtlich der Bewahrung des antiken Erbes bot den Ursprung für theoretische Auseinandersetzungen mit der Sprachgeschichte. Die romanischen Sprachen wurden umso mehr geachtet, je ähnlicher sie dem Latein waren.

4 Juan de Valdés

Vita

Juan de Valdés, geboren um 1500 in Cuenca, war Humanist, Philologe und kaiserlicher Sekretär. Er stand der Reformation nahe und veröffentlichte einen *Diálogo de doctrina cristiana*, der ihn in Konflikt mit der Inquisition brachte. Er floh nach Italien, zunächst nach Rom, wo er Kämmerer des Papstes Clemens VII. wurde; ab 1532 bis zu seinem Tode (1541) lebte er in Neapel. In Italien schrieb er verschiedene Werke religiösen Charakters; seine einzige sprachwissenschaftliche Schrift ist der vermutlich für seine literarischen Freunde bestimmte *Diálogo de la lengua*. Der Dialog wurde zu seinen Lebzeiten nicht gedruckt, sondern erst 1737 von Mayans i Siscar veröffentlicht.

Der *Diálogo de la lengua*

Der *Diálogo de la lengua* (1535), in dem Valdés in der Tradition gelehrter Dialoge auch eine Vielzahl von damals aktuellen sprachlichen Fragen, z. B. den Ursprung des Spanischen, das Stilideal und einzelne grammatische Probleme behandelt, ist eines der wichtigsten Dokumente der spanischen Sprachgeschichte und zusammen mit der *Gramática de la lengua castellana* von Nebrija eines der bedeutendsten Zeugnisse für die Emanzipation des Spanischen vom Latein. Ein Bedarf an Ratschlägen, wie Valdés sie seinen Gesprächspartnern erteilt, bestand in Italien gewiss, vor allem in Neapel, wo bei den Gebildeten Spanischkenntnisse sehr verbreitet waren. Valdés steht außerhalb der Tradition des von Nebrija begründeten Vulgärhumanismus auf der Iberischen Halbinsel; er wendet sich bewusst gegen diese Tradition, vor allem gegen Nebrija, und gehört daher eher nach Italien als nach Spanien (Bossong 1990:94). Das Italien der Renaissance war das Land der Sprachdialoge nach antikem Vorbild; ein wichtiges Thema dieser Dialoge war die Eigenständigkeit der romanischen Sprachen und ihre Absetzung vom Latein, ein anderes die in Italien in den dreißiger Jahren des 16. Jhs. viel diskutierte *Questione della lingua*, bei der es um die Selektion einer als Literatursprache zu verwendenden Varietät ging. Ein solcher Streit war in Spanien jedoch überflüssig, denn die „Sprachenfrage" war spätestens seit Alfons dem Weisen entschieden. Das Ziel von Valdés ist aber auch ein anderes als das der *Questione della lingua*: Er will ein sprachliches Ideal herausarbeiten, das deutlich iberoromanische Züge trägt.

Die Wahl der Dialogform ist bei Valdés Programm: Es geht ihm um Schönheit und Eleganz der Sprache, die Pedanterie einer Schulgrammatik lehnt er ab. Daher polemisiert er gegen Nebrija: Abgesehen davon, dass er dem Andalusier die Kompetenz abspricht, eine Grammatik des Kastilischen zu verfassen, hält er es für prinzipiell unmöglich, von einer Volkssprache eine Grammatik zu schreiben, denn die Volkssprache werde nicht durch grammatische Regeln geleitet, sondern durch den *uso*, den Sprachgebrauch. Daher könne man über sie keine Rechenschaft ablegen: „Por donde tengo razón de juzgar por cosa fuera de propósito que me queráis demandar cuenta de lo que stá fuera de toda cuenta" (1535/1969:43).

Polemik gegen Nebrija

Die Gesprächspartner des *Diálogo* weisen auf die Bedeutung der Bereicherung und Pflege der eigenen Muttersprache hin. Diese wird auch von Valdés nicht geleugnet, denn das Spanische hat den Entwicklungsstand des Italienischen/Toskanischen noch nicht erreicht. Auf die Frage, ob er die kastilische Sprache für nicht so elegant und edel hält wie die toskanische, antwortet er:

Bereicherung

Sí que la tengo, pero también la tengo por más vulgar, porque veo que la toscana stá ilustrada y enriquecida por un Bocacio y un Petrarca, los quales siendo buenos letrados, no solamente se preciaron de scrivir buenas cosas, pero procuraron escrivirlas con estilo muy propio y muy elegante, y como sabéis, la lengua castellana nunca ha tenido quien escriva en ella con tanto cuidado y miramiento quanto sería menester para que hombre, quiriendo o dar cuenta de lo que scrive diferente de los otros o reformar los abusos que ay oy en ella, se pudiesse aprovechar de su autoridad (1535/1969:44).

Dem halten die Gesprächspartner entgegen, es gebe als Autoritäten für die Orthographie und den Wortschatz immerhin Antonio de Nebrija und für den Stil den *Amadís de Gaula*, was Valdés aber nicht gelten lässt. Nebrija mag für das Latein eine Autorität gewesen sein, nicht aber für das Kastilische, und was den Stil des *Amadís de Gaula* betreffe, so sei er geprägt von „kalten, affektierten Ausdrücken" (*frías afectaciones*) und könne kein stilistisches Vorbild sein. Stattdessen empfiehlt Valdés die Sprache der Sprichwörter, die in vorbildlicher Weise das Stilideal der ***llaneza*** widerspiegeln:

Stilideal

Valdés: *... os podréis servir del quaderno de refranes castellanos que me dezís cogistes entre amigos, estando en Roma, por ruego de ciertos gentiles hombres romanos.*

Pacheco: *Muy bien avéis dicho, porque en aquellos refranes se vee mucho bien la puridad de la lengua castellana* (1535/1969:48).

Es kommt Valdés also weniger „auf rhetorischen Schmuck an, auf äußere Eleganz und ästhetisches Raffinement, vielmehr auf Klarheit, Wahrhaftigkeit und Verständlichkeit, ein Sprachideal, das wir auch schon bei Alfonso el Sabio gesehen haben" (Bossong 1990:95 f.). Diesem Ideal entsprechen die *refranes* in ihrer Kürze und Knappheit.

Natürlichkeit

An anderer Stelle findet er für sein Stilideal eine Formulierung, die ein bekannter literarischer Topos geworden ist:
Para deziros la verdad, muy pocas cosas observo, porque el estilo que tengo me es natural, y sin afetación ninguna escrivo como hablo; solamente tengo cuidado de usar de vocablos que sinifiquen bien lo que quiero dezir, y dígolo quanto más llanamente me es possible, porque a mi parecer en niguna lengua stá bien el afetación (1535/1969:154).

Was die Natürlichkeit bei Valdés betrifft, so schließt sie eine sorgfältige Wortwahl, eine bewusste Entscheidung für die eine oder andere sprachliche Variante nicht aus. Seine Prosa entspricht dem Stilideal des *Cortegiano* von Castiglione (*s. u.*): Sie ist mit Sorgfalt gestaltet, ruhig, überlegt, aber auch flüssig und voll Anmut. Die Vorliebe von Valdés für die Sprichwörter ging nicht so weit, dass er ausgesprochen rustikale Wörter benutzt hätte, und er rühmt sich, im Gegensatz zu dem Andalusier Nebrija die Sprache des Königshofes von Toledo zu sprechen. Obwohl viele sprachliche Urteile von Valdés willkürlich sind, entspricht die von ihm getroffene Wahl im allgemeinen der tatsächlichen Sprachentwicklung, die von ihm bevorzugten Formen haben sich durchgesetzt, z. B. *vanidad* statt *vanedad*, *cubrir* statt *cobrir*, *dezirlo* statt *dezillo*, *hazerlo* statt *hazello*. Er hielt sich mit der Einführung neuer Kultismen zurück, plädiert aber bei einigen, die sich noch nicht recht durchgesetzt hatten, für die definitive Aufnahme in die Sprache (z. B. *idiota, ortografía, ambición, persuadir, ecepción* (Lapesa 1981:309 ff.).

5 Die Literatursprache

Autoren

Im 16. Jh. gehen die latinisierenden Tendenzen zurück, zur literarischen Norm wird eine einfache, unaffektierte Sprache erhoben, wie sie in vorbildlicher Weise von **Juan Boscán** in seiner Übersetzung des *Cortegiano* von Castiglione (1534) gebraucht wird. Wichtigste Vertreter dieses bereits von Valdés propagierten Stilideals sind **Garcilaso de la Vega** (1501/03–1536), **Fray Luis de León, Teresa von Ávila** sowie **Miguel de Cervantes** (1547–1616), der seine Sprache sehr bewusst gestaltet:
El lenguaje puro, el propio, el elegante y claro está en los discretos cortesanos, aunque hayan nacido en Majalahonda; dije discretos porque hay muchos que no lo son, y la discreción es la gramática del buen lenguaje, que se acompaña con el uso. Yo, señores …, he estudiado Cánones en Salamanca y pícome algún tanto de decir mi razón con palabras claras, llanas y significantes (Cervantes, zit. nach Lapesa 1981:332).

Bereits am Ende des 16. Jhs. kommt es aufgrund der veränderten politischen und gesellschaftlichen Bedingungen zu einem Wandel des Geschmacksideals. Während bei **Lope de Vega Carpio** (1562–1635), dem Schöpfer des spanischen Nationaltheaters, das *llaneza*-Ideal noch wirksam ist – Lope versucht z. B., in seinen Comedias die ganze Bandbreite der sprachlichen Varietäten seiner Zeit wiederzugeben –, verbreiteten sich mit dem Barock „extrem distanzsprachliche Modelle in der Literatur" (Koch/Oesterreicher 1990:203). An die Stelle der klassischen Einfachheit und Natürlichkeit (*llaneza, naturalidad*) traten bei den Vertretern des *culteranismo* und *conceptismo* **Luis Góngora y Argote** (1561–1627), **Francisco Gómez de Quevedo y Villegas** (1580–1645), **Baltasar Gracián** (1601–58), **Pedro Calderón de la Barca** (1600–81) und anderen das Künstlich-Künstlerische (*ornato y artificio*). Durch die komplizierte latinisierende Syntax, die reiche Bildlichkeit sowie die Verwendung bestimmter Stilfiguren und Neologismen wird die Literatursprache kompliziert und hermetisch. Die genannten Dichter und Schriftsteller werden zu Beginn des 18. Jhs. von der Real Academia Española in ihrem *Diccionario de Autoridades* (*s. S. 22*) zu Autoritäten der spanischen Sprache erhoben.

Literatur

Zur Literatursprache des Siglo de Oro vgl. Menéndez Pidal (1978: 47–142; 1991); Lapesa (1981); Strosetzki [Hrsg.] (1991); Cano Aguilar (1992:232–236); Neuschäfer [Hrsg.] (1997).

6 Die spanische Sprache in Europa

Ausstrahlung Spaniens

In der Blütezeit der spanischen Macht im 16. Jh., aber auch noch im 17. Jh. waren das Prestige und die Ausstrahlung der spanischen Sprache, Kultur und Literatur in Europa sehr groß; in Frankreich erreichte der spanische Einfluss seinen Höhepunkt unter Ludwig XIII. und Ludwig XIV., die beide mit spanischen Prinzessinnen verheiratet waren.

Die bedeutendsten Werke der spanischen Literatur wurden in verschiedene Sprachen übersetzt, z. B. die *Celestina*; der *Amadís de Gaula*[15]; der *Lazarillo de Tormes* (1554), der erste Schelmenroman. Auch die spanischen Mystiker wurden im Kontext der Gegenreformation stark rezipiert: Fray Luis de Granada, Teresa von Ávila, Fray Luis de León, San Juan de la Cruz.

Prestige des Spanischen

Bezeichnend für die Geltung des Spanischen in Europa sind Anekdoten über Karl V., der mehrere Sprachen beherrschte und sie daher auch je nach kommunikativer Absicht verwenden konnte. Zwei Anekdoten, „die für die Stabilisierung des spanischen Sprachbewußtseins im Siglo de Oro eine erhebliche Stütze" darstellen (Weinrich 1980:265), werden von Autor zu Autor in ganz Europa weitergereicht. In der einen, zuerst 1601 auf Latein belegt, teilt der Kaiser mit, dass er mit Gott im Gebet spanisch spreche (begründet durch die *gravitas* und

---

15 Der berühmteste spanische Ritterroman (entstanden 1492, erschienen 1508), dessen Autor unbekannt ist. *Novelas de caballería* waren nach Abschluss der Reconquista in Mode.

maiestas der spanischen Sprache), mit Freunden italienisch, französisch, wenn er jemandem schmeicheln wolle, und deutsch (*Germanice*), wenn er drohen wolle. In einigen Varianten der Anekdote geht die Abwertung des Deutschen so weit, dass Karl behauptet, nur mit seinem Pferd deutsch zu sprechen.

Sprache der Diplomatie

Die zweite Anekdote hat im Gegensatz zu der ersten einen historischen Kern. Am Pfingstmontag 1536 hielt der Kaiser in Anwesenheit des Papstes am päpstlichen Hof eine Rede in spanischer Sprache, bei der auch die beiden Botschafter von Frankreich anwesend waren, der Bischof von Mâcon als Botschafter beim Papst und Herr de Velly als Botschafter beim Kaiser. Inhalt der Rede war ein Appell an den König von Frankreich, Franz I., die Geißel verlustreicher Kriege unter Christen zu beenden. Die beiden Franzosen beschwerten sich, sie könnten kein Spanisch und hätten die Rede nicht verstanden, worauf der Kaiser zu dem Bischof gesagt haben soll:

Señor obispo, entiéndame si quiere, y no espere de mí otras palabras que de mi lengua española, la cual es tan noble que merece ser sabida y entendida por toda la gente cristiana (zit. nach Weinrich 1980:267).

Diese Rede und dieser Ausspruch markieren nach Weinrich zum ersten Mal den Anspruch der spanischen Sprache auf Weltgeltung. Die Bedeutung des Spanischen in der internationalen Diplomatie der Zeit steht außer Zweifel.

Entlehnungen

Der spanische Einfluss schlägt sich in den **höflichen Anredeformen** anderer Sprachen nieder (z. B. wurde die Anrede in der 3. Pers. übernommen: *vuestra merced* ,Euer Gnaden'), aber auch im Wortschatz der europäischen Sprachen. Aus dem Spanischen stammen: it. *sussiego* ,Steifheit, würdevolle Haltung', *grandioso* ,grandios', *disinvoltura* ,Ungezwungenheit', *siesta*; frz. *brave* ,tapfer', *bravoure* ,Mut', *désinvolte* ,ungezwungen', *sieste* ,Siesta'.

Europäische **Termini des Militärs und der Seefahrt** stammen aus dem Spanischen, z. B. dt. *Adjutant, Kamerad, Armada, Embargo, Karavelle, Schaluppe*, und auch *buen gusto* wurde in Lehnübersetzungen übernommen: it. *buon gusto*, frz. *le bon goût*, dt. *guter Geschmack*. Die Franzosen übernahmen ferner das diakritische Zeichen *cédille* (<ç>) und den Namen dafür.

7 Grammatiken und Sprachlehrwerke des 16. und 17. Jahrhunderts

Grammatiken im Ausland

Die Ausbreitung der spanischen Sprache in Europa und das große Interesse, das in den Nachbarländern an ihrer Erlernung bestand, spiegeln sich in der Tatsache, dass die spanische Grammatikschreibung des 16. und 17. Jhs. ihre Schwerpunkte im Ausland hat (Wippich-Rohácková 2000). Besonders wichtig sind die Niederlande geworden (im spanischen Sprachgebrauch *Flandes* genannt), wo viele spanische Bücher gedruckt wurden, auch solche, die in Spanien auf dem Index der verbotenen Bücher standen. In Spanien selbst wird der Grammatik der Muttersprache allenfalls die Rolle der Vorbereitung auf das Studium der klassischen Sprachen zugewiesen. Entsprechend ihrem Ziel waren diese Grammatiken weniger an sprachwissenschaftlichen Erkenntnissen interessiert, vielmehr standen praktisch-didaktische Gesichtspunkte im Vordergrund; dies schließt nicht aus, dass sich in manchen zutreffendere Beschreibungen des Spanischen finden als in der Grammatik von Nebrija. Viele der damals erschienenen Sprachlehren können aber eigentlich gar nicht als Grammatiken bezeichnet werden, es waren eher Büchlein, die man mit den heutigen Reise-Sprachführern vergleichen kann; sie boten die elementaren grammatischen Strukturen, den Grundwortschatz und einen Abschnitt mit Dialogen; diese Büchlein erlebten im 17. Jh. einen Boom. Theoretisch bringen die Grammatiken des 16. und 17. Jhs. so gut wie nichts Neues, denn sie orientieren sich – wie auch Nebrija – weiterhin am lateinischen Vorbild und erheben nicht den Anspruch, die Reflexion über Sprache im Allgemeinen voranzutreiben.

Niederlande

In Antwerpen erschien 1558 die *Gramática Castellana. Arte breve y compendiosa para saber hablar y escribir en la Lengua Castellana, congrua y decentemente* von **Cristóbal de Villalón**. Auch Villalón möchte, wie Nebrija, das Spanische durch sein Regelwerk auf die Stufe der klassischen Sprachen erheben und es so vor dem Vergessen bewahren, und mit Nebrija verbindet ihn auch die Erkenntnis, dass das Schema der lateinischen Grammatik für die Beschreibung des Spanischen vielfach unzureichend ist. Er sieht richtig, dass das Spanische keine Kasus hat und gibt originelle Regeln für die Erkennung und den Gebrauch des grammatischen Genus. Sein Ziel, die Grammatik von Nebrija zu ersetzen und die Unabhängigkeit des Spanischen gegenüber dem Lateinischen stärker zu betonen, erreicht er nicht.

Zwei weitere wichtige (anonyme) Grammatiken sind ebenfalls in den Niederlanden (in Löwen bei Bartolomé Grave) erschienen: ***Vtil, y breve institvtion,*** *para aprender los principios y fundamentos de la lengua Hespañola,* 1555, und ***Gramática de la lengua vulgar de España***, 1559. Ziel dieser Grammatiken war eine übersichtliche, einfache Darstellung, vor allem für Kaufleute, die ohne großen Aufwand Spanisch lernen wollten. Beide Grammatiken orientieren sich an Nebrija, übernehmen aber nur die ersten Bücher: Orthographie (Aussprache) und Etymologie (Wortarten).

Typisch für Flandern sind außerdem polyglotte Lehrwerke, z. B. Gabriel Meurier, *Conivgaisons, regles, et instrvctions, movt propres et necessairement reqvises, pour ceux qui desirent apprendre François, Italien, Espagnol & Flamen*, Anvers 1558.

Italien

Giovanni Miranda: *Osservationi della lingva Castigliana*, Vinegia 1566. Diese Grammatik war Vorbild für Grammatiken, die später in Frankreich und England erschienen sind.

Lorenzo Franciosini: *Grammatica spagnvola, ed italiana*, Venetia 1624, war die wichtigste spanisch-italienische Grammatik des 17./18. Jhs. Derselbe Autor hat auch ein Wörterbuch verfasst, das, wie man an den vielen Auflagen sieht, sehr erfolgreich war: *Vocabolario italiano e spagnuolo / español e italiano*, 1620, [16]1796.

Frankreich

In Frankreich erscheinen spanische Grammatiken erst Ende des 16. Jhs., als durch die Heirat von Anna Maria von Österreich mit Ludwig XIII. (1610–43) die kriegerischen Auseinandersetzungen zwischen Spanien und Frankreich beendet wurden. Die Grammatik von **César Oudin**: *Grammaire et observations de la langue Espagnolle recueillies & mises en François*, Paris 1597, erlebte im 17. Jh. mehrere Auflagen und wurde Vorbild für andere Grammatiken in Europa. Auf weite Strecken entspricht Oudins Grammatik derjenigen von Miranda, doch galten Plagiate damals nicht als ehrenrührig.

Deutschland

Seit Beginn des 16. Jhs., verstärkt im 17. Jh., gab es enge politische, wirtschaftliche und kulturelle Kontakte zwischen Deutschland, Österreich und Spanien. Es sei hier nur an die Augsburger Handelshäuser der Fugger und Welser erinnert, die jeweils bedeutende Niederlassungen in Spanien hatten. Im kulturellen Bereich waren es die Gegenreformation und der Barock, die vor allem in Süddeutschland und Österreich das Lebensgefühl bestimmten; der Wiener Hof war als erster der süddeutschen Fürstenhöfe von spanischen Sitten und Gebräuchen geprägt. Die erste für den deutschsprachigen Raum bestimmte spanische Grammatik ist die von **Heinrich Doergangk**: *Institvtiones in lingvam hispanicam* (1614), die sich in Konzeption und Aufbau deutlich an die lateinische Übersetzung von Oudin (Colonia 1607) anlehnt. Von **Angel de Sumarán**, dem „der löblichen Landschaft und fürstlichen Hauptstadt München in Bayern bestellten Sprachmeister", der ab 1625 an der Universität Ingolstadt lehrte, stammen einige der typischen Polyglotten der damaligen Zeit wie z. B. ein 1621 erschienenes *Newes Sprachbuch*, mit einer knappen Aussprachelehre und einem Abriss der spanischen Grammatik, in dem er dem Leser erklärt, „daß die Spanische Sprach gar ein schöne vnnd grauitetische Sprach sey / vnd leichter zulernen als die Italianische / oder die Frantzösische Sprach / sonderlich wann einer Lateinisch versteht / dann die Spanier schreiben wie sie lesen / und lesen wie sie schreiben" (zit. nach Neumann-Holzschuh 1991:264).

Spanien

Von den wenigen im 17. Jh. in Spanien erschienenen Grammatiken stammt die wichtigste von **Gonzalo Correas**: *Arte de la lengua Española Castellana* (1625). Correas verbindet logisch-universalistische Prinzipien mit dem seit Nebrija vorherrschenden präskriptiven Ansatz; sein

Hauptanliegen ist die empirische Erfassung seiner Muttersprache, wobei er erstmals auch diastratische und diatopische Unterschiede berücksichtigt. Von Correas stammt ferner ein radikaler Vorschlag zur Reform der spanischen Orthographie. Seine streng phonologische *Ortografía Kastellana Nueva i perfeta* (1630) bricht häufig mit allen Traditionen (so ersetzt er z. B. <c> und <qu> durch <k>) und wurde von den Verfechtern einer etymologisierenden Schreibung heftig kritisiert (Schmid 1992:422).

8 Sprachursprungstheorien

Apologien

Wenngleich die Volkssprachen in Europa im 16. Jh. überall aufgewertet wurden, bedurfte ihr Studium immer noch der Rechtfertigung (vgl. Pastor 1929). In diesem Zusammenhang spielt die Frage nach dem Ursprung der romanischen Sprachen, die die Gelehrten in Italien, Frankreich und Spanien stark beschäftigte, eine wichtige Rolle. Sie klingt schon bei Alfons dem Weisen an, der bereits ahnt, dass das Latein durch fremde Einflüsse verändert worden war. Zum Durchbruch kommen konnte dieses Gedankengut aber erst in der Renaissance.

Vulgärhumanismus

Die Ursprungsfrage ist auch bedeutsam im Zusammenhang mit dem Wettstreit darum, welche der romanischen Sprachen die edelste und beste sei, wobei die Nähe zum Lateinischen ein wichtiges Kriterium war. Vordenker waren auch in diesem Bereich die Italiener, z. B. Claudio Tolomei, der in seinem Dialog *Il Cesano* von 1554 alle Fragen anschneidet, die das Verhältnis des Italienischen zum Latein berühren (Bossong 1990:108 ff.). Vor diesem Hintergrund ist die Diskussion in Spanien zu sehen. Charakteristisch für die Schriften der Vulgärhumanisten ist ein ambivalentes Verhältnis zur Volkssprache: einerseits wird sie hochgehalten und verteidigt, andererseits erkennt man ihre Defizienz in Bezug auf das Latein, das aber jetzt nicht mehr das Maß aller Dinge ist.

Valdés

Valdés war einer der ersten, der sich Gedanken über die Herkunft des Spanischen machte; in seinem *Diálogo de la lengua* (*s. S. 98*) teilt er mit, er sei zunächst von der damals allgemein verbreiteten Annahme ausgegangen, die vorrömische Sprache Spaniens sei das Baskische gewesen; ein vertiefteres Studium habe ihn jedoch zu der Auffassung gebracht „que la lengua que en España se hablava antiguamente, era assí griega como la que agora se habla es latina" (1535/1969:53). Er entnimmt antiken Historikern (Plinius, Strabo) Hinweise auf griechische Siedlungen auf der Iberischen Halbinsel, die aber natürlich nicht ernsthaft als Beweis für die Verbreitung des Griechischen auf der ganzen Halbinsel in vorrömischer Zeit dienen können. Valdés' Hypothese hat im Grunde eine rein ideologische Grundlage, er „überträgt lediglich die Wertschätzung der griechischen Sprache durch die Humanisten im 16. Jh. auf die spanische Sprachgeschichte“ (Bahner 1956:39). Die Entwicklung des Kastilischen stellt Valdés sich folgendermaßen vor: Die lateinische Sprache habe auf der Iberischen Halbinsel die griechische verdrängt und sei dann – mit griechischen Beimischungen – bis zur Ankunft der Westgoten dort gesprochen worden. Letztere hätten das Latein zwar nicht abgelöst, es aber weiter durch ihre Sprache korrumpiert. Dieses „verdorbene“ Latein habe sich dann auch noch z. T. mit dem Arabischen vermischt, nur in wenigen Regionen im Norden wurde kein Arabisch gesprochen. Trotzdem sei nicht zu leugnen, dass die lateinische Sprache das wichtigste Fundament der kastilischen sei.

Korruptionstheorie

Valdés ist somit ein Vertreter der sog. „Korruptionstheorie“. Die Anhänger dieser Theorie begründen den Verfall des Lateins einerseits mit der jeder Sprache inhärenten Neigung zum Wandel und andererseits mit dem mal mehr, mal weniger schädlichen Einfluss verschiedener fremder Völker und ihrer Sprachen, in Spanien der Westgoten und Araber. Vor allem die Westgoten, die *gentes bárbaras*, wurden für die Korruption verantwortlich gemacht. Diese Theorie wurde auch von Nebrija und Villalón vertreten (Berkenbusch 1990:142); ihr bekanntester Verfechter war ohne Zweifel Bernardo de Aldrete.

Urkastilische Theorie

Die zweite Haupttheorie ist die urkastilische Theorie, deren Vertreter meinen, dass die spanische Sprache des 17. Jhs. auf die Sprache Tubals, des Enkels Noahs, zurückzuführen sei. Nach dieser These hätten Tubal und sein Geschlecht nach der babylonischen Sprachverwirrung eine der damals entstandenen 72 Sprachen, das mit dem Chaldäischen verwandte Urkastilische, auf die Halbinsel gebracht. Trotz fremder Einflüsse – vor allem besonders starker Einflüsse des Lateins im Wortschatz – hätte sich dieses Urkastilische im Wesentlichen unverändert bis zur Gegenwart erhalten. Ein Argument für die Aufwertung des Spanischen wird also hier aus seinem hohen Alter gezogen. Der Hauptverfechter dieser These, Gregorio López de Madera, führt als Beweisstücke in Granada „gefundene“ Reliquien und Handschriften an. Die nicht zu leugnende Ähnlichkeit des Spanischen mit dem Latein erklärt Madera durch Sprachkontakt. Das Latein kam also nach seiner Auffassung nach Hispanien, als es das Spanische schon gab, und es entstand eine Diglossiesituation: Spanisch als Umgangssprache, Latein für offizielle Dokumente und Anlässe. Diese These Maderas, die aus heutiger Sicht phantastisch anmutet, hatte im 17. Jh. viele Anhänger.

Bernardo de Aldrete

Bernardo de Aldrete (1565–1645) war der bedeutendste spanische Sprachhistoriker des Siglo de Oro. In seinem Hauptwerk, *Del Origen, y Principio de la Lengua Castellana* (1606), vertritt auch er die Korruptionsthese und weist die „urkastilische“ Theorie mit Entschiedenheit zurück. Das Spanische stamme eindeutig vom Latein ab – Beweis dafür seien die zahlreichen Übereinstimmungen zwischen beiden Sprachen (er spricht von *congruencia, uniformidad, conformidad*). Die Unterschiede zwischen beiden Sprachen erklärten sich einerseits durch Korruption, für die er die Goten verantwortlich macht; z. B. hätten sie die lateinische Deklination aufgegeben, weil in ihrer Sprache die Nomina indeklinabel gewesen seien. Andererseits spielte nach seiner Auffassung aber auch die generelle Veränderlichkeit der Sprache eine Rolle. Aldrete erkannte bereits, dass das Spanische nicht aus dem klassischen Latein hervorgegangen war. Da sein Blickwinkel allerdings nicht wirklich historisch ist und er die lautlichen Entwicklungen noch nicht im Sinne eines geschichtlichen Nacheinanders sieht, hat er die Erkenntnisse der historischen Sprachwissenschaft des 19. Jhs. noch nicht vorweggenommen (Gauger 1967).

9 Lexikographie

Erste Wörterbücher

Wie in anderen europäischen Ländern beginnt auch in Spanien die Lexikographie mit den mittelalterlichen Glossen. Im Zeitalter der Renaissance werden dann die ersten lateinisch-spanischen Wörterbücher publiziert, beginnend mit dem *Universal vocabulario en latín y en romance* von **Alfonso Fernández de Palencia** (Sevilla 1490). Es handelt sich um die Bearbeitung des einsprachigen lateinischen Wörterbuchs von Papias (ca. 1050), dem Fernández de Palencia eine Spalte mit spanischen Äquivalenten hinzugefügt hat (Niederehe 1986).

Nebrija

1492 erschien das ***Diccionario latino español*** von Nebrija, ebenfalls als Hilfsmittel für Studenten gedacht, das ein großer Erfolg wurde, im 16. Jh. 50 Neuauflagen erlebte und in andere europäische Sprachen übersetzt wurde. Es wurde auch Grundlage für einige Wörterbücher der amerikanischen Indianersprachen. Das *Diccionario* von Nebrija ist das erste wirklich zweisprachige Wörterbuch und weist mit 28.000 Einträgen bereits einen beachtlichen Umfang auf. Im Unterschied zu Palencia verzeichnet Nebrija den Wortschatz der klassischen Latinität, darüber hinaus präsentiert er in den Erläuterungen einen außerordentlich breiten Wortschatz auch im spanischen Bereich. 1495 publizierte Nebrija dann auch ein Wörterbuch der umgekehrten Richtung, das ***Vocabulario español latin***, das sich ebenfalls als eigenständiges, aus der mittelalterlichen Tradition gelöstes Werk erweist. Im 16. Jh. folgten weitere lexikographische Werke, wobei aber keines die Bedeutung des Wörterbuchs von Nebrija erreichte. Es waren immer zwei- oder mehrsprachige; das Spanische wurde entweder mit mindestens einer weiteren modernen Fremdsprache verglichen (z. B. Italienisch-Spanisch: Cristóbal de las Casas, *Vocabulario de las dos Lenguas, Toscana* *y Castellana,* 1570) oder es waren Polyglotte für Kaufleute und Reisende wie der *Calepino*[16].

César Oudin

Die im 16. Jh. begonnene zweisprachige Lexikographie wird im 17. Jh. durch eine große Zahl von Wörterbüchern fortgesetzt. Das wichtigste dieser zweisprachigen Wörterbücher ist der ***Tesoro de las dos lenguas francesa y española*** von César Oudin (1607), der auch mehrfach aufgelegte dreisprachige Lexika (Französisch-Spanisch-Italienisch, Französisch-Spanisch-Niederländisch) verfasst hat. Der *Tesoro* fußt zwar (wie alle Wörterbücher) auf seinen Vorgängern, geht aber doch in seinem aus intensiver Lektüre des Autors gespeisten Wortreichtum deutlich darüber hinaus. Er wurde daher eine wichtige Quelle für spätere Wörterbücher des Spanischen.

Covarrubias

Erst zu Beginn des 17. Jhs. führt das Interesse an der eigenen Sprache – nicht mehr nur in Relation zu einer anderen – zur Entstehung des ersten einsprachigen Wörterbuchs: Sebastián de Covarrubias, ***Tesoro de la lengua castellana o española*** (1611) (Mühlschlegel 2000: 131–168). Dies blieb das einzige wichtige Wörterbuch bis zum Erscheinen des *Diccionario de Autoridades* der Akademie (1726–39), für das es eine wichtige Quelle werden sollte. Die Makrostruktur umfasst etwa 11.000 Stichwörter, doch viele Wörter werden darüber hinaus in der Mikrostruktur erklärt (Alvar Ezquerra 1992:643). Covarrubias' Ziel ist ein etymologisches Wörterbuch, allerdings mit umfassenden Erklärungen aller Art. Vorbild waren die *Etymologiae* von Isidor von Sevilla; Covarrubias kannte aber auch die Werke von Aldrete, der vermutlich den Anstoß für den *Tesoro* gegeben hat. Neben Worterklärungen und Etymologien enthält der *Tesoro* viel Enzyklopädisches – in einigen Fällen führt dies zu sehr langen Einträgen. Covarrubias hat sich bemüht, die Etymologien aller Wörter zu ermitteln, doch sind diese aus heutiger Sicht natürlich oft unhaltbar, denn die etymologischen Kenntnisse waren damals noch begrenzt.

4 Die sprachliche Entwicklung des Mittelspanischen

Zwei Standards

Die mittelspanische Epoche von der Mitte des 15. Jhs. bis zur Mitte des 17. Jhs. ist in Bezug auf die sprachinterne Entwicklung eine Epoche des Übergangs. Sie ist für die Sprachgeschichte besonders bedeutsam, weil sich in dieser Epoche für das Spanische zwei unterschiedliche Standards herausbilden: die kastilische Norm einerseits und das *español*

[16] Giacomo Calepino war der Verfasser eines Wörterbuchs des Lateinischen und Griechischen (1502); ab 1550 traten Italienisch, Spanisch und weitere Sprachen hinzu, die Zahl erhöhte sich bis 1588 auf elf. Das polyglotte Wörterbuch erlebte 211 Auflagen und Calepino wurde zur Bezeichnung für mehrsprachige Wörterbücher schlechthin (Mühlschlegel 2000:44).

meridional in Andalusien und auf den Kanarischen Inseln andererseits, das die Basis für das amerikanische Spanisch bildete. Aus diesem Grund bezeichnet man diese und die amerikanischen Varietäten auch mit dem von Diego Catalán (1958) geprägten Ausdruck ***español atlántico***[17].

1 Lautliche Veränderungen

Vokalismus

Im Vokalismus gibt es keine grundlegenden Veränderungen, nur die Schwankungen bei den unbetonten Vokalen werden seltener, die heutige Norm kristallisiert sich heraus. Dennoch wird noch keine völlige Vereinheitlichung erreicht, es finden sich noch Formen mit *e/o* statt *i/u*, z. B. *recebir* (*Lazarillo*), *mormorar, sepoltura* (Santa Teresa), und umgekehrt mit Schließung von *e/o* zu *i/u*: *quiriendo, puniendo* (Valdés), *sigún, siguro* (Santa Teresa) usw. (Lapesa 1981:368). Diese bis weit ins 17. Jh. hineinreichende Unsicherheit im Sprachgebrauch spiegelt sich noch heute im Spanischen der Neuen Welt.

Konsonantismus

Wesentlich tief greifender waren hingegen die Umstrukturierungen im Konsonantismus, deren Ergebnisse die phonologischen Systeme des heutigen kastilischen Standards und des *español atlántico* sind. Der radikale Wandel erfolgte jedoch nicht abrupt, und es handelte sich in allen Fällen um die graduelle Durchsetzung regionaler Varianten, die sich durch Lautwandel-Phänomene vor dem Siglo de Oro herausgebildet hatten, also um Sprachwandel durch Varietätenwandel. Durch eine Veränderung der Norminstanz, d. h. aus kulturellen und historischen Gründen, gewinnen lautliche Varianten die Oberhand, die vorher in volkstümlichen Dialekten vorkamen, jetzt aber auch bei Hofe und in der Hauptstadt üblich werden (Cano Aguilar 1992:237).

Toledo vs. Madrid

Die **Veränderung der Norminstanz** wurde durch Philipp II. initiiert, der seine Residenz zunächst nach Valladolid und 1561 endgültig nach Madrid verlegte. Dadurch geriet die Sprache des Hofes unter altkastilischen Einfluss: „Die Bevölkerung Madrids wuchs in der zweiten Hälfte des 16. Jh. um das Fünffache von 12.000 bis 14.000 auf etwa 65.000 Einwohner, während Burgos in der gleichen Zeit die Hälfte seiner Bevölkerung verlor und auch Toledo von einem raschen wirtschaftlichen und demographischen Abstieg betroffen war [...]. Ein großer Teil der Neumadrider kam, wie Menéndez Pidal 1962 gezeigt hat, aus dem altkastilischen Raum“ (Berschin u. a. 1995:114). Merkmale des Altkastilischen kommen auf diese Weise zu Ansehen, werden auch von anderen wichtigen Zentren wie Toledo und Sevilla übernommen und können sich weiter ausbreiten. Es sind drei wichtige Veränderungen des Konsonantensystems, die von Norden her ihren

[17] Zur Entwicklung des Spanischen in Amerika vgl. Rivarola 1990; Fontanella de Weinberg 1992; Lipski 1994; López Morales 1998.

Ausgang nehmen (Altkastilien, Bergland von Santander, Vizcaya): die Entwicklung von F- > [h] > ø, die Neutralisierung der Opposition /b/ vs. /v/ und die Desonorisierung der stimmhaften Sibilanten.

F- > h- > ø

Das lateinische F- ist (außer vor Konsonant und *ue, ie*) zum aspirierten [h] geworden. In der ersten Hälfte des 16. Jhs. wird das inzwischen als archaisierend geltende [f] in *fijo, fincar* usw. zwar noch toleriert, in der Juristensprache sogar noch im 17. Jh. (heute heißt es noch in der Rechtssprache *fallar* ‚ein Urteil fällen', neben gemeinsprachlichem *hallar*). Schon ab dem 15. Jh. begann das [h-] in Altkastilien aber zu verstummen und der Schwund breitet sich jetzt nach Madrid und Neukastilien aus (Lapesa 1981:273, 372).

Neutralisierung der Opposition /b/ : /v/

Die Neutralisierung der Opposition Okklusiv : Frikativ und Bilabial : Labiodental schreitet, ausgehend von Altkastilien und Aragón, immer weiter voran. Im modernen Spanisch gibt es nur noch ein Phonem /b/ mit den Allophonen [b] (bilabialer Okklusiv) und [ß] (bilabialer Frikativ), analog zu den Phonemen /d/ und /g/, die ebenfalls zwei Allophone (Okklusiv und Frikativ) aufweisen. Im Judenspanischen (*s. S. 117 f.*) ist die Opposition zwischen /-b-/ < lat. -P- und /-v-/ aus lat. -B-/-V- bewahrt, und auch in spanischen Wörtern, die ins Araukanische (Indianersprache Chiles) entlehnt worden sind.

2 Die Entwicklung der Sibilanten

Desonorisierung

Das spanische Phonemsystem des 15. Jhs. wies im Bereich der Sibilanten eine Korrelation von stimmhaften und stimmlosen Frikativen und Affrikaten auf: die Dentale /ts/ : /dz/, die Alveolare /s/ : /z/ und die Präpalatale /ʃ/ : /ʒ/. In Altkastilien wurde die Opposition der Stimmbeteiligung aufgegeben; in der ersten Hälfte des 16. Jhs. standen sich somit die Norm von Toledo mit Bewahrung der Opposition stimmhaft : stimmlos und altkastilische Varietäten mit Aufgabe dieser Opposition gegenüber. Die Grammatiker des 16. Jhs. bezeugen, dass die Desonorisierung sich von Norden nach Süden ausbreitet; es gibt viele Verwechslungen in der Schreibung, die Indizien für den Lautwandel sind (Cano Aguilar 1992:238).

Gründe

Die Gründe für die fundamentale Umstrukturierung des Konsonantensystems sind komplex (Alonso 1967–1969). Offenbar wies das Lautsystem verschiedene Schwachstellen auf, die seine Instabilität bewirkten. So ist z. B. das /h/ ein isoliertes Phänomen, da Kehlkopf-Aspiration sonst nicht vorkommt. Die Opposition /b/ : /v/ hatte keine Parallele bei den anderen stimmhaften Verschlusslauten. Die Opposition stimmhaft : stimmlos bei den Sibilanten war nicht besonders gut ausgenutzt: bei den Alveolaren (/s/ : /z/) bestand sie nur intervokalisch, bei den Dentalen (/ts/ : /dz/) kam sie nicht im Wortanlaut vor.

All dies scheint auf die Notwendigkeit einer phonologischen Umstrukturierung (*reajuste fonológico*) hinzudeuten (Cano Aguilar 1992:239). Nach Lantolf (1974) haben allerdings auch externe Faktoren zu diesen vom Phonemsystem her plausiblen Lautveränderungen beigetragen. Aufgrund der im frühen Mittelalter weit verbreiteten Zweisprachigkeit in der Grenzregion zwischen Kastilien und den von Basken bewohnten Gebieten wurden Aussprachegewohnheiten des baskischen Adstrats, das keine stimmhaften Sibilanten aufweist, zunächst in die regionale Subnorm in Nordkastilien übernommen. Dass die neuen Formen im Laufe des Siglo de Oro endgültig zur Norm werden konnten, liegt an den genannten soziolinguistischen Gründen (*s. S. 109*), wobei die Ausbreitung durch demographische Umwälzungen und labile soziopolitische Verhältnisse vor allem im 16. Jh. vermutlich beschleunigt wurde. Heute sind die archaischen Phoneme nur noch in einigen Dialektzonen bewahrt, das /h/ z. B. nur noch in Kantabrien, Teilen Andalusiens und in der Extremadura.

System der Sibilanten

Nach der Entsonorisierung der Sibilanten ging der Lautwandel weiter, und zwar in der Weise, dass die nach den Kollisionen entstandenen, sehr ähnlichen Phoneme wieder differenziert wurden, wie die folgende Tabelle (nach Penny 1993:99) verdeutlicht:

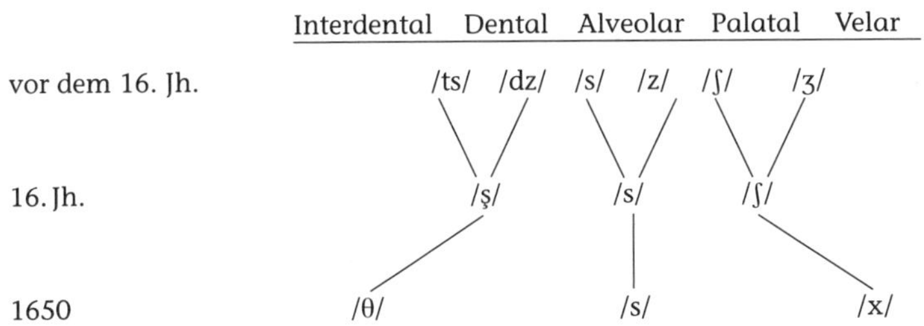

Was die präpalatalen Zischlaute betrifft, so wurde der stimmhafte im 16. Jh. normalerweise [ʒ] ausgesprochen, nur am Wortanfang hielt sich die Affrikate [dʒ] (wie in engl. *just* oder it. *giorno*). Nachdem die Reste des dentalen Verschlusslautes geschwunden waren, fielen /ʃ/ und /ʒ/ zusammen, und zwar nicht nur im Kastilischen, sondern auch im Asturischen, Leonesischen und Galicischen. In Kastilien ging die Entwicklung noch weiter: Der Laut wurde zunächst weiter hinten im Mund artikuliert (um ihn deutlicher von dem apiko-alveolaren /s/ zu unterscheiden), so wie der Laut in dt. *ich* (d. h. mediopalatal, so in einigen Gebieten in Amerika noch heute vor **e** und **i**, z. B. in Chile). Schließlich entstand der velare Reibelaut /χ/. Diese Aussprache ist gegen Ende des 16. Jhs. bezeugt, im ersten Drittel des 17. Jhs. hat sie sich völlig durchgesetzt. In Gegenden, wo das /h/ noch gesprochen wurde, fiel der velare Reibelaut mit diesem zusammen, z. B. in Andalusien und der Extremadura, und von dort gelangte diese Aussprache nach Amerika (nicht überall).

Auch bei den alveolaren Sibilanten veränderte sich die Artikulationsstelle. Aus dem Verlust der Affrikaten – in Andalusien schon seit Anfang des 15. Jhs. bezeugt, im Norden unabhängig davon entstanden – resultieren zwei **s**-Laute, die sich nur durch den Ort der Artikulation unterscheiden: dental und alveolar. Dieser geringe Unterschied wird in Andalusien aufgehoben (*confusión andaluza*), das Resultat ist ein Phonem /s/, das meist dental realisiert wird (je nach Gegend verschieden). Im Norden wurde durch die Interdentalisierung des dentalen /s/ der Unterschied vergrößert: /s/ und /θ/. Dieser Wandel konsolidierte sich erst Ende des 17. oder Anfang des 18. Jhs.

Seseo und Ceceo

Nach der Entaffrizierung der Affrikaten, aber noch ehe die Entsonorisierung eintrat, kam es zu Verwechslungen zwischen dem dentalen /ş/ bzw. /z̧/ und dem alveolaren /s/ bzw. /z/, die einander sehr ähnlich waren; die Verwechslungen gingen in beide Richtungen und werden durch Beispiele wie *paço, resibir* statt *passo, recibir* und *caza, casada* statt *casa, cazada* bezeugt. Aus dieser äußerst komplexen Situation entwickelte sich dann eine sehr viel einfachere: nur ein Phonem bleibt übrig, dieses wird allerdings nicht überall in gleicher Weise realisiert. Im nördlichen Streifen des andalusischen Sprachgebiets einschließlich Córdoba und der Stadt Sevilla ist es ein dentales [s], man spricht daher von **Seseo**; in einem Küstenstreifen von Almería bis zur portugiesischen Grenze, unter Einschluss der Städte Huelva, Cádiz, Málaga und Granada, wird der interdentale Reibelaut [θ] gesprochen, dies nennt man **Ceceo** (Zamora Vicente 1970:301 ff.). Tabellarische Übersicht über die Entwicklung in Andalusien (nach Penny 1993:101):

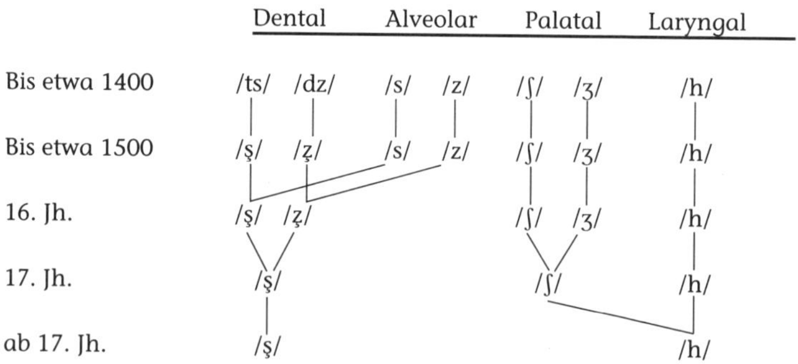

3 Sprachspaltung

Zwei Varietäten

Als Folge der genannten lautlichen Entwicklungen spaltete sich die spanische Sprache im 16. Jh. in zwei deutlich abgrenzbare Varietäten: (1) Die nördliche Hälfte des Königreichs Kastilien, ferner Toledo, Murcia und Gebiete Westandalusiens haben /θ/, /s/ und /χ/;

(2) der größte Teil Andalusiens, die Kanarischen Inseln und Hispanoamerika haben /s/[18] und /h/ mit den drei Allophonen /ʝ, χ, h/[19].

In dem Phonem /h/ fallen einerseits das /h/ aus lat. F-, andererseits das Ergebnis der Entwicklung von /ʃ/, das sich im Norden zu /χ/ entwickelt hat, zusammen.

Die Veränderungen lassen sich wieder aus dem System heraus erklären; es gibt keine Hinweise, dass Sprachkontakt (Mozaraber, Zigeuner, Morisken) dafür verantwortlich gemacht werden können. Alles deutet darauf hin, dass ein prekäres System, wie es das der kastilischen Sibilanten war, in einer Gesellschaft, in der Sprecher verschiedener Herkunft zusammenkamen, spontan vereinfacht wurde. Eine solche Gesellschaft hatte sich in Andalusien, insbesondere in Sevilla, durch die Reconquista des Spätmittelalters und die Amerikafahrten der frühen Neuzeit herausgebildet.

Südliche Entwicklungen

Charakteristisch für das *español meridional* und – mit unterschiedlicher Verbreitung – für das amerikanische Spanisch – sind neben dem Seseo die folgenden Entwicklungen, die sich im 16. Jh. ausbreiten, aber nicht Teil der *norma culta* werden (Cano Aguilar 1992:241 f.):

- **Der Yeísmo**: das /ʎ/ verliert sein laterales Merkmal und wird zu [j] oder [ʒ]. Dieser Lautwandel ist schon im Mozarabischen belegt, durch eine Graphie aus dem Jahre 982: *yengua* statt *llengua*. Der *yeísmo* im Wortinneren ist vereinzelt in Toledo seit Ende des 14. Jhs. bezeugt, er muss dort unter Bauern, Morisken und Handwerkern im 14.–17. Jh. existiert haben, aber auch gelegentlich im Munde von Personen aus höheren Gesellschaftsschichten vorgekommen sein. Für das 16./17. Jh. ist er in Andalusien ein gesichertes Faktum.
- **Die Neutralisierung von /-r/ und /-l/ im Silben- und Wortauslaut** (implosives **-r**, **-l**), die heute im Süden, auf den Kanaren, im Spanischen der Karibik und von Küstenregionen in Amerika zu beobachten ist. Für diesen Lautwandel, der vielleicht mozarabischen Ursprungs ist, gibt es mittelalterliche Belege, und seit dem 15. Jh. konzentrieren sich die Belege in Andalusien, z. B. *abril* statt *abrir, leartad* statt *lealtad.*
- **Aspirierung von -s im Silben- oder Wortauslaut**. Implosives **-s**, das in der spanischen Aussprache nie sehr gespannt war, lockert sich im Süden und wird zur Aspiration. Das Ergebnis [h] wird aber nie geschrieben, ist daher in älteren Texten nur indirekt bezeugt (z. B. durch das Fehlen eines **-s**). Dieses Phänomen – wie einige andere auch – ist in den Briefen Ungebildeter aus Amerika im 16. Jh. zu finden.

---

18 Die Tatsache, dass in Hispanoamerika der *seseo* dominiert, wird mit der Bedeutung Sevillas für die frühe Phase der Kolonialisierung Amerikas erklärt (Menéndez Pidal 1962).

19 Mit /ʝ/ ist der Laut von dt. *ich* gemeint, der nach dem System der API mit [ç] transkribiert wird. Wir verwenden hier das gleiche Zeichen wie Penny 1993.

- **Abschwächung oder Verstummen von -d-**, in den Verbalendungen *-ades* > *-ais* seit dem 14. Jh. bezeugt, dehnt sich seit Mitte des 16. Jhs. aus und ist in der *habla popular* heute gesamtspanisch verbreitet; dies gilt auch für den Schwund des **-d** im Auslaut: *bondá, mercé*.

Literatur

Zum Lautwandel im Mittelspanischen vgl. Menéndez Pidal (1962); Alonso (1976–88); Lapesa (1981:370–393); Berschin u. a. (1995:112 ff.); Lloyd (1987:322–351); Cano Aguilar (1992:236–243); Penny (1993: 94–106, 2000).

4 Morphologie und Syntax

Grammatik

Verglichen mit dem Wandel im Lautsystem sind die grammatischen Veränderungen im Mittelspanischen weniger tiefgreifend. Viele haben sich schon im Altspanischen angebahnt und kommen jetzt zum Abschluss (vgl. Keniston 1937; Lapesa 1981:393–408; Cano Aguilar 1992:242–250; Penny 2000:209–213).

Pronomina

Die mittelalterliche Form des Dativpronomens in der Verbindung mit *lo, la*: *ge lo, ge la*, wird im 16. Jh. zu *se lo, se la* umgestaltet. Mögliche Erklärungen dafür sind die Analogie zum Reflexivpronomen oder die Unsicherheit bei den Sibilanten (Penny 1993:137). Die Variante *ell* des Pronomens *él* verschwindet; *nosotros, vosotros* werden grammatikalisiert, d. h. sie verlieren ihre Funktion, einen Kontrast zum Ausdruck zu bringen. Die einfachen Pronomina *nos* und *vos* werden nur noch als Pluralis majestatis und für die höfliche Anrede im Singular gebraucht.

Anredeformen

Der Gebrauch des vertraulichen *tú* unter Gleichgestellten oder gegenüber Dienern geht im Spätmittelalter zurück, daneben wird die ursprünglich höfliche Anrede *vos* verwendet, die dann nicht mehr respektvoll ist und auch gegenüber Untergebenen benutzt wird. Es kam zur völligen Angleichung von *tú* und *vos* und das letztere hat *tú* in einigen Regionen Südamerikas ganz ersetzt (*Voseo*). Für die höfliche Anrede kamen im 15. Jh. verschiedene Formen auf: *Vuestra Alteza, Vuestra Señoría, Vuestra Merced*; von der letzteren gab es viele verschiedene Kurzformen: *vuesarced, vuesasté, vosted, usted* usw.; *usted* hat sich am Ende des 17. Jhs. durchgesetzt.

Klitische Pronomina

Die Stellung des klitischen Objektpronomens hat sich im Laufe des 17. Jhs. fixiert, so wie es den heutigen Regeln entspricht: Es steht vor dem finiten Verb (vor dem 16. Jh. war am Satzanfang nur enklitische Stellung möglich: *¿Hate dado …?*, Lope de Rueda) und nach dem Infinitiv, Gerundium oder Imperativ.

Leísmo

Schon im *Poema de Mio Cid* finden sich Belege für den *leísmo*, d. h. den Gebrauch von *le* in der Funktion des direkten Objekts statt *lo, la*. Sehr verbreitet ist der *leísmo de persona* (*Le vio [a Juan]*), weniger der *leísmo de cosa*; die Verwendung von *la* bzw. *lo* statt *le* (*laísmo* und *loísmo*) findet sich nur in Texten aus Altkastilien und León.

Artikel

Die Formen des Artikels werden fixiert: die Variante *ell* verschwindet, und die Form *el* (< *el(a)*) für den femininen Artikel wird nur noch vor Substantiven mit betontem **á**- im Anlaut gebraucht. In Verbindung mit dem Possessivdeterminanten wird kein Artikel mehr verwendet: *la tu vida* gilt als Archaismus.

Formen des Verbs

- In der ersten Hälfte des 16. Jhs. gab es noch viele Unsicherheiten im Verbalsystem, z. B. hinsichtlich der durch den Lautwandel entstandenen Stammalternanz, wie z. B. bei *entregar – entriega* oder *entrega*, besonders bei den Verben auf *-ir* (wegen der Palataleinflüsse). Die Tendenz geht zum Formenausgleich (z. B. *prestar* → *presta* statt *priesta*), doch bleibt noch viel Stammalternanz übrig.
  Beim Verb *aver* bestehen noch nebeneinander die Formen *hemos / avemos; heis / avéis*, beim Konjunktiv von *ir*: *vamos / vayamos, vais / vayáis*. Generell kann man sagen, dass sich zu Beginn des 17. Jhs. in den meisten Fällen die heutigen Formen durchsetzen. Dies gilt auch für die Formen der 1. Pers. von *ser, dar* usw.: *soy, doy, voy, estoy* (statt *so, do* usw.), die vermutlich in Analogie zu *hay* < *ha y* (< IBI) entstanden sind.
- Bei der Entwicklung der Verbalendungen der 2. Pers. Plural kam es im 16. Jh. zu einer diatopischen Differenzierung. Das **-d-** war im Laufe des 14. und 15. Jhs. in den auf dem Themavokal betonten Formen geschwunden: *amades* > *amáis, tenedes* > *tenéis, sentides* > *sentís*. Diese Formen setzen sich in Spanien und im größten Teil Lateinamerikas durch. Daneben gab es kontrahierte Formen *cantás, tenés*, die in Spanien als vulgär galten, sich aber in Mittelamerika und am Río de la Plata hielten, nämlich in den Gebieten, wo *vos* das *tú* ersetzt hat.
- Im Futur sind Metathesen wie *verné, terné* usw. nicht mehr möglich, es muss *vendré, tendré* usw. heißen. Ebenso beim Imperativ: *dalde* → *dadle*. Assimilationen von Verbformen und klitischen Pronomina wie *tomallo, hacello* werden zunehmend vermieden. Auch die Trennung des Futurs und Konditionals durch ein Pronomen (*besar te he*) hört im 17. Jh. auf, die Synthetisierung dieser ursprünglich analytischen Form ist damit abgeschlossen (Cano Aguilar 1992:248).
- Die Verbform auf *-ra* (*cantara; si tuviera, diera*) wird jetzt endgültig ein Subjuntivo – ursprünglich war sie ein Plusquamperfekt (*cantara* < CANTAVERAM) und hatte rein temporale Bedeutung. Die temporale Bedeutung gilt im Siglo de Oro als Archaismus. Zunächst hatte die Form noch zwei Bedeutungen: Vorzeitigkeit (Irrealis) und Ausdruck eines Wunsches: *Pluguiera a Dios* konnte heißen: ‚hätte es Gott gefal-

len' oder ,möge es Gott gefallen'; dann aber kommen für die Vorzeitigkeit die Formen mit *hubiese / hubiera* auf: *hubiese / hubiera cantado*, und die Formen auf *-ra* wurden synonym mit denen auf *-se* (*cantase* < CANTAVISSEM). Beide Formen werden seit Anfang des 17. Jhs. als *imperfecto de subjuntivo* gebraucht. Der Subjuntivo des Futurs auf *-re* (*cantare, cantares* usw., vgl. *sea como fuere*) wird seit dem Ende des 16. Jhs. immer ungebräuchlicher und kommt heute nur noch in einigen Wendungen der Juristensprache vor (de Bruyne 1993:423; Eberenz 1983).

- Im Altspanischen werden sowohl *aver* als auch *ser* als Auxiliare für die zusammengesetzten Tempora gebraucht, das Letztere bei intransitiven und reflexiven Verben (*s. S. 64*). Ab dem 16. Jh. wird *ser* von *aver* verdrängt: bei Valdés liest man noch *son idos*, daneben aber auch schon *han ido*. Im zusammengesetzten Perfekt wird das Partizip invariabel. Im Zuge dieser Grammatikalisierung von *aver* geht die Bedeutung ,haben, besitzen' verloren, für diese Bedeutung (Vollverb) steht jetzt nur noch *tener* zur Verfügung (im Siglo de Oro waren beide Verben praktisch synonym).

5 Wortschatz

Ausbau

Die mittelspanische Epoche ist eine Zeit des starken Ausbaus des Wortschatzes, sei es durch die Neubildung von Wörtern gemäß den Regeln der spanischen Wortbildung, sei es durch Entlehnungen, die durch den Humanismus und aufgrund der Kontakte mit anderen Ländern Europas sehr zahlreich sind.

Kultismen

Der sehr große Zustrom an lateinisch-griechischem Wortgut kann hier nicht annähernd gewürdigt werden. Es sind verschiedene Phasen zu unterscheiden: Nach einer ersten Welle im 15. Jh. (*s. S. 84*) ebbt der Zustrom in der ersten Hälfte des 16. Jhs. etwas ab, und darauf folgt eine neue Welle bei den Manieristen am Ende des Jahrhunderts, die ihren Höhepunkt bei den sog. *culteranos* der Barockliteratur erreicht. Folgende Beispiele sind zu nennen: *conversar, oratoria, severo, crédito, escrúpulo, exclamación, imbécil, obstáculo, replicar.* Ferner Kultismen mit eingeschränktem Verwendungsbereich (z. B. bei Herrera oder Góngora belegt): *cerúleo, melancólico, luxuriante.*
Viele Gräzismen aus allen möglichen Wissenschaftsbereichen:
Medizin: *antídoto, asma, laringe, reuma, epidemia.*
Philologie: *crítico, dialecto, enciclopedia, léxico, filología, frase, idioma, metáfora.*
Philosophie: *análisis, categoría, idea, hipótesis, método, problema, teoría.*

Entlehnungen

Die politischen und militärischen Kontakte zu den Nachbarländern schlagen sich in zahlreichen Entlehnungen aus den europäischen Sprachen nieder. Das **Italienische** ist im Siglo de Oro die wichtigste

Gebersprache für Entlehnungen gewesen. Diese spiegeln die Bereiche des italienisch-spanischen Kulturkontaktes wider:
Kunst, Architektur usw.: *madrigal, terceto, humanista, comediante, capricho, diseño, fresco, balcón, fachada*
Militär, Festungsbau: *asalto, centinela, batallón, mosquete, bastión, explanada*
Wirtschaftsleben: *bancarrota, contrabando*
Gesellschaft: *cortejar, cortesano, carnaval, bagatela, fracasar*

Gallizismen finden sich vor allem im semantischen Bereich des Kriegswesens: *carabina, convoy, barricada, calibre, brecha, recluta*; im 17. Jh. ist das Prestige des höfischen Lebens in Frankreich maßgebend für einige Entlehnungen, auch aus dem Bereich der Mode: *manteo, chapeo, perruca / peluca.*

Das **Portugiesische** war im Siglo de Oro in Spanien eine sehr geschätzte Sprache, hat aber nur einige wenige „voces de emoción" wie *enfadar* und Bezeichnungen für Speisen wie *mermelada* und *caramelo* geliefert (Cano Aguilar 1992:253).

Amerikanismen

Von den Entlehnungen aus amerindischen Sprachen sind viele über das Spanische in andere europäische Sprachen verbreitet worden. Schon bei Nebrija ist *canoa* belegt, andere finden sich bei klassischen Autoren wie Cervantes oder Lope de Vega. Die ältesten Entlehnungen stammen aus den Sprachen der Karibik, vor allem dem Arawak (*arahuaco*) und dem Caribe: *huracán, barbacoa, hamaca, cacique, batata, maíz, caimán.* Aus dem Nahuatl (Mexiko) wurden u. a. *chocolate, coyote, tomate, cacao, cacahuete* und *aguacate* entlehnt. Andere Indianersprachen haben trotz ihrer großen Bedeutung weniger Spuren im spanischen Wortschatz hinterlassen, z. B. das Quechua, aus dem *pampa* und *cóndor* stammen.

6 Judenspanisch

Judenspanisch

Die Sprache der 1492 aus Spanien vertriebenen Juden (**judeoespañol, sefardí**) ist ein „sprachgeschichtliches Fenster" besonderer Art. Nach der Ausweisung aus Spanien siedelten sich die Sepharden zunächst im Gebiet des damaligen Osmanischen Reiches (Balkanraum, heutige Türkei) wieder an und bewahrten in der Diaspora ein Spanisch, das in vielem den Sprachzustand des Mittelspanischen widerspiegelt. Durch die Abtrennung von der Sprachentwicklung in Spanien erhielten sich im Judenspanischen Archaismen in der Morphologie (z. B.: *so, do* für ‚soy, doy' oder *vido* und *truxo* für ‚vio, trajo') und im Lexikon, das zudem stark von den Sprachen des jeweiligen Gastlandes beeinflusst wurde. Im Bereich der Lautung blieben die stimmhaften Sibilanten sowie, zumindest teilweise, das anlautende [f-] erhalten. Die ausschließlich für religiöse Belange verwendete Literatursprache der Sepharden, das **Ladino**, lehnt sich anders als die Alltagssprache (*djudezmo*) in syntaktischer, morphologischer und auch lexikalischer Hinsicht stark an das Hebräische an. Durch den Holocaust wurden die sephardischen Gemeinschaften im Balkanraum nahezu ausgelöscht; heute wird das vom Aussterben bedrohte Judenspanisch nur noch vereinzelt in Griechenland und in der Türkei gesprochen. Größere Sephardengemeinden gibt es in Israel, in einigen westeuropäischen Hauptstädten sowie in den USA. Die Zahl der Sprecher wird auf 160.000 geschätzt. In Spanien ist das Ausweisungsedikt der Reyes Católicos erst seit 1968 aufgehoben.

Literatur

Zamora Vicente (1978:349–377); Sephiha (1979); Sala (1998:372–383); Rehrmann/Koechert (1999); Penny (2000:174–193).

5 KAPITEL Das moderne Spanisch

1 Das 18. und 19. Jahrhundert

1 Historische und gesellschaftliche Hintergründe

Eckdaten

Wichtige Eckdaten, die diese Periode außersprachlich bestimmen, sind das Ende der Habsburgerherrschaft in Spanien (1700), der Spanische Erbfolgekrieg, an dessen Ende Katalonien seine politische Autonomie verliert (Fall von Barcelona: 11. 9. 1714), der Beginn der Freiheitskriege gegen Napoleon (1808), die Unabhängigkeitskriege in Amerika zu Beginn des 19. Jhs. sowie der Untergang des spanischen Weltreiches mit dem Verlust der letzten überseeischen Kolonien 1898.

Bourbonenherrschaft

1700 stirbt Karl II., der letzte Habsburger auf dem spanischen Thron, kinderlos. Der daraufhin einsetzende spanische Erbfolgekrieg (1701–1713/14) spaltet Spanien in zwei Lager: Katalonien, Aragón und Valencia unterstützen den Habsburger Karl, die anderen Regionen den Bourbonen Philipp von Anjou, einen Enkel Ludwigs XIV. Nach dem Frieden von Utrecht (1713) besteigt dieser als Philipp V. den spanischen Thron; damit beginnt in Spanien die Zeit des „despotismo ilustrado“, des aufgeklärten Absolutismus, in der das Land nach französischem Vorbild zentralistisch regiert wird und umfangreiche Reformen in Wirtschaft und Verwaltung durchgeführt werden.

Die *Ilustración*

Während der Bourbonenherrschaft öffnet sich Spanien nach Frankreich und nimmt aufklärerisches Gedankengut auf; vermutlich bleibt die *Ilustración* aber auf eine gebildete Minderheit beschränkt. Obwohl Adel und Klerus in dieser Zeit ihre Macht bewahren, kommt es zu einem langsamen Erstarken des Bürgertums und damit einhergehend zu einer Verschiebung der gesellschaftlichen Kräfte. Madrid wird unter Karl III. (Regierungszeit: 1759–88) zur Metropole, in der das intellektuelle Leben blüht. Das Bildungswesen, das nach der Ausweisung der Jesuiten eine zunehmende Verweltlichung erfährt, wird ausgebaut, u. a. werden zahlreiche Akademien gegründet.

Befreiungskriege und erste Restauration

Das gesamte 19. Jh. war eine Zeit der politischen Instabilität. Nachdem es zwischen Spanien und England seit der Mitte des 18. Jhs. wiederholt zu Auseinandersetzungen wegen der überseeischen Besitzungen gekommen war, die Spanien vor allem außenpolitisch schwächten, trat Spanien 1805 erneut an der Seite Frankreichs in den Krieg gegen England ein. Die vernichtende Niederlage der spanischen Flotte bei Trafalgar (1805) bedeutete das Ende der Seemacht Spanien. Die Besetzung Spaniens durch Napoleon und die Thronübernahme durch Napoleons Bruder Joseph Bonaparte löste am 2. Mai 1808 einen

Volksaufstand aus, der von den Franzosen blutig niedergeschlagen wurde. Die Geiselerschießungen vom 3. Mai waren das Signal für den spanischen Unabhängigkeitskrieg, der 1813 endete. Für die spanische Geschichte bedeutete die napoleonische Besetzung insofern einen Wendepunkt, als mit dem Beginn der Unabhängigkeitskriege das *Ancien Régime* beschleunigt seiner Auflösung entgegenging, woran auf längere Sicht auch die Reinthronisation des von Napoleon abgesetzten Königs Ferdinand VII. im Jahre 1814 nichts änderte.

Die zwei Spanien

Die Zeit zwischen 1808 und 1833 ist innenpolitisch geprägt vom Kampf zwischen Traditionalisten (*absolutistas*) und Modernisten (*liberales*), die versuchen, aufklärerisches Gedankengut in einem überwiegend konservativ und antifranzösisch eingestellten Spanien zu verbreiten. Die 1812 in den Cortes von Cádiz ausgearbeitete liberale Verfassung wird 1814 von Ferdinand VII., während dessen unruhiger Regierungszeit die liberale Intelligenz das Land verlassen muss, widerrufen.

Die Unabhängigkeitskriege in Lateinamerika

In den Vizekönigreichen Neu-Spanien, Neu-Granada, Peru und La Plata kam es bereits im letzten Viertel des 18. Jhs. zu Aufständen gegen die spanische Kolonialmacht. Die eigentlichen Unabhängigkeitsbewegungen begannen 1810 mit der Ausrufung der Unabhängigkeit in Argentinien; in den folgenden Jahren führten die Freiheitskämpfer Simón Bolívar und José de San Martín Venezuela, Kolumbien, Chile, Peru und Bolivien in die Unabhängigkeit. Mit Ausnahme von Kuba und Puerto Rico sowie den Philippinen wurden alle überseeischen Besitzungen Spaniens bis 1828 unabhängig und Spanien verlor seinen Rang als Weltmacht.

Die *Era Isabelina* (1833–68)

Während der Regierungszeit von Isabella II., der Tochter von Ferdinand VII., kam es zwar zu einer gewissen Liberalisierung und zu einer Stärkung des Bürgertums, gleichzeitig wurde das Land jedoch erneut innenpolitisch durch eine Serie von Bürgerkriegen (Carlistenkriege 1833–40) geschwächt. Am Ende der isabellinischen Ära hat die Stärkung der liberalen Kräfte die Bildung erster Arbeitergruppierungen und republikanischer Gruppierungen zur Folge. Geistesgeschichtlich ist diese Epoche geprägt durch die Romantik.

Erste Republik und zweite Restauration

Nach einer schweren Wirtschaftskrise bricht 1868 die Septemberrevolution (*Gloriosa*) aus, in deren Verlauf Isabella II. das Land verlassen muss. 1873 wird die Erste Spanische Republik ausgerufen; 1875 beginnt jedoch mit der Rückholung von Alfons XII., dem Sohn Isabellas, eine zweite Restauration unter den Bourbonen, die bis 1923 dauerte. Während dieser Epoche formiert sich die Arbeiterschaft in Gewerkschaften und neu gegründeten Parteien wie dem *Partido Socialista Obrero Español* (1878) zur neuen Oppositionskraft innerhalb des Restaurationsregimes. Die Hinwendung zu sozialen Fragen spiegelt sich in den realistischen und naturalistischen Romanen der Zeit.

Nach dem Krieg mit den USA um Kuba verlor Spanien 1898 nach 400 Jahren spanischer Kolonialherrschaft im Friedensvertrag von Paris seine letzten überseeischen Besitzungen (Kuba, Puerto Rico und die Philippinen), was im Land selbst eine tiefe innenpolitische Krise auslöste und gleichzeitig den Beginn einer neuen Epoche in der spanischen Geistesgeschichte bedeutete. In den Kreisen der spanischen Intellektuellen, zu denen Autoren wie Pío Baroja, Ramón del Valle-Inclán, Miguel de Unamuno, Antonio Machado gehörten, formierte sich Widerstand gegen das als rückständig betrachtete Restaurationsregime.

Das Jahr 1898

2 Die Real Academia Española

Gründung und Zielsetzung

Im Rahmen der nach dem Dynastienwechsel eingeleiteten Veränderungen in der spanischen Gesellschaft wurde 1713 auf private Initiative und unter der Schirmherrschaft des Königs Philipp V. die Real Academia Española (RAE) gegründet. Vorbilder waren die *Académie Française* (1635 von Kardinal Richelieu institutionalisiert) und die *Accademia della Crusca*, die sich 1582 in Florenz konstituiert hatte. Die RAE sollte zum Ruhme der Nation **Sprachpflege** in einem zweifachen Sinne betreiben: Sprachpflege als Reinigung und Stabilisierung der Sprache selbst und als gezielte ‚Imagepflege' mit Blick auf das Ausland. Das Motto der Akademie *Limpia, fija y da esplendor* gibt Auskunft über Gründungsmotive und allgemeine Zielsetzungen:

- In *limpia* kommt in erster Linie das Stilideal der *pureza y elegancia* zum Ausdruck, von dem die Gründungsmitglieder in ihrem Bestreben, den Auswüchsen des Spätbarock Einhalt zu gebieten, geleitet wurden.
- Mit *fija* knüpft die Akademie an die auch bei Nebrija formulierte traditionelle Vorstellung an, die Muttersprache ließe sich nach dem Vorbild der klassischen Sprachen auf dem vermeintlichen Höhepunkt ihrer Entwicklung durch eine Kodifizierung stabilisieren und über einen Niedergang hinweg verewigen (Fries 1984:62).
- In der Formulierung *da esplendor* schlägt sich die Tradition des Sprachenwettstreits nieder, der insbesondere das 16. Jh. geprägt hatte (*s. S. 105 f.*), wobei es zu Beginn des 18. Jhs. vor allem darum ging, der spanischen Sprache angesichts der Ausstrahlung des Französischen wieder zu größerem Ansehen in Europa zu verhelfen.

Kodifikation des Spanischen

Durch die RAE erhielt das Spanische zu Beginn des 18. Jhs. eine im modernen Sinne gültige und wirksame Kodifikation. Bewusstes Stabilisierungsbestreben und eine konsequente Kodifizierungstätigkeit standen von Anfang an im Mittelpunkt der Arbeit der Akademie, deren Gründungsmitglieder der Überzeugung waren, dass das Spanische den Zenit seiner sprachlich-literarischen Entwicklung zu Beginn des 18. Jhs. bereits überschritten hatte. Die von der Akademie propagierte **Norm** basierte auf dem Kastilischen der Gebildeten, sie war jedoch gegenüber Elementen anderer diatopischer Varietäten stets relativ durchlässig. Das Aktionsprogramm sah die Publikation eines Wörterbuches, einer Grammatik, einer Poetik und einer Sprachgeschichte vor. Dabei hatte das Wörterbuch absolute Priorität, denn im Gegensatz zu Ländern wie Frankreich und Italien, die bereits im 17. Jh. große Wörterbücher bekommen hatten, war seit Covarrubias' *Tesoro* von 1611, einer wichtigen Quelle für die RAE, kein nennenswertes einsprachiges Wörterbuch erschienen. Im 19. Jh., als neben der RAE zunehmend auch sprachkritische Teile der Öffentlichkeit am sprachnormativen Diskurs partizipierten, wurde die von der Akademie kodifizierte Norm durch die Schule in der Sprachgemeinschaft verankert (Brumme 1997; Lebsanft 2000a).

Diccionario de Autoridades

Das Wörterbuch erschien zwischen 1726 und 1739 in sechs Bänden unter dem Titel *Diccionario de la lengua castellana en que se explica el verdadero sentido de las voces, su naturaleza y calidad, con las phrases o modos de hablar, los proverbios o refranes, y otras convenientes al uso de la lengua* (vgl. Mühlschlegel 2000:168–219). Im Prolog des Wörterbuches werden die Ziele, die die RAE mit dem Wörterbuch verfolgte, folgendermaßen formuliert:

El principal fin que tuvo la Real Académia Española para su formación, fué hacer un Diccionario copioso y exacto, en que se viesse la grandéza y poder de la Léngua, la hermosúra y fecundidád de sus voces, y que ninguna otra la excede en elegáncia, phrases, y pureza: siendo capáz de expressarse en ella con la mayor energía todo lo que se pudiere hacer con las Lenguas mas principales, en que han florecido las Ciéncias y Artes: pues entre las Lénguas vivas es la Españóla, sin la menor duda, una de las mas compendiosas y expressivas [...] (S.I).

Durch das Wörterbuch sollte die Sprache fixiert („fija") und von unerwünschten Neologismen (vor allem Gallizismen) und extravaganten Wortneubildungen des Barock gereinigt werden („limpia"). Da es in erster Linie als Thesaurus der spanischen Literatur gedacht war, wurde der richtige Sprachgebrauch mit Zitaten von Schriftstellern des Goldenen Zeitalters illustriert, die im 18. Jh. als die normsetzenden Autoritäten galten, wie es auch in dem Titel *Diccionario de Autoridades*, der dem Wörterbuch beigelegt wurde, zum Ausdruck kommt. Die am häufigsten zitierten Autoren sind Quevedo, Cervantes, Lope de Vega und Fray Luis de Granada. Die RAE war bei der Etablierung der Norm praxisnäher und sehr viel weniger rigide als die *Académie Française*. So werden in das Wörterbuch auch Regionalismen und in beschränktem Maße Fachwortschatz sowie Wörter aus der Gaunersprache *germanía* aufgenommen; von den 37.600 Stichwörtern sind mehr als 1.400 Dialektalismen und Regionalismen. Die verschiedenen Auflagen des Akademiewörterbuchs wurden maßgebend für die Fixierung der spanischen Orthographie (Cano Aguilar 1992:644).

Das Akademiewörterbuch ab 1780

Nach der Publikation des *Diccionario de Autoridades* nahm man sogleich eine verbesserte Neuauflage in Angriff, die allerdings nie fertig wurde. Als die erste Auflage vergriffen war, entschloss man sich zu einer Neuauflage in einem Band, verkürzt um die literarischen Zitate sowie die Angaben zur Etymologie. So erschien 1780 die erste von vielen Auflagen des einbändigen *Diccionario de la lengua castellana*, damals mit 46.000 Stichwörtern. Weitere Auflagen dieser Version erschienen 1783 und 1791, ihr folgten weitere zehn Auflagen im 19. Jh. (Haensch 1990 ff.).

Die Grammatik der RAE

1771 erschien die wichtigste Grammatik des 18. Jhs., die *Gramática de la lengua castellana*, deren Normkonzeption deutlich rückwärts gewandt war. Vorbilder waren auch hier die *autoridades*, also die guten Schriftsteller des Siglo de Oro, sowie die Gebildeten; beide Personengruppen gelten bis in die Gegenwart als die wichtigsten Repräsentanten des guten Sprachgebrauchs. Anders als in Frankreich wird der Hof von der Akademie nicht als Orientierungsgröße erwähnt. Das Ziel der Akademie bei der Erstellung ihrer Grammatik war nicht theoretischer, sondern praktischer Natur: Es sollte eine möglichst perfekte und vollständige, am Sprachgebrauch orientierte grammatische Beschreibung des Spanischen geschaffen werden, die es insbesondere Ausländern und Jugendlichen erleichtern sollte, das Spanische zu erlernen. In ihrer deutlich präskriptiven Ausrichtung ist die Akademiegrammatik eine Fortsetzung der am Lateinischen orientierten Renaissancegrammatiken in der Tradition Nebrijas, denen sie auch in der Einteilung entspricht: Teil I umfasst die morphologische Beschreibung der Wortarten, in dem weniger umfangreichen Teil II sind Regeln zur Wortstellung, Kongruenz und Rektion zusammengefasst. **1780** wurde die Akademiegrammatik von Karl III. als **offizielle Grammatik der spanischen Sprache** anerkannt und als Schulbuch verbindlich gemacht; „diese Maßnahme bedeutete die Institutionalisierung einer expliziten Norm des Spanischen" (Berschin u. a. 1995:116). Im gleichen Jahrhundert erschienen noch drei weitere Auflagen (^{2}1772, ^{3}1781, ^{4}1796), die sich jedoch nicht wesentlich voneinander unterscheiden: Implizit wie explizit werden in der Akademiegrammatik bis zu ihrer letzten Auflage von 1959 Fragen der Sprachrichtigkeit behandelt. Im 19. Jh. wurde die Akademiegrammatik 22mal wieder aufgelegt, in Bezug auf Aufbau und Konzeption erfuhr sie jedoch nur wenige Änderungen im Vergleich zur ersten Auflage von 1771. Experimente auf dem Gebiet der Sprach- und Grammatiktheorie werden von der RAE weitgehend abgelehnt; so spricht die RAE noch 1854 von sechs verschiedenen Kasus beim spanischen Substantiv, analog zum Lateinischen. Als Normrepräsentanten galten nach wie vor die Schriftsteller des Siglo de Oro.

Schulbücher

Die im 18. Jh. verfassten Normierungswerke (Wörterbuch, Orthographie und Grammatik) blieben im folgenden Jahrhundert die wichtigsten Autoritäten für den korrekten Sprachgebrauch. Im 19. Jh. erarbeitete die RAE ferner zwei Schulbücher, den *Epítome* für die Primarstufe und das *Compendio* zur spanischen Grammatik für die Sekundarstufe (ab 1857), und nahm damit direkt Einfluss auf die Durchsetzung der kodifizierten Norm an den Schulen (Brumme 1997:110).

Statuten

Die Statuten der spanischen Akademie sind im 19. Jh. mehrmals reformiert worden, wobei sich an den Grundprinzipien nicht viel geändert hat. 1859 erschien eine gründlich überarbeitete und stark erweiterte Fassung, die bis 1993 bestimmend geblieben ist und deren Artikel 1 besagt:

El instituto de la Academia es cultivar y fijar la pureza y elegancia de la lengua castellana; dar á conocer sus orígenes; debatir y depurar sus principios gramaticales; vulgarizar por medio de la estampa los escritos desconocidos y preciosos que existen de lejanos siglos y manifiestan el lento y progresivo desarrollo del idioma; promover sin descanso la reimpresion de obras clásicas en ediciones esmeradas [...] (zit. nach Fries 1984:71).

Neben die eigentliche Kodifizierungstätigkeit – vorrangig sind hier die Bearbeitungen der Akademiegrammatik und des *Diccionario de la lengua castellana* zu nennen – treten jetzt ausgeprägte sprachhistorisch-philologische Interessen.

Literatur

Zur Real Academia Española vgl. Sarmiento (1984); Fries (1984); Lázaro Carreter (1985); Schmitt (1990); Eberenz (1992); Brumme (1997:112ff.).

3 Die Orthographie

Problemstellung

Im gesamten 18. sowie in der ersten Hälfte des 19. Jhs. stand die Orthographie im Zentrum der Aktivitäten der RAE. Zwei Probleme galt es zu lösen: erstens die Anpassung des aus dem Mittelalter stammenden Graphemsystems an das phonologische System des modernen Spanisch; zweitens die Frage, ob bei Latinismen die gelehrte Form bei der Schreibung bewahrt oder ob eine Vereinfachung akzeptiert werden soll. Grundsätzlich hatte die Akademie vor dem Hintergrund der Überlegungen im 17. Jh. die Möglichkeit, zwischen einer phonologischen oder einer etymologischen Orthographie zu wählen. Nachdem sie sich zunächst für das etymologische Prinzip entschieden hatte, ging sie nach und nach zu einer deutlicher phonologischen Graphie über. Vor allem im 18. Jh. waren die „Vorschriften" der Akademie zunächst noch nicht verbindlich und die Schreibpraxis behielt eine gewisse Variabilität.

Die erste Stellungnahme der Akademie zur Frage der Orthographie findet sich in der Einleitung des ersten Bandes des Wörterbuchs von 1726 (*Discurso proemial de la orthographía de la lengua castellana*). Hier wird die etymologisierende Rechtschreibung mit folgenden Worten gerechtfertigt: *Es la Orthographía una Facultad, ò Arte de escribir rectamente las Voces conforme à su orígen, significación y sentído de las palabras, y de las sylabas* (Real Academia Española 1726:LXI). Es werden zwar einige Konzessionen an den *uso* gemacht, doch die Aussprache kommt als Grundlage nicht in Frage, weil sie uneinheitlich und veränderlich ist. Das etymologische Prinzip zeigt sich in der Verwendung „griechischer" Buchstaben wie <y, z, ph, th, ch, rh> in Wörtern griechischer Herkunft, von <qu> in Wörtern, die dies auch im Latein haben (sonst <cu>), von gelehrten Konsonantengruppen z. B. in *docto, substancia, conscripto, exclamar* usw. Es gibt aber auch einige Neuerungen:

Erste Maßnahmen

- der Interdental [θ] wird (wie heute) <z, c> geschrieben, das Zeichen <ç> wird damit überflüssig und abgeschafft;
- vokalisches [i] <i> und konsonantisches [j] <y> werden geschieden, Ausnahmen bilden nur *y* ‚und' sowie *rey, ley* wegen der Plurale *reyes, leyes* (Schmid 1992:423).

Die *Orthographía* von 1741

In der *Orthographía* von 1741 weicht das etymologische einem stärker funktionalistischen Prinzip; zunehmend wird die Aussprache zur Richtschnur für die Schreibung. Die Änderungen sind allerdings minimal, so kann sich die Akademie z. B. nicht zur Abschaffung des überflüssigen <v> durchringen, obwohl sie feststellt, dass die Aussprache von <b> und <v> identisch ist. Die zweite Auflage des Traktats, 1754 unter dem Titel *Ortografía de la lengua castellana* erschienen, führt einen weiteren Schritt weg von der etymologisierenden Schreibung: Die griechischen Graphien werden aufgegeben (außer bei Namen wie *Christo, Joseph*) und die Digramme <ch, ll> sowie <ñ> werden als eigenständige Buchstaben ins spanische Alphabet aufgenommen. 1763 erfolgt in Anpassung an die Aussprache die Aufgabe von <ss>.

Orthographie im 19. Jahrhundert

Im Verlauf des 19. Jhs. nahm die Schärfe der Orthographiedebatte zu, was in ursächlichem Zusammenhang mit der Verbreitung der Schrift in immer größeren Bevölkerungskreisen steht. Mit der 1815 erschienenen, weitgehend nach phonologischen Prinzipien erarbeiteten 8. Auflage der *Ortografía* wurde der heutige Stand der spanischen Orthographie im Wesentlichen erreicht; die letzten beiden wichtigen Neuerungen waren:

- In Wörtern wie *cuatro, cual* ist das Graphem <c> und nicht mehr <q> verbindlich.
- Das Graphem <x> soll nur noch die gelehrte Kombination /ks/ bzw. zwischen Vokalen /gs/ (*examen, extensión*) wiedergeben, wenngleich ausdrücklich anerkannt wird, dass die übliche Aussprache vor Konsonant [s] ist (Weißkopf 1994:160ff.). Das Phonem /χ/ wird hin-

gegen graphisch mit <j> wiedergegeben (*caja, lejos* statt *caxa, lexos*) oder mit <g> vor e + i gemäß der Etymologie (*gente, género*) (Schmid 1992:424).

Es gab zwar auch später immer wieder Versuche, die spanische Orthographie zu reformieren, die meisten dieser Reformen bezogen sich aber auf Akzentsetzung und Interpunktion und hatten keine größeren Auswirkungen. 1844 wird die Akademieorthographie durch einen königlichen Erlass für den Schulunterricht verbindlich; der *Prontuario de ortografía de la lengua castellana* bedeutet die Offizialisierung der Akademienorm. Daraufhin setzte sie sich in der zweiten Hälfte des 19. Jhs. in Spanien und in den meisten Ländern Lateinamerikas durch; zur Orthographiereform in Chile *s. S. 136*.

4 Spanische Grammatikographie und Lexikographie im 19. Jh. außerhalb der Akademie

Grammatiken

Das 19. Jh. war für die spanische Grammatikographie zweifellos ein Höhepunkt: In diesem Zeitraum entstanden nicht nur die bedeutendsten philosophisch-orientierten Grammatiken des Spanischen (Juan Manuel Calleja, *Elementos de gramática castellana*; 1818; José Gómez Hermosilla, *Principios de gramática general*, 1835), sondern auch zahlreiche synchronisch-normative Grammatiken (Neumann-Holzschuh 1992; Brumme 1997).

Andrés Bello, *Gramática de la lengua castellana*

Während die normative Grammatikographie auf der Iberischen Halbinsel im 19. Jh. im Wesentlichen von der wenig neuerungsfreudigen Akademiegrammatik bestimmt wurde, erschien die bedeutendste spanische Grammatik dieses Jahrhunderts, die *Gramática de la lengua castellana destinada al uso de los americanos* des venezolanischen Diplomaten und Gelehrten Andrés Bello (1781–1865), 1847 in Santiago de Chile (vgl. Torrejón 1993). Diese Grammatik markierte einen **Neuanfang in der spanischen Grammatikographie**. Zwar versteht auch Bello unter Grammatik einer Sprache „el arte de hablarla correctamente, esto es, conforme al buen uso, que es el de la gente educada“ (1847 [1988]: 15), seine Grammatik ist jedoch mehr als nur ein präskriptiv konzipiertes Sprachlehrwerk. Sie ist auch Zeugnis einer sehr modernen Sprachauffassung und wichtiger sprachtheoretischer Neuerungen, die Bello zu einem Vorläufer der Grammatikographie des 20. Jhs. machten. Sein Prinzip der rein immanenten und synchronen Sprachbeschreibung deutet voraus auf Ferdinand de Saussure, denn auch für Bello ist Sprache ein arbiträres Zeichensystem, dessen Elemente allein durch ihre Funktion erklärt werden können. Sein funktionalistischer Ansatz bedeutet eine klare Abkehr von der Orientierung an der lateinischen Grammatik, wie sie im 19. Jh. noch weitgehend üblich war. Neben den pädagogisch-normativen

Zielen enthält Bellos Grammatik ähnlich wie die Nebrijas aber auch eine sprachpolitische Komponente. In der Normierung des Spanischen sieht Bello ein Gegengewicht zu dem drohenden Auseinanderfall der hispanophonen Welt; für ihn ist eine einheitliche überregionale Sprachnorm nicht nur der Garant der kulturellen und sprachlichen **Einheit der spanischsprachigen Länder**, sie erleichtert auch das Zusammenleben der Völker und fördert den sozialen Fortschritt.

Vicente Salvá

Neben der Grammatik von Andrés Bello gehört die mehrfach wieder aufgelegte *Gramática de la lengua castellana según ahora se habla* (1830) von Vicente Salvá zu den wichtigsten Sprachlehrwerken des 19. Jhs. Es handelt sich um eine rein deskriptive Grammatik, in der der „uso que es general entre las personas de dignidad y educación" möglichst einfach und vollständig beschrieben werden soll. Diese Grammatik wurde zum Vorbild zahlreicher weiterer, insbesondere in Amerika erschienener Grammatiken.

Lexikographie

Auch im 19. Jh. wird die lexikalische Norm zwar im Wesentlichen durch das Akademiewörterbuch festgelegt, insgesamt gesehen ist die einsprachige Lexikographie des Spanischen aber sowohl im Bereich der Sprachwörterbücher als auch der in Spanien sehr beliebten *diccionarios enciclopédicos* im Vergleich zum 20. Jh. erstaunlich produktiv und originell. Es erschienen über 30 einsprachige Wörterbücher, deren Ziel es war, mit dem Monopol der Akademie zu brechen und die Lexikographie zu modernisieren (Haensch 1990:1745). Das neben dem Akademiewörterbuch bedeutendste allgemeinsprachliche Wörterbuch dieses Jahrhunderts ist das *Nuevo diccionario de la lengua castellana* von Vicente Salvá (Paris 1846), das 26.000 Wörter (u. a. Archaismen, Neologismen, Regionalismen und Amerikanismen) bzw. Einzelbedeutungen mehr enthält als das Akademiewörterbuch. Die beliebtesten einsprachigen Wörterbücher bis Ende des 19. Jhs. waren das

- *Diccionario nacional o gran diccionario* von Ramón Joaquín Domínguez (2 Bde. Madrid 1846/47), das mit seinem erweiterten Fachwortschatz einen Fortschritt für die einsprachige spanische Lexikographie bedeutete, sowie das
- *Diccionario enciclopédico de la lengua española* von Eduardo Chao (2 Bde. Madrid 1853/55).

Daneben erschienen eine Reihe von Gallizismen- sowie die ersten Amerikanismenwörterbücher (Haensch 1990:1774 ff.).

5 Sprachinterne Entwicklungen

Stabilisierung

Durch die Kodifikation im Jahrhundert der Aufklärung hat das Spanische weitgehend seine moderne Gestalt erhalten; sprachinterne Entwicklungen sind im 18. und 19. Jh. – außer im Wortschatz – kaum noch zu verzeichnen. Trotz einer gewissen Stabilisierung der Normsprache war das Spanische aber keineswegs im ganzen Königreich einheitlich; vor allem an der Peripherie konsolidierten sich regionale Varietäten, die einerseits durch die Überdachung der nördlichen Dialekte (Asturisch-Leonesisch, Aragonesisch) durch das Kastilische, andererseits durch die divergenten Entwicklungen im Süden und in Hispanoamerika entstanden waren.

Grammatik

Im Bereich der Morphosyntax des Verbs gibt es keine nennenswerten Entwicklungen; zu beobachten sind allerdings **Verschiebungen im Bereich der diasystematischen Markierung** (vgl. Brumme 1997: 251 ff.).

- So gelten z. B. der indikativische Gebrauch der Formen auf *-ra* (*cantara*) sowie die Inkongruenz zwischen Kollektivum im Singular und Prädikat im Plural (z. B. *la gente van …*) als antiquiert.
- Beim Gebrauch der unbetonten Objektpronomina der 3. Pers., der seit der Herausbildung der spanischen Sprache Schwankungen unterworfen war, festigen sich regionale und soziale Differenzierungen. Während der Leismus (auch der *leísmo de cosa*) v. a. im Zentrum zunehmend an Akzeptanz gewinnt, verliert der Laismus trotz seiner Verankerung in Kastilien an Ansehen. Die Akademie verbietet 1796 den *laísmo* und 1874 den *loísmo*; was den *leísmo* anbelangt, so lässt sie *le* und *lo* in ihrer Grammatik von 1854 gleichermaßen für das direkte Objekt zu und verurteilt den *leísmo de cosa* nicht ausdrücklich (ebd. 226). In Andalusien bleibt das etymologische Paradigma (*le* = Dativ, *lo*, *la* = Akkusativ) bestehen.
- Der indikativische Gebrauch der Formen auf *-ra* sowie der Gebrauch des Präsens oder des Imperfekts in irrealen Bedingungssätzen gelten als gewählt bzw. veraltet.

Wortschatz

Im 18. und 19. Jh. kam es in allen Fachgebieten und Wissenschaften, in der Politik und der Wirtschaft zu stürmischen Entwicklungen, die einen beträchtlichen Ausbau vor allem des fachsprachlichen Wortschatzes sowohl durch sprachinterne Erweiterung (Wortbildung, semantische Neologismen) als auch durch Entlehnungen zur Folge hatten (Cano Aguilar 1992:262–266; Obediente Sosa 1997).

- Gelehrte Wörter aus dem **Lateinischen** und **Griechischen** haben zu jeder Zeit zur Bereicherung des Wortschatzes beigetragen. Wörter wie z. B. *ilustración, amputación, proyección, conmiseración, mucosa, virus, sistema, civilización, hegemonía, fenómeno, autonomía, demagogia, sensibilidad* gehören zu denjenigen Latinismen bzw. Gräzismen, die zunächst auf den Fachwortschatz beschränkt waren, später aber dann in die Allgemeinsprache eingedrungen sind. Häufig sind diese Wörter Internationalismen, die über das Französische oder Englische ins Spanische gekommen sind.
- Der Einfluss des **Italienischen** lässt im 18. Jh. deutlich nach. Übernommen wurden u. a.: *batuta, fiasco, libreto, terracota.*

- Seit der Mitte des 19. Jhs. gewinnen die **Anglizismen** an Bedeutung, dabei sind besonders folgende Bereiche des Wortschatzes betroffen:
  - gesellschaftliches Leben: *club, dandi, (e)snob;*
  - Transportmittel: *tranvía, yate, bote, vagón;*
  - Sport: *fútbol, tenis, béisbol;*
  - Lebensmittel: *rosbif, budin/pudín, whisky, sandwich, biftec/biste(c);*
  - Kleidung: *jersey, suéter;*
  - Politik: *mitin, líder, bloqueo, boicoteo.*

  Unter dem Einfluss des Englischen haben eine Reihe von Wörtern neue zusätzliche Bedeutungen erhalten (Lehnbedeutungen): *agresivo* ‚dinámico', *asumir* ‚suponer', *crucial* ‚decisivo', *firma* ‚empresa', *romance* ‚relación amorosa', *serio* ‚importante'; auch für die Häufigkeit asyndetischer Komposita wie *coche bomba, ciudad dormitorio, cine club*, die vor allem im 20. Jh. an Bedeutung gewinnen, wird das Englische verantwortlich gemacht.

Am nachhaltigsten wurde das Spanische im 18. und 19. Jh. jedoch durch das Französische geprägt.

Einfluss des Französischen

Zahlreiche **Gallizismen** belegen den enormen Einfluss, den Frankreich vor allem im 18., aber auch noch im 19. Jh. auf Spanien hatte (vgl. Lapesa 1981:454 ff.). Auch hier weisen bestimmte Bereiche des Wortschatzes besonders viele Entlehnungen auf:
- Militär: *jefe, brigada, cadete, bayoneta, fusil, equipar;*
- Alltagsleben: *canapé, berlina, botella, tren, avión, chófer;*
- Lebensmittel: *frambuesa, galleta, consomé, besamel, paté, flan;*
- Kleidung: *pantalón, corsé, muselina, chaqueta, chal, frac, blusa;*
- politisches Leben: *burocracia, finanzas, patriota, complot;*
- Gesellschaftsleben: *champán, hotel, restauran(te).*

Die im 18. und 19. Jh. ins Spanische übernommenen Gallizismen unterscheiden sich von den in den vorhergehenden Jahrhunderten entlehnten durch die Aussprache der palatalen Sibilanten. Während die französischen Laute [ʃ] und [ʒ] noch Äquivalente im älteren Spanisch hatten (*chef* → *xefe* [ʃefe], *jardin* → *jardín* [ʒardin]), mussten die Gallizismen ab dem 18. Jh. aufgrund der Umstrukturierung des Sibilantensystems lautlich angepasst werden: *bechamel* → *besamel, bijouterie* → *bisutería*; dies betraf auch die bereits entlehnten Wörter wie *jefe* und *jardín*, die jetzt mit [χ] ausgesprochen wurden.

Auch in Wortbildung und Syntax wird das Spanische vom Französischen beeinflusst, so z. B. bei der Bildung von Komposita mit Hilfe der Präposition *a* (*máquina a vapor* statt *de vapor*). Im Bereich der Syntax sind zu nennen:
- der attributive Gebrauch des Gerundiums (ähnlich wie das *participe présent* im Französischen): *un archivo conteniendo documentos importantes* statt *un archivo que contiene;*
- Gebrauch der Präposition *a* + Infinitiv, um Finalität auszudrücken: *tarea a realizar* statt *tarea que ha de realizar.*

Spanisch und Französisch in Konkurrenz

Der weltpolitische Niedergang Spaniens und die zunehmende Dominanz der neuen Universalsprache Französisch im Europa des 18. Jhs. löste in Spanien eine intensive Debatte über die eigene Sprache aus, in deren Mittelpunkt das Problem der Überfremdung des Spanischen durch Gallizismen („afrancesamiento") stand. Da der Zugang zu den neuen wissenschaftlichen Erkenntnissen nur über den Erwerb des Französischen oder mit Hilfe von Übersetzungen gesichert werden konnte, verloren die klassischen Sprachen in Spanien seit der Aufklärung zugunsten moderner Fremdsprachen an Bedeutung.

Kampf gegen Gallizismen im 18. Jh.

Die massive Entlehnung von Gallizismen im 18. Jh. wurde von Anfang an sprachkritisch reflektiert. Die weit verbreitete Fremdwortfeindlichkeit mündete ein in einen Purismus, der z. T. noch heute die sprachkritische Debatte in Spanien kennzeichnet.

Der Aufklärer **Benito Jerónimo Feijóo** (1676–1764) geißelt in seinem Buch *Paralelo de las lenguas castellana y francesa* diejenigen, die das Französische ihrer Muttersprache vorziehen, und obwohl er Entlehnungen grundsätzlich für nützlich hält, lehnt er sie für das hochkultivierte Spanische ab.

Antonio de Capmany y de Montpalau (1742–1813) gibt in seiner *Arte de traducir el idioma francés al castellano* (1776) praktische Anweisungen zur Lösung von Übersetzungsproblemen. Die Überfrachtung mit „voces bárbaras y espurias y locuciones exóticas, obscuras, é insignificantes, disonantes y opuestas á la índole del castellano castizo" betrachtet er als Angriff auf den *genio* des Spanischen, auf seine *pureza* und *hermosura* (Brumme 1992:393).

Angst vor Sprachverfall

Beginnend mit **Juan Pablo Forner** (1756–97), der in seinen *Exequias de la lengua castellana* (1782) die schwindende Bedeutung des Spanischen beklagt und erstmals die Angst vor dem Sprachverfall thematisiert, bestimmt Ende des 18. Jhs. die Sorge um die Zukunft des Spanischen die Diskussion. Auch im 19. Jh. dauert die Auseinandersetzung mit dem Französischen an, die seit der Französischen Revolution und den Befreiungskriegen verstärkt auch politisch motiviert war und sich im fortgesetzten Kampf gegen die Gallizismen äußerte. So befürchtet **Juan Eugenio Hartzenbusch** (1806–80) eine völlige Überfremdung und propagiert ein von fremdsprachlichen Entlehnungen freies *castellano castizo.* **Rafael María Baralt** (1810–60) lehnt in seinem *Diccionario de galicismos* (1855) die Übernahme von Gallizismen zwar nicht völlig ab, plädiert aber für eine Auswahl, eine Haltung, die im Übrigen auch kennzeichnend für die RAE ist. Als Kriterien nennt Baralt u. a. die Notwendigkeit und Verständlichkeit sowie das Alter der Entlehnung. Die Angst vor einer unaufhaltsamen Überfremdung war im Übrigen nicht auf Spanien beschränkt, sondern artikulierte sich auch in einigen Ländern Lateinamerikas wie z. B. Argentinien, wo die französische Romantik früh und intensiv rezipiert wurde.

Unter dem Einfluss der französischen Sprachphilosophie spielten im 18. Jh. auch in Spanien allgemeine Themen wie Sprachverwandtschaft, Sprachvergleich, Sprachursprung und Synonymik eine wichtige Rolle in der sprachreflektorischen Debatte. Zu nennen sind in diesem Zusammenhang Namen wie: **Antonio de Capmany**, *Discurso sobre la formación de las lenguas* (1778); **Fray Martín Sarmiento**, *Tentativa para una lengua general* (1760) und **Padre Lorenzo Hervás**, *Catálogo de las lenguas de las naciones conocidas [...]* (1800–04) (vgl. Lázaro Carreter 1985:218 ff.).

Sprachtheoretische Schriften

7 Literatursprache

Die ersten Jahrzehnte des 18. Jhs. sind gekennzeichnet durch die Suche nach einem neuen, der vorherrschenden rationalistischen Mentalität entsprechenden Stilideal. Die Auswüchse der spätbarocken Literatur galten als mit der *razón* nicht vereinbar und bestimmte Werke waren bewusst als Gegenentwurf zur metaphernreichen und schwülstigen Sprache des Barock konzipiert. Das zentrale Werk des Neoklassizismus, der sich an den antiken Autoren und der Prosa der französischen Klassik orientierte, war die *Poética* von **Ignacio de Luzán** (1737), in der *claridad* und *verisimilitud* sowie eine einfache, klare und harmonische Sprache zur poetischen Norm erhoben wurden. „Seine Arbeiten liefern der das Jahrhundert prägenden Auseinandersetzung zwischen Verfechtern des spanischen Nationaltheaters und neoklassizistischen Neuerern die entscheidende poetologische Grundlage" (Schütz 1997:198). Typische Vertreter des neoklassizistischen Theaters, das insbesondere unter dem aufgeklärten König Karl III. eine Blüte erlebte, waren Gaspar Melchor de Jovellanos sowie vor allem Leandro Fernández Moratín; Repräsentanten der neoklassizistischen Poesie sind Nicolás de Moratín und die Dichter der Dichterschule von Salamanca (z. B. Juan Meléndez Valdés) (vgl. Lázaro Carreter 1985:255 ff.).

Neoklassizismus

Im 19. Jh. kam es in der Literatur zu einer Abkehr von der strengen neoklassizistischen Doktrin. Bereits in der Romantik setzte eine Befreiung der Literatursprache von klassischen Zwängen ein, die später im kostumbristischen Roman und im Sozialroman des Realismus und Naturalismus, etwa bei Juan Valera, Benito Pérez Galdós, Emilia Pardo Bazán, Leopoldo Alas (Clarín) und Pío Baroja, eine Einbeziehung auch diatopisch und diastratisch markierter Register zur Folge hatte (Neuschäfer 1997a: 231 ff.).

Realismus und Naturalismus

Bourbonischer Zentralismus

Nach dem Dynastienwechsel zu Beginn des 18. Jhs. begann in Spanien unter den Bourbonen eine Zeit des politischen Zentralismus, die bis heute andauernde Auswirkungen auf das komplizierte Gefüge von Mehrsprachigkeit in Spanien hat. Wurde die Existenz der Regionalsprachen bis dahin weitgehend toleriert, so wird jetzt der Druck des Zentrums auf die peripheren Regionen durch das Prestige der Hauptstadt als politischem, aber auch als literarischem und geistig-kulturellem Mittelpunkt immer stärker; der Antagonismus zwischen Kastilisch und den Regionalsprachen beginnt. „El castellano subsume, poco a poco, los demás campos dialectales, para convertirse en la lengua de España" (Lázaro Carreter 1985:207). Die konsequente **Kastilianisierungspolitik** der Bourbonen drückt sich in einer Reihe von Sprachgesetzen aus, die das seit dem Ende des Mittelalters bestehende relativ friedliche Nebeneinander der verschiedenen Idiome auf der Iberischen Halbinsel gefährdeten und den Boden für die regionalistischen Bewegungen des 19. und 20. Jhs. bereiteten.

Spanisch als „lengua nacional"

Unter den Bourbonen wurde das Spanische zur „Sprache der Einheit", ein Topos, der auch von den Aufklärern aufgegriffen wurde. Die meisten optierten für die Durchsetzung der Nationalsprache, wenngleich sie oft selbst Sprecher einer Minderheitensprache waren.

- Der Valencianer **Gregorio Mayans y Siscar** betont in den *Orígenes de la lengua española* (1737), dass die spanische Sprache die gemeinsame Sprache aller Spanier sei.
- Auch der Katalane **Antonio de Capmany** will mit seiner *Elocuencia española* (1786) zur Verbreitung der Staatssprache in Katalonien beitragen.
- Der Asturier **Gaspar Melchor de Jovellanos** (*Bases para la formación de un Plan General de Instrucción Pública*, 1809) sieht nur „la rica, la majestuosa lengua castellana" als diejenige Sprache an, in der eine aufgeklärte Jugend herangebildet werden kann (Brumme 1992:383).

Die Anerkennung des Spanischen als „idioma nacional" geht einher mit der zunehmenden Bevorzugung des Terminus *español* gegenüber *castellano* als Sprachbezeichnung, was u. a. damit begründet wird, dass *español* die gemeinsame, offizielle Sprache aller Spanier sei (Brumme 1997:78).

Dekret von Nueva Planta (1716)

Das Bewusstsein, dass nur das Spanische Einheit, Macht und Überlegenheit verkörpere, wurde vor allem gegenüber den Katalanischsprechern in zahlreichen Gesetzeserlassen immer wieder gestärkt. Mit dem Dekret von Nueva Planta (1716) setzte Philipp V. das Kastilische als offizielle Sprache in bestimmte Bereiche ein; damit begann eine lange Zeit der Unterdrückung des Katalanischen (*Decadència*). Katalanisch wurde als Schriftsprache vom Kastilischen abgelöst, als Sprache des nichtoffiziellen Bereiches konnte es allerdings weiter bestehen, erfuhr aber eine zunehmende Dialektalisierung (Berschin u. a. 1995:48–49).

Sprachgesetze im 18. Jh.

Bereits im 18. Jh. kam es zu einer Reihe von Verfügungen über den Sprachunterricht in den Schulen des Königreiches. Diese waren zwar angesichts des noch wenig ausgebauten Schulwesens noch nicht sehr wirkungsvoll, jedoch von symbolischer Bedeutung, weil sie den Beginn einer immer restriktiveren Haltung gegenüber den nichtkastilischen Varietäten in Spanien markierten. „La nación española que se pretendía forjar a imagen de la francesa iba camino de un cierto uniformismo cultural e idiomático; pero éste afectaba sólo a la esfera oficial y a las manifestaciones de alta cultura" (Eberenz 1992:373).

- Mit der **Real Cédula** von Aranjuez aus dem Jahre **1768** verfügte Karl III., dass der Unterricht im Primar- und Sekundarbereich im ganzen Königreich allein auf Spanisch zu erfolgen habe. 1780 wird die Grammatik der RAE für den Schulunterricht landesweit verbindlich gemacht; Latein konnte sich als Unterrichtssprache nur noch an den Universitäten halten. Dieses Sprachgesetz machte Spanisch auch zur offiziellen Sprache von Verwaltung und Justiz.
- 1772 ergeht ein königlicher Erlass, der das Kastilische als Sprache der Buchführung verbindlich macht, 1779 werden Theateraufführungen in anderen Sprachen verboten.

Sprachlicher Zentralismus im 19. Jh.

Im 19. Jh. wurde der von Frankreich inspirierte politische Zentralismus fortgeführt. Der liberale Staat setzte die Unifizierungspolitik des Absolutismus fort, indem er das seit der Französischen Revolution in Frankreich propagierte Leitbild der „nation une et indivisible" mit einer einzigen Nationalsprache übernahm. In der Verfassung von Cádiz (1812) spielte die Sprachenfrage zwar noch keine Rolle, es wird aber deutlich gemacht, dass nur das Spanische als „lengua nacional" in Frage kommt. Begleitet von einer während des ganzen 19. Jhs. geführten Debatte um die Regionalsprachen, die die tiefe Angst der kastilisch-spanischen Elite vor dem Zerfall der staatlichen Einheit bezeugte, gewann das Spanische gegenüber den Regionalsprachen und anderen Varietäten weiter an Boden, was zur Entstehung eines latenten Sprachkonflikts beitrug. Seine offizielle Anerkennung als einzige Sprache der Nation erfolgte allerdings erst in der Verfassung der II. Republik von 1931.

Sprachgesetze im 19. Jh.

In der zweiten Hälfte des 19. Jhs. bildete sich in Spanien die bürgerliche Gesellschaft heraus, und die Verantwortlichkeit des Staates im Bildungswesen wuchs. Mit der **Ley de Instrucción Pública** („Ley Moyano") (1857) wurden der allgemeine und unentgeltliche Schulbesuch, die Zentralisierung und Vereinheitlichung des Bildungswesens sowie die Säkularisierung erstmals gesetzlich verankert. Spanisch wird als einzige **Sprache der Schule** bestätigt und die präskriptive Akademienorm für den Unterricht verbindlich (Brumme 1997:155 f.). Dieses

Gesetz zielte auf die beschleunigte Kastilianisierung der Minderheiten ab, allerdings blieb die Verbreitung des Spanischen als Erstsprache in den Minderheitenregionen bis Ende des 19. Jhs. auf Eliten beschränkt (Berschin u. a. 1995:46). Eine Reihe weiterer Sprachgesetze stärkte die Stellung des Spanischen:

- 1862 wird ein Gesetz erlassen, demzufolge alle offiziellen Dokumente auf Spanisch verfasst sein müssen.
- 1867 kommt es zur Wiederholung des Verbots, Theaterstücke in anderen Sprachen aufzuführen; man wollte verhindern, dass regionalistisches Gedankengut verbreitet wird (Eberenz 1992:373).

Erstarken des Regionalismus

Gegenläufig zu dem zunehmenden staatlichen Zentralismus ist das Aufkommen des politischen und kulturellen Regionalismus in den Randgebieten – Katalonien und Baskenland –, die sich zu Zentren der Industrialisierung entwickelt haben und die immer lauter auch in Sprachenfragen die Selbstbestimmung fordern. Die Aufwertung der Regionalsprachen und die Herausbildung eines emanzipatorischen Sprachbewusstseins vor allem bei Katalanisch- und Galicischsprechern begann also zu einem Zeitpunkt, als die Kastilisierung in sozial absteigender Richtung durch den Einfluss der Schule auf untere Bevölkerungsschichten einsetzte (Brumme 1997:60).

In Galicien kam es im 19. Jh. zu einer bescheidenen Renaissance der regionalen Literatur (*Rexurdimento*) und es entstand eine im Vergleich zu Katalonien moderate politische Regionalbewegung (vgl. Berschin u. a. 1995:46 f.). Die regionalistischen Bestrebungen im Baskenland hingegen, das sich bereits Ende des 19. Jhs. in zunehmendem Maße einer kastilischsprachigen Einwanderung ausgesetzt sah, waren noch nicht ausgeprägt. Insgesamt gesehen war die Kenntnis der vom Kastilischen beherrschten bzw. überdachten Sprachen als Umgangssprachen in allen Regionen noch nicht ernstlich beeinträchtigt, auch das *bable* in Asturien und das Aragonesische konnten sich als gesprochene Sprachen im 19. Jh. gut halten.

Die katalanische *Renaixença*

Der katalanische Regionalismus hat seine Wurzeln einerseits in der Romantik mit ihrer Wiederentdeckung des Mittelalters und der traditionellen Volkssprachen und -kulturen, andererseits in einem Aufbegehren des katalanischen Bürgertums gegen die Oberherrschaft von Madrid. Im Mittelpunkt standen die Wiedergeburt der katalanischen Sprache und Literatur und die Befreiung von der Dominanz des Kastilischen. Das Katalanische wurde nach dem Dekret von Nueva Planta zwar als Umgangssprache ungebrochen weiter verwendet, als Literatursprache erlebte es jedoch einen Niedergang. Dieser wurde durch die Renaixença beendet, die mit der Publikation der Ode *A la Pàtria* von **Bonaventura Carles Aribau** in katalanischer Sprache im Jahre 1833 begann (Neu-Altenheimer 1992). Von staatlicher Seite konnte der Gebrauch des Katalanischen nicht unterbunden werden, es wurde aber versucht, u. a. durch die *Ley de Instrucción Pública* von 1857, dem

Spanischen Positionen im öffentlichen Leben zu sichern. Dennoch konnten die Katalanen im Principat bereits am Ende des 19. Jhs. beginnen, ihre eigenen Erziehungs- und Bildungsinstitutionen aufzubauen; die relative Prosperität des Landes und die rasche Industrialisierung förderten ferner eine Entwicklung, durch die einem Teil der katalanischen Gesellschaft eine wirkliche Kompetenz in der eigenen Sprache vermittelt wurde.

9 Das Problem der *unidad de la lengua*

Verlust des Kolonialreiches

Ein sprachpolitisches Problem, das Spanien seit dem 19. Jh. bewegt, ist die Frage nach Spracheinheit oder Sprachspaltung. Das erwachende Nationalgefühl in den lateinamerikanischen Staaten hatte eine zunehmende Entfremdung zwischen Spanien und seinen ehemaligen Kolonien zur Folge, wo der Wunsch nach kultureller und auch sprachlicher Loslösung vom Mutterland wuchs. In Lateinamerika galt die spanische Kultur zunehmend als „epigonenhaft und überlebt" (Berschin u. a. 1995:119) und die sprachliche Norm der Iberischen Halbinsel wurde als nicht angemessen empfunden. Allerdings war die Einstellung zur Sprache in Hispanoamerika während des 19. Jhs. widersprüchlich: Während die Puristen für die Ausrichtung an der peninsularen Norm kämpften, ging es anderen um die Schaffung eigener nationaler Varietäten und deren Anerkennung durch die spanische Sprachakademie (vgl. Berschin u. a. 1995:120; Guitarte 1991).

Domingo Faustino Sarmiento

Am ausgeprägtesten waren die Bestrebungen des *antiespañolismo* während des 19. Jhs. in Argentinien. Die intensiv geführte Sprachdiskussion entzündete sich an den Überlegungen zur Schaffung einer Nationalliteratur und wurde maßgeblich von dem liberalen Politiker und Schriftsteller Domingo Faustino Sarmiento mitgestaltet. Nach Sarmiento ist das Kastilische, so wie es die puristische Akademienorm verkörpert, auf dem Weg zur kulturellen Erneuerung und zur Entwicklung eines lateinamerikanischen Standards unbrauchbar. Er forderte deshalb zum einen eine Sprache, die sich mehr an der argentinischen Volkssprache orientiert, zum anderen empfahl er eine stärkere Ausrichtung am Französischen, das als Sprache des Fortschritts galt. Dieser Ruf nach Emanzipation ist aber nicht im eigentlichen Sinne als Sprachseparatismus zu verstehen, sondern zuallererst als **Ruf nach eigenständiger Literatur** und als **Wunsch nach Gleichwertigkeit des amerikanischen und europäischen Standards**. In Sarmientos Auseinandersetzung mit Andrés Bello war neben der Frage der Gallizismen die Norm der Hauptstreitpunkt: Während Bello für eine literarische Norm plädierte, forderte Sarmiento eine Grammatik, die sich an der Volkssprache in Lateinamerika orientiert: *El idioma de América deberá, pues, ser suyo propio, con su modo de ser* *característico y sus formas e imágenes tomadas de las virginales, sublimes y gigantescas que su naturaleza, sus revoluciones y su historia indígena le presentan. Una vez dejaremos de consultar a los gramáticos españoles, para formular la gramática hispanoamericana* (Sarmiento, zit. nach Berschin u. a. 1995:119).

Andrés Bello

Auch Bello (1781–1865) sah die Notwendigkeit der sprachlichen Emanzipation; im Gegensatz zu Sarmiento ging es ihm jedoch nicht um die Schaffung einer Nationalsprache für ein bestimmtes Land oder eines von der Norm der Iberischen Halbinsel völlig unabhängigen lateinamerikanischen Standards. Sein Ziel war es, durch die Propagierung einer alle Varietäten einigenden Norm der drohenden Sprachspaltung Einhalt zu bieten sowie „la conservacion de la lengua de nuestros padres en su posible pureza, como un medio providencial de comunicacion i un vínculo de fraternidad entre las varias naciones de oríjen español derramadas sobre los dos continentes" (Bello [1847], zit. nach Berschin u. a. 1995:121). Angesichts der unkontrollierten Erneuerung der Sprache im Zuge der wissenschaftlich-technischen und politisch-ideologischen Umwälzungen befürchtete Bello ein Auseinanderdriften des Spanischen in Lateinamerika und seinen Zerfall in Dialekte, was er als Hindernis bei der Schaffung einheitlicher Nationalsprachen betrachtete. Seine sprachpolitischen Ideen zielten daher im Unterschied zu denen von Sarmiento nicht auf eine ‚Erneuerung von unten', „sondern auf die Anhebung der allgemeinen Sprachkultur, also auf eine ‚Erneuerung von oben'" (Brumme 1993a: 346). Leitnorm ist der *buen uso* der Gebildeten, d. h. die *habla culta*, die sowohl die europäische Norm als auch Besonderheiten des lateinamerikanischen Spanisch einbezieht.

Ortografía chilena

Sowohl Andrés Bello als auch Domingo Faustino Sarmiento strebten für Lateinamerika Orthographiereformen an, dabei forderte vor allem Sarmiento in seiner *Memoria sobre ortografía americana* (1843) eine bewusst mit der spanischen Norm brechende „ortografía vulgar, ignorante, americana" (zit. nach Berschin u. a. 1995:120), die auf der amerikanischen Aussprache mit Seseo basiert und eine eineindeutige Phonem-Graphem-Zuordnung vorsieht. Dieser Vorschlag fand keine Anhänger; die Universität von Santiago de Chile befürwortete allerdings 1844 eine gemäßigte Reform, die weitgehend den Vorstellungen Bellos entsprach und bis 1927 in Chile Gültigkeit hatte. Unter anderen wurden folgende Neuerungen übernommen: <j> für /χ/ z. B. in *jeneral*; <i> für /i/ in allen Positionen (*mui, rei*); <s> statt <x> vor Konsonant (*esplicar*) (vgl. Weißkopf 1994:178–182).

Rufino José Cuervo

Ähnlich wie Bello befürchtete auch der Kolumbianer Rufino José Cuervo (1844–1911), einer der bedeutendsten Philologen seiner Zeit, dass der zurückgehende Einfluss Spaniens, die geistige Orientierung Lateinamerikas an anderen Ländern, die mangelnde Kommunikation zwischen den lateinamerikanischen Ländern sowie die starke Immigration und der Einfluss der Indiosprachen langfristig zu einer Sprachspaltung führen könnten: *Estamos pues en vísperas [...] de quedar separados, como lo quedaron las hijas del imperio Romano: hora solemne y de honda melancolía en que se deshace una de las mayores glorias que ha visto el mundo* (Cuervo [1901:35], zit. nach Berschin u.a. 1995:121). Als einigendes Leitbild versuchte Cuervo zunächst den „lenguaje culto de la gente educada" zu propagieren; in seinen zwischen 1867 und 1872 erschienenen ***Apuntaciones críticas sobre el lenguaje bogotano*** exemplifizierte er ausgewählte Probleme der Aussprache, der Nominal- und Verbalsyntax sowie des Wortschatzes mit einer Fülle kastilischer und, oft kontrastiv dazu, südamerikanischer Beispiele, ohne sich dabei auf das Spanische Kolumbiens zu beschränken. Später wandte sich Cuervo verstärkt den eigenständigen Entwicklungen des lateinamerikanischen Spanisch zu, indem er dessen Unabhängigkeit gegenüber dem europäischen Spanisch unterstrich.

Die Debatte zwischen Cuervo und Valera

Nachdem die meisten spanischen Kolonien zu Beginn des 19. Jhs. ihre Unabhängigkeit erlangt hatten, versuchte Spanien, über kulturelle Aktivitäten die Reste des Imperiums zusammenzuhalten und seinen Einfluss zu bewahren. Insbesondere der Romancier Juan Valera setzte sich engagiert für den Zusammenhalt zwischen den südamerikanischen Staaten und Spanien unter dem Dach der puristischen eurozentrischen Akademienorm ein. Valera tadelte die mangelnde Beweisführung von Cuervo und Bello und insistierte auf der Einheit: *[...] América que sigue hablando nuestro idioma y que en cierto modo procede de España, constituyendo esta procedencia y el habla [...] un lazo precioso de fraternidad y hasta de unión entre todas las naciones independientes y civilizadas que hay en el Nuevo Mundo* (zit. nach Brumme 1993a: 357). Es verwundert daher nicht, dass es zwischen ihm und Cuervo in den Jahren 1899–1903 zu einer lebhaft geführten Auseinandersetzung kam. Seit der Jahrhundertwende ist das Problem der *unidad de la lengua* immer wieder diskutiert worden, allerdings besteht heute sowohl in Spanien als auch in Lateinamerika Konsens darüber, die Diskussion über die Einheit der Sprachgemeinschaft – den veränderten politischen Konstellationen entsprechend – im Sinne der Plurizentrik zu führen (*s. S. 160*).

Sprachakademien in Lateinamerika

Nachdem die RAE die Voraussetzung für assoziierte Akademien geschaffen hatte, wurden diese ab 1870 mit dem Ziel gegründet, zur Verbreitung einer letztlich am europäischen Spanisch orientierten Norm beizutragen. Konkreten Anlass dazu boten die Bestrebungen in einigen jungen lateinamerikanischen Staaten, eine eigene Nationalsprache zu postulieren. Die erste *academia nacional correspondiente* entstand 1871 in Kolumbien, 1874 wurde die Academia Ecuadoriana gegründet, 1875 die Academia Mexicana, 1876 die Academia Salvadoreña, 1883 die Academia Venezolana, 1885 die Academia Chilena und 1887 die Academia Peruana (Berschin u. a. 1995:122 f.). Weitere Akademiegründungen folgten im 20. Jh. Aufgabe der Tochterakademien war es, die Einheit der spanischen Sprache zu bewahren und einer Diversifikation der Norm vorzubeugen, denn die *unidad de la lengua* war für Spanien das letzte Gebiet, „auf dem es seinen traditionellen Hegemonieanspruch erheben und den Verlust der Kolonien kompensieren konnte" (Brumme 1997:81). In der 12. Auflage des Akademiewörterbuches von 1884 wurden zum ersten Mal Beiträge der korrespondierenden Akademien berücksichtigt.

2 Das 20. Jahrhundert bis 1975

1 Historische und gesellschaftliche Hintergründe

Die Restaurationszeit

Das alte politische System unter den Bourbonen – 1902 bestieg Alfons XIII. den Thron – war immer weniger in der Lage, die drängenden gesellschaftlichen und politischen Probleme der Zeit, wie z. B. die sich zuspitzenden sozialen Gegensätze oder die wachsenden separatistischen Bestrebungen im Baskenland und in Katalonien, zu lösen. Der Putsch von Miguel Primo de Rivera im September 1923 bedeutete das Ende des *Ancien Régime* und den Beginn der ersten Diktatur des 20. Jhs. Auch Primo gelang es jedoch nicht, die wirtschaftliche Krise zu beenden; 1930 trat er zurück.

Die II. Republik

1931 begann eine der konfliktreichsten Perioden der neueren Geschichte Spaniens: Am 14. April wurde die Republik ausgerufen und der König musste das Land verlassen. Während der II. Republik (1931–36) war Spanien politisch und gesellschaftlich für kurze Zeit ein modernes Land: Die Regierung war um Wirtschaftsreformen bemüht, um den Übergang von der Latifundienwirtschaft zur modernen Industriegesellschaft zu erreichen, die Trennung von Kirche und Staat wurde vollzogen und eine Agrarreform eingeleitet; darüber hinaus suchte man nach einer Lösung für das Regionalismusproblem. Für die Minderheitenregionen waren Autonomiestatuten geplant, die den Gebrauch des Katalanischen, Baskischen und Galicischen als regionale Amtssprachen vorsahen. Ein Autonomiestatut trat allerdings 1932 nur für Katalonien in Kraft, das wieder ein eigenes Parlament (*Generalitat*) bekam. Bereits 1933 zeichnete sich jedoch das Scheitern des demokratischen Modells ab; die politischen Fronten zwischen Befürwortern und Gegnern der Republik verhärteten sich und 1936 begann ein verheerender Bürgerkrieg, der bis 1939 dauerte.

Das Franco-Regime

Der Krieg, der mit der Niederlage der Republikaner endete, verwüstete das Land und hinterließ ein „geschichtliches Trauma" (Bernecker/Pietschmann 1997:325). Nach einem Militärputsch wurde einer der führenden Generäle der Nationalen Front, Francisco Franco, Staatschef und regierte Spanien von 1939 bis zu seinem Tod diktatorisch. Der „Neue Staat" basierte auf der konservativen und militärischen Ideologie der Falange, die 1933 als eine von mehreren faschistischen Gruppierungen unter Führung von José Antonio Primo de Rivera gegründet wurde und von 1937–75 die einzige „gesetzliche" Partei war; eine Verfassung und demokratische Institutionen gab es in dieser Zeit nicht. Bis in die Mitte des 20. Jhs. war Spanien innerhalb Europas weitgehend isoliert. Dies änderte sich erst in den 50er Jahren, als zunehmender Widerstand gegen das verkrustete Franco-Regime aufkam und die Forderung nach mehr Demokratie und Freizügigkeit immer lauter wurde. Die wichtigsten Oppositionskräfte formierten sich in Katalonien und im Baskenland, wo das Franco-Regime im Rahmen eines kompromisslosen Versuchs, Spanien endgültig als zentralistischen Einheitsstaat zu etablieren, von Anfang an eine systematische und brutale Politik der Unterdrückung der Regionalsprachen betrieben hatte. Die Reaktionen auf die Diskriminierung waren unterschiedlich: In Katalonien konzentrierte sich der Kampf auf die Bewahrung und Verteidigung der katalanischen Sprache und Kultur, im Baskenland dagegen breitete sich zunehmend der Terror durch die Geheimorganisation ETA (*Euskadi Ta Askatasuna* ,Baskenland und Freiheit') aus und der Ruf nach Unabhängigkeit wurde immer lauter. In den 60er Jahren erfolgte eine Lockerung der Repressionen gegenüber den Minderheiten, darüber hinaus war ein erster wirtschaftlicher Aufschwung in Spanien zu verzeichnen.

2 Sprachpolitik

Restriktive Sprachpolitik

Die Sprachgesetzgebung in Bezug auf die Regionalsprachen intensivierte sich zu Beginn des 20. Jhs.; bereits 1902 drohte eine königliche Verordnung (*Real Orden*) denjenigen Lehrern schwere Sanktionen an, die nicht das Kastilische als Unterrichtssprache verwendeten. Während der Diktatur von M. Primo de Rivera (1923–30) sollten vor allem zwei Dekrete dem fortschreitenden Regionalismus Einhalt gebieten: 1923 wird verboten, dass Amtspersonen bei „actos de carácter nacional" sich einer anderen Sprache als des Kastilischen bedienen (1930 wird diese Bestimmung wieder aufgehoben); 1926 werden erneut Grundschul- und Gymnasiallehrern Strafen angedroht für den Fall, dass eine andere Sprache als das Kastilische im Unterricht verwendet wird. Der offizielle Gebrauch der katalanischen Sprache wird untersagt, ebenso wie die katalanische Fahne (*senyera*) und die katalanischen Tänze (*sardanas*).

Dezentralisierungsversuche

In der II. Republik wird das Spanische zum ersten Mal als offizielle Staatssprache in der Verfassung von 1931 verankert. Der betreffende Artikel 4 lautet: *El castellano es el idioma oficial de la República. Todo español tiene obligación de saberlo y derecho a usarlo, sin perjuicio de los derechos que las leyes del Estado reconozcan a las lenguas de las provincias o regiones. Salvo lo que se disponga en leyes especiales, a nadie se le podrá exigir el conocimiento ni el uso de ninguna lengua regional* (zit. bei Eberenz 1992:373). Im Hinblick auf das Unterrichtswesen konzediert die Verfassung den autonomen Regionen allerdings ein gewisses Maß an Freiheit: Wichtigste Unterrichtssprache ist zwar das Kastilische, dessen Erlernung obligatorisch ist, die Regionalsprachen dürfen aber in den Schulen ebenfalls berücksichtigt werden. Die Zusicherung gewisser Rechte für die Regionalsprachen ist eine Reaktion auf den Druck aus den Minderheitenregionen, wo in den Jahren vor dem Bürgerkrieg die ideologische Auseinandersetzung um die Sprache(n) z. T. sehr vehement geführt wurde und wo für die Regionalsprachen Rechte beansprucht wurden, die bis dahin nur das Spanische hatte. In Katalonien trat 1932 das Autonomiestatut in Kraft, Katalanisch wurde neben Kastilisch zur regionalen Amtssprache erhoben.

Sprache und Ideologie zur Zeit Francos

Die Sprachpolitik der spanischen Falange war **zentralistisch**, **nationalistisch** und **repressiv**. Nach dem Militärputsch von 1936 kam es zu einer weitgehenden Uniformisierung des politischen Diskurses im Sinne der Falange, deren Losung programmatisch ist: „España ¡Una! España ¡Grande! España ¡Libre! ¡Arriba España!“ (Brumme 1993b: 388). Prononcierter als vor 1936 wird das Thema der „Einheit Spaniens“ an das der „Einheit der Sprache“ gekoppelt, wie z. B. die folgenden Losungen zeigen: „¡Una patria, una lengua, una espada! ¡Idioma uno en la España una!“ (ebd. 394). Der Gebrauch des Spanischen galt als patriotischer Akt, denn als „habla genuina español“ kam nur das Kastilische in Frage.

Das sprachpolitische Programm der Falange zeigte sich aber nicht nur im Verhalten gegenüber den Regionalsprachen, sondern schien auch im Sprachgebrauch durch. Begriffe wie *nación, patria* und *hispanidad* waren stark affektiv aufgeladen (vgl. Scotti-Rosin 1982); Losungen wie: *Si eres español, ¡habla español! Si eres español, ¡habla en español! Si sabes hablar, ¡habla en español! ¡Hablad castellano! ¡Hablen ustedes en cristiano!* (Brumme 1993b: 388) illustrieren die bewusste Nutzung der Synonymie in der Sprachbezeichnung *castellano = español* sowie die starke Symbiose zwischen Kirche und Franquismus: *cristiano* wird gleichgesetzt mit *español.*

Unterdrückung der Regionalsprachen

Allen Regionalsprachen in Spanien wurde in der Franco-Zeit jegliche Existenzberechtigung in der offiziellen und öffentlichen Kommunikation abgesprochen. So erlangte die Politik der Verdrängung des Katalanischen aus der Öffentlichkeit mit dem Dekret vom 16. 12. 1939 über die Aufhebung der Kooffizialität Gesetzeskraft: Die gesamte katalanische Presse wurde verboten, die Radiosender sendeten nur noch in spanischer Sprache; Institutionen, Plätze, Straßen und Orte wurden umbenannt, Vornamen von Personen spanischer Nationalität durften nur noch in spanischer Form beurkundet werden. Alle nichtkastilischen Idiome wurden in Anlehnung an die Sprachdiskussion im 19. Jh. als *dialectos* oder *jergas* bezeichnet; damit sollte vor allem das stark ausgeprägte Sprach- und Nationalbewusstsein der Katalanen gebrochen werden.

Scheitern der franquistischen Sprachpolitik

Weder im Baskenland noch in Galicien und Katalonien ist es gelungen, die Regionalsprachen wirklich zu verdrängen. Damit ist die Kastilianisierungspolitik Francos zwar gescheitert, die von der Diktatur erlassenen sprachpolitischen Maßnahmen hatten jedoch zur Folge, dass die Lese- und Schreibfertigkeit in den Minderheitensprachen im Vergleich zur Sprech- und Verstehensfertigkeit stark abnahm. Im öffentlichen Schulwesen war Spanisch eine Generation lang (1939–69) alleinige Unterrichtssprache; erst das Erziehungsgesetz von 1970 gestattete es, die Minderheitensprachen in beschränktem Umfang im Unterricht wieder zu verwenden (Eberenz 1992:374). Die Haltung der Diktatur gegenüber den nicht-kastilischen Sprachen hatte zudem den Effekt, dass diese zu „symbolischen Kristallisationspunkten für die Opposition gegen das Regime“ (Kremnitz 1993:433) wurden.

Die Nachkriegszeit

Nach dem Ende des 2. Weltkrieges, als das Franco-Regime sich um eine gewisse „Respektabilität“ nach außen bemühte, musste es allmählich auch sprachpolitische Zugeständnisse machen. Nach und nach wurde im Zuge der Erneuerung der spanischen Gesellschaft in den 60er Jahren die Kontrolle gelockert und Katalanen und Basken konnten ihre eigene kulturelle Produktion wieder stärker beleben. Bereits jetzt wurde erkannt, dass die Lösung des Nationalitätenproblems eine unabdingbare Voraussetzung für die Fortexistenz des spanischen Staates sein würde.

3 Die Real Academia Española

Normkonzeption

Bis in die 70er Jahre des 20. Jhs. ist die Normkonzeption der RAE konservativ und eurozentrisch. Die **Akademiegrammatik**, die zu Beginn des Jahrhunderts mit nur geringen Modifikationen mehrfach wieder aufgelegt wurde, trug bis 1920 den Titel *Gramática de la lengua castellana,* erst 1924 wurde sie in *Gramática de la lengua española* umbenannt, was jedoch nichts daran änderte, dass das Kastilische die diatopische Norm blieb. Die letzte überarbeitete Fassung aus dem Jahre 1931 wurde, erweitert um einen Anhang mit den seit 1959 gültigen *Nuevas Normas de Prosodía y Ortografía*, in den Jahren 1959 und 1962 noch einmal nachgedruckt. Sie folgt in Einteilung, Terminologie und Zielsetzung den am lateinischen Vorbild orientierten präskriptiven Grammatiken des 18. und 19. Jhs. Als sprachliches Vorbild dienen nach wie vor die Autoren des Siglo de Oro. Der Primat der Schriftsprache über die gesprochene Sprache ist eindeutig, umgangssprachliche Varianten und lateinamerikanische Besonderheiten fanden in der Akademiegrammatik bis zum *Esbozo de una nueva gramática de la lengua española* von 1973 keine Berücksichtigung. Das **Diccionario de la lengua castellana** erfuhr von 1914 bis 1970 sechs weitere Auflagen, ab der stark erweiterten und überarbeiteten 15. Auflage von 1925 heißt es *Diccionario de la lengua española*. Darüber hinaus veröffentlichte die Akademie 1927 erstmals das *Diccionario manual e ilustrado de la lengua española*, das konsequenter als das eigentliche Akademiewörterbuch den aktuellen Wortschatz registrieren soll. Was die **Orthographie** anbelangt, so folgt die Akademie im Wesentlichen dem alten Prinzip der eineindeutigen Zuordnung von Phonem zu Graphem. Modifikationen gab es Anfang und Mitte des 20. Jhs.: 1911 verschwanden die Akzente auf der Präposition *a* und den Konjunktionen *e, o, u*, und die 1959 erlassenen *Nuevas Normas de Prosodía y Ortografía*, die 1974 in der letzten Ausgabe erschienen sind, eliminieren den Akzent auf *fue, dio* etc. und erlauben die Vereinfachung der Gruppen <ps->, <mn-> und <gn-> am Wortanfang zu <s> bzw. <n>: *sicología, nemotecnia, nomo* (Schmid 1992:425).

4 Spanisch in Lateinamerika

Status des Spanischen

Im 20. Jh. konsolidiert sich das Spanische in den lateinamerikanischen Staaten, wobei der Grad der Hispanisierung abhängig ist von der Vitalität der indigenen Sprachen in den einzelnen Ländern und den Rechten, die den autochthonen Sprachen in den jeweiligen nationalen Verfassungen eingeräumt werden (vgl. Berschin u. a. 1995:23–33). Nationalsprache ist Spanisch zum einen in Staaten mit relativ niedrigem indianischen Bevölkerungsanteil (Argentinien, Chile, Uruguay), zum anderen in einer Zone, die nicht direkt zum Einflussgebiet der altindianischen Hochkulturen gehörte (Venezuela, Kolumbien, Zentralamerika, Karibik) sowie in Mexiko, wo Spanisch durch die Hispanisierungspolitik zur Nationalsprache gemacht wurde und die indigenen Sprachen bis weit ins 20. Jh. einem starken Verdrängungsprozess ausgesetzt waren. Dominante Sprache ist Spanisch in Paraguay, im andinen Raum (Bolivien, Ecuador und Peru) und in Guatemala. In diesen überwiegend von Indios und Mestizen bewohnten Ländern ist die Zahl der mono- oder bilingualen Sprecher der autochthonen Sprachen noch sehr hoch, allerdings geht auch hier der Anteil der indianischsprachigen Monolingualen zurück. Welche Rolle die Indianersprachen in diesen Ländern künftig spielen werden, hängt von der Sprachpolitik der jeweiligen Staaten ab. So wurde in Peru das Quechua dem Spanischen 1975 als Amtssprache zwar gleichgestellt, dies bedeutete aber keineswegs das Ende der Diglossie: Nach wie vor ist die Zweisprachigkeit Spanisch-Quechua asymmetrisch mit Spanisch als dominanter Sprache. In Paraguay ist Guaraní Muttersprache großer

Teile der Bevölkerung, darüber hinaus aber auch Verkehrssprache in den städtischen Zentren; seit 1992 ist es neben Spanisch Amtssprache. Minderheitensprache ist Spanisch in Belize und den USA, wo die spanischsprachige Minorität vor allem aus Mexiko-Amerikanern (*chicanos*), Kubanern und Puerto-Ricanern besteht.

Literatur

Zum lateinamerikanischen Spanisch vgl. Fontanella de Weinberg (1992); Metzeltin/Winkelmann (1992); Ramírez (1992); Lipski (1994); Noll (2001).

KAPITEL 6 Das Spanische der Gegenwart

1 Sprachpolitik im demokratischen Spanien

1 Das demokratische Spanien

Dezentralisierung

Mit dem Tod Francos am 20. November 1975 begann in Spanien eine neue Epoche (vgl. Bernecker/Dirscherl 1998). In der Folgezeit – *transición* genannt – wurden die autoritären Strukturen des Franquismus konsequent abgebaut und im Rahmen einer konstitutionellen Monarchie durch demokratische Strukturen ersetzt[20]. Auf das Anwachsen föderalistisch-autonomistischer Bestrebungen besonders in Katalonien und im Baskenland reagierte die demokratisch gewählte Regierung mit einer regionalistischen Neuordnung Gesamtspaniens und der Abtretung vieler politischer Kompetenzen an die Regionen. Die **Dezentralisierung** des Staatswesens führte zu einem tief greifenden Wandel der politischen, administrativ-institutionellen und rechtlichen Rahmenbedingungen von Spaniens Demokratie und zu einem neuen Verhältnis zwischen Zentrum und Peripherie. Heute gliedert sich das Land in 17 autonome Regionen (*Comunidades Autónomas*), deren Grenzen weitgehend denen der historischen Regionen der früheren spanischen Kronländer entsprechen. Innerhalb dieser Comunidades wird den Basken, den Katalanen und Galiciern als „Nationalitäten" mit „eigener" Sprache eine Sonderstellung zuerkannt.

2 Die Sprachgesetzgebung von 1978

Art. 3 der Verfassung

Für die Sprachpolitik des nachfranquistischen Spanien ist der von der demokratischen Regierung initiierte Weg „vom Zentralstaat zum Staat der Autonomien" (Bernecker/Pietschmann 1997:369) von enormer Bedeutung. Durch die Verfassung von 1978 wird das Kastilische zur offiziellen Staatssprache, aber mit der Möglichkeit, dass die anderen „lenguas españolas", also das Katalanische, das Galicische und das Baskische, in den wiederhergestellten autonomen Regionen Kooffizialität erhalten. Damit ist das Kastilische nicht mehr wie noch unter Franco einzige Sprache des Landes (*lengua nacional*), sondern – obschon Staats- und Amtssprache – nur noch e i n e von mehreren „spanischen Sprachen". In **Artikel 3** des Verfassungstextes heißt es in Absatz 1:

---

[20] Der Putschversuch des Oberstleutnant Tejero vom 23. 2. 1981 hatte, dank des entschiedenen Eintretens des Königs Juan Carlos I. für den Demokratisierungsprozess, keinen Erfolg.

1. El castellano es la lengua española oficial del Estado.
Todos los Españoles tienen el deber de conocerla y el derecho a usarla.
2. Las demás lenguas españolas serán también oficiales en las respectivas Comunidades Autónomas de acuerdo con sus Estatutos.
3. La riqueza de las distintas modalidades lingüísticas de España es un patrimonio cultural que será objeto de especial respeto y protección.

Dies bedeutet, dass zwar auch Baskisch, Galicisch und Katalanisch als *lengua española* im Sinne von „Sprache in Spanien" bezeichnet werden können, dass aber Kastilisch als nationale Amtssprache eine Vorrangstellung hat. Die übrigen Sprachen können nur im Sprachgebiet der jeweiligen Minderheit neben Spanisch als Amtssprache gelten (Berschin u. a. 1995:42). Art. 3 impliziert, dass Galicier, Basken und Katalanen, die in ihren jeweiligen Regionen eine „eigene" Sprache haben, Kastilisch nur kennen, nicht aber sprechen müssen, wohingegen ein Kastilier ohne Kenntnisse der anderen Sprachen Spaniens auskommen kann. Wenngleich dieses durch das Gesetz von 1978 geschaffene neue Verhältnis zwischen Spanisch und den Regionalsprachen keineswegs überall als unproblematisch angesehen wird, so stellt die Tatsache, dass der Staat den unterschiedlichen Sprachen und Kulturen Anerkennung und Förderung zubilligt, vor dem Hintergrund der fünfhundertjährigen zentralistischen Tradition einen bemerkenswerten Fortschritt dar (Kremnitz 1993:435; Lebsanft 2000b).

Diskussion um Sprachennamen

Im Zusammenhang mit der Beratung des Art. 3 Abs. 1 gab es in den Cortes eine heftige Debatte über den Sprachennamen. Zunächst lautete die Formulierung „El castellano es la lengua oficial del Estado"; damit fehlte allerdings die Bindung des Sprachennamens an den Staatsnamen *español*. Der Schriftsteller Camilo José Cela schlug daraufhin folgenden Passus vor: „El castellano o español es la lengua oficial del Estado", was wiederum nicht erkennen ließ, dass auch die anderen Sprachen „Sprachen Spaniens" oder, wenn man ganz genau übersetzt, „spanische Sprachen" sind (Berschin u. a. 1995:42). Die endgültige Fassung ist dann eine nicht unkritisiert gebliebene Kompromissformel, die den Sprachennamen *castellano* beibehält und somit dem Bedürfnis der Minderheiten nach regionaler Differenzierung Rechnung trägt, ihn aber an den Staatsnamen *España* bindet (vgl. Salvador 1990; Brumme 1994).

Sprachliche Pluralität

Durch die neue Sprachgesetzgebung ist Spanien zu einem „dominant einsprachigen Land mit regionaler Zweisprachigkeit" geworden (Berschin u. a. 1995:42). Mit dem Art. 3 wird die sprachliche Pluralität Spaniens zwar grundsätzlich konstitutionell anerkannt und die staatliche Diskriminierung der Minderheitensprachen weitgehend beendet. Dieser Artikel bedeutet aber auch, dass es **keine Offizialität der Minderheitensprachen auf nationaler Ebene** gibt und dass die Sprachenfrage für jede autonome Region neu zu stellen ist (Kremnitz 1993:448). Von daher gibt es für Galicien, Euskadi, Navarra, Katalonien, Valencia und die Balearen jeweils eigene, dem Art. 3 der Verfassung nachgeordnete Sprachgesetze (Normalisierungsgesetze – *Leyes de Normalización*), die es wiederum nicht erlauben, dass verschiedene Regionen, in denen wie in Katalonien und Valencia dieselbe Minderheitensprache gesprochen wird, eine einheitliche Sprachpolitik verfolgen. Den *modalidades lingüísticas*, wie z. B. dem Aragonesischen und Asturisch-Leonesischen garantiert die spanische Verfassung lediglich Schutz, keine Kooffizialität.

Die Autonomiestatute

In denjenigen Regionen, in denen eine Minderheitensprache gesprochen wird, enthalten die verabschiedeten Autonomiestatute sprachpolitische Bestimmungen, die den Rahmen für die Emanzipation der Minderheitensprachen vorgeben. Für Katalonien lauten sie in der spanischen Fassung wie folgt (nach Siguan 1992:84):

1. *La lengua propia de Cataluña es el catalán.*
2. *El idioma catalán es el oficial de Cataluña así como también lo es el castellano, oficial en todo el Estado Español.*
3. *La Generalidad garantizará el uso normal y oficial de los dos idiomas, adoptará las medidas necesarias para asegurar su conocimiento y creará las condiciones que permitan alcanzar su plena igualidad en lo que se refiere a los derechos y los deberes de los ciudadanos de Cataluña.*

Die entsprechenden Paragraphen der anderen Autonomiestatute sehen ähnlich aus. In allen Statuten werden trotz gewisser Akzentverschiebungen folgende Punkte festgehalten:

- der jeweilige Sprachenname und seine Apostrophierung als *lengua propia* der jeweiligen Autonomen Gemeinschaft;
- die Kooffizialität der *lengua propia* in dem jeweiligen Territorium mit der Staatssprache Spanisch;
- das Recht aller Bewohner der jeweiligen Comunidad, die *lengua propia* zu kennen und zu benutzen. Demgegenüber sieht die Staatsverfassung bereits die Pflicht aller Spanier vor, das Kastilische zu kennen, und das Recht, es zu benutzen;
- das Diskriminierungsverbot einer Person aufgrund ihrer Sprache;
- die Verpflichtung der regionalen Instanzen, die „eigenen Sprachen" in besonderem Maße zu pflegen und dafür zu sorgen, dass sie zum normalen Kommunikationselement in den jeweiligen Regionen werden. Das Kastilische genießt nur insofern Schutz, als der einzelne Kastilischsprecher das Recht hat, seine Sprache auch in den Minderheitenregionen zu benutzen.

Normalisierungsgesetze

Bei den Normalisierungsgesetzen (*Leyes de Normalización*), die alle in den 80er Jahren erlassen wurden, handelt es sich um Zusätze zu den jeweiligen Regionalverfassungen von Katalonien, Valencia, den Balearen, Galicien, dem Baskenland und Navarra, die die sprachpolitischen Bestimmungen des Art. 3 der spanischen Verfassung konkretisieren (vgl. Siguan 1992). Unter ‚Normalisierung' versteht man die Beseitigung der Diglossie in dem jeweiligen Gebiet und die **Wieder-**

einsetzung der bislang unterdrückten Sprache in alle Bereiche des öffentlichen Lebens[21]. In diesen Gesetzen wird die Verteidigung, Verbreitung und Festigung der *lengua propia* als mit dem Spanischen kooffizieller Sprache in der jeweiligen Region garantiert und als Ziel der offiziellen Sprachpolitik der generalisierte Bilinguismus vorgeschrieben. In Katalonien stieß die vehemente Normalisierung bzw. Rekatalanisierung schon früh auf die Kritik der in Katalonien lebenden Kastilier, die nicht zu Unrecht eine Marginalisierung des Kastilischen befürchten, da radikale Gruppierungen hier schon seit langem die Monoglossie in der Minderheitensprache fordern (Meisenburg 1999:33).

2 Spanisch und die Regionalsprachen

Sprachpolitik

Spanisch ist derzeit die Muttersprache von 75–80% der gegenwärtig knapp 40 Mio. Menschen umfassenden Gesamtbevölkerung Spaniens und damit überregionale Gemeinsprache des Landes. Mitte der 80er Jahre wohnten etwas mehr als 42% der Einwohner Spaniens in einem Gebiet, in dem es neben dem Spanischen eine andere offizielle Sprache gibt (Siguan 1992:80; Berschin u.a. 1995:43ff.). Durch die in der Verfassung von 1978 verankerte Sprachgesetzgebung und die forcierte Normalisierungspolitik hat die Kenntnis der Minderheitensprachen in den jeweiligen Regionen deutlich zugenommen, und die zwischen dem Spanischen und dem Katalanischen, Galicischen bzw. Baskischen bestehende Diglossie konnte weitgehend abgebaut werden. Das Ziel der spanischen Sprachpolitik – gesellschaftlicher Bilinguismus in den entsprechenden Autonomen Gemeinschaften – ist jedoch aufgrund der unterschiedlichen sozioökonomischen, historischen und sprachlichen Bedingungen noch keineswegs überall erreicht. Heute dringen die „Nationalitäten" mit „eigener" Sprache zunehmend darauf, dass ihre Sprachen nicht nur innerhalb der jeweiligen Autonomen Gemeinschaften, sondern auch auf gesamtstaatlicher Ebene anerkannt werden.

1 Katalanisch

Sprachgebiet

Katalanisch ist die Regionalsprache mit den meisten Sprechern. Auf dem Territorium des spanischen Königreichs umfasst sein Verwendungsgebiet drei autonome Regionen: Katalonien (*Cataluña*), Valencia

[21] Der Begriff *normalización*, der nicht zu verwechseln ist mit dem der *normativización* ‚Sprachnormierung', d.h. der Formulierung von innersprachlichen Normen im Bereich der Lexik, der Grammatik oder der Orthographie, stammt ursprünglich aus Katalonien *(normalització)*, wurde aber von den anderen Comunidades Autónomas, in denen eine eigene Sprache gesprochen wird, übernommen.

(*Comunidad Valenciana*) und die Balearen (*Islas Baleares*); hinzu kommen in Frankreich das Roussillon (Nord-Katalonien), die Republik Andorra und die Stadt Alghero/L'Alguer auf Sardinien. Im Jahre 1999 hatten 7,2 Mio. Menschen aktive und zusätzlich 2,6 Mio. passive Katalanischkenntnisse (Generalitat de Catalunya 2000:91); von den katalanischen Muttersprachlern (ca. 4 Mio.) ist heute die Mehrheit zweisprachig. Die Tatsache, dass es in den genannten Regionen auch heute noch bei vielen Bewohnern kaum ein Bewusstsein für die sprachliche Einheit im katalanischen Sprachgebiet gibt, muss als Folge der Marginalisierung und bewussten Dialektalisierung des Katalanischen während der Franco-Zeit angesehen werden.

Katalonien

Da Katalanisch eine voll kodifizierte Sprache[22] mit sehr vielen Sprechern ist, griffen die Normalisierungsmaßnahmen, die auf den Ausbau des Katalanischen zum vollwertigen Kommunikationsmittel und die Rekatalanisierung des gesamten öffentlichen Lebens abzielten, in Katalonien bereits früh. Dank einer Reihe sprachpolitischer Institutionen, allen voran der einflussreichen *Direcció General de Política Lingüística*, die mit der Umsetzung der Normalisierungspolitik betraut ist, steht Katalonien heute vor dem Abschluss einer erfolgreich durchgeführten Sprachplanung. Das Katalanische konnte in Katalonien seine Stellung als allgemeines Kommunikationsmittel zurückgewinnen und die Zahl derjenigen, die es verstehen, sprechen und vor allem auch schreiben, ist gegenüber den 1970er Jahren deutlich gestiegen. Dies ist nicht zuletzt darauf zurückzuführen, dass sowohl Spanisch als auch Katalanisch heute auf allen Stufen des Erziehungswesens und der nichtuniversitären Ausbildung obligatorisch sind und nach Abschluss der Schullaufbahn von den Schülern korrekt beherrscht werden müssen. Der „derzeitige aufwendige Zustand gesellschaftlicher Zweisprachigkeit" (Meisenburg 1999:32) verlangt, dass beide Sprachen für alle Domänen und Funktionen gleichermaßen verfügbar sind, doch trotz aller sprachpolitischen Förderung des Katalanischen gibt es weiterhin Bereiche, in denen die Durchsetzung der Kooffizialität schwierig ist. So ist die Stellung des Spanischen insbesondere in den Massenmedien und im Rechtswesen weiterhin stark, und auch im alltagssprachlichen Bereich nimmt es durch die Binnenwanderung immer noch eine gewichtige Position ein. Grundlage der gegenwärtigen Sprachpolitik ist neben der Verfassung von 1978, dem Autonomiestatut von 1979 und dem Normalisierungsgesetz von 1983 das neue Sprachgesetz vom 7. Januar 1998 (Gergen 2000), mit dem die Katalanen ihre Normalisierungsbemühungen verstärkt haben. Ziel dieses Gesetzes ist es, das Katalanische zum dominierenden Kommunikationsmittel in Katalonien zu machen, eine Entwicklung, die bereits im Vorfeld von der Real

[22] Die Kodifikation des Katalanischen erfolgte zu Beginn des 20. Jhs. durch Pompeu Fabra (1868–1948) auf der Grundlage des zeitgenössischen Barcelonesisch.

Academia und einigen spanischsprachigen Printmedien z. T. heftig kritisiert wurde. Tatsächlich impliziert die Erweiterung der Bereiche, in denen sich das Katalanische gegenüber dem Kastilischen durchsetzen soll, eine „klare Statusverschlechterung des Kastilischen in Katalonien“ (Lebsanft 2001:78).

Balearen

Auch auf den Balearen (*Les Illes*) ist der Kenntnisstand des Katalanischen sehr hoch, wenngleich hier die Sprechfähigkeit immer noch größer ist als die Schreibfähigkeit. Zwar gibt es auch auf den Balearen eine Normalisierungskampagne – die Sprachgesetze ähneln denen Kataloniens –, allerdings ist diese von jeher weniger dynamisch propagiert worden als auf dem Festland.

Valencia

In der Autonomen Gemeinschaft Valencia gibt es deutlich weniger Sprecher des Katalanischen als in den beiden anderen Comunidades Autónomas mit Katalanisch als „lengua propia“. Da der Westteil des Landes Valencia zum spanischen Sprachgebiet gehört – die Entstehung dieser beiden Sprachzonen datiert aus dem 16. Jh., als sich die valenzianische Oberschicht mit der kastilischen Krone verbündete – haben insgesamt nur 40% der Einwohner Katalanisch als Muttersprache (Siguan 1992:81). Die von jeher starke Ausrichtung Valencias nach Kastilien hatte einen jahrhundertelangen Verdrängungsprozess des Katalanischen zur Folge und trug dazu bei, dass das Zusammengehörigkeitsgefühl Valencias mit Katalonien und den Balearen seit dem 18. Jh. rapide sank. Obwohl das Autonomiestatut von 1982 eine ähnliche Sprachenregelung wie in Katalonien vorsieht, kann von einem Durchbruch der Normalisierung bis heute nicht gesprochen werden. Hinzu kommt ein seit Jahren andauernder **Streit um den Sprachennamen**: Aus Angst vor der Hegemonie Barcelonas wird von einflussreichen Kreisen die wissenschaftlich nicht haltbare Eigenständigkeit des Valenzianischen (*llengua valenciana*) gegenüber dem Katalanischen postuliert (Radatz 1993).

2 Aranesisch

Mehrsprachigkeit im Val d'Aran

Das im Val d´Aran gesprochene Aranesische ist ein Dialekt des Gaskognischen und gehört zum okzitanischen Sprachverband. Die sprachliche Situation in diesem Tal mit nur 6.000 Einwohnern, das administrativ zur Autonomen Gemeinschaft Katalonien gehört, ist äußerst komplex. Die Bevölkerung beherrscht bis zu vier Sprachen: Aranesisch als Heim- und Umgangssprache, Katalanisch als offizielle Sprache Kataloniens, Kastilisch als Nationalsprache und teilweise Französisch als Handels- und Verkehrssprache. Die Zahl derjenigen, die Aranesisch sprechen, wird auf ca. 4.000 geschätzt; seit 1990 ist das Aranesische neben dem Katalanischen und dem Kastilischen eine der Amtssprachen des Val d´Aran (Winkelmann 1995:63).

3 Galicisch

Orthographiestreit

Was die sprachpolitischen Bemühungen betrifft, so ist Galicien – eine der wirtschaftlich schwächsten Regionen in Spanien – Katalonien am weitesten gefolgt, wenngleich die Normalisierungsbemühungen nie mit der gleichen Dynamik forciert wurden wie in Katalonien. Im Autonomiestatut von 1980 wurde Galicisch als Landessprache anerkannt und dem Spanischen als Amtssprache gleichgestellt. Die Zahl der Muttersprachler ist in Galicien höher als in Katalonien und im Baskenland: Offiziell gelten von den ca. 2,8 Mio. Einwohnern Galiciens 86 % als zweisprachig, 97 % verstehen Galicisch; die schriftsprachliche Kompetenz ist bei vielen Galiciern aber noch immer gering (Kabatek 1996:53). Im Vergleich zu Katalonien stießen die Normalisierungsbemühungen in Galicien auf wesentlich größere Probleme, da die Galicier nicht auf eine bereits etablierte Norm zurückgreifen konnten. Zu einer Verlangsamung des Normalisierungsprozesses hat zudem der Streit um die Orthographie beigetragen: Während die so genannten „Reintegrationisten" (*lusistas*) für eine Eingliederung in die portugiesisch-brasilianische Sprachgemeinschaft plädieren und eine etymologisch bzw. historisch ausgerichtete Graphie bevorzugen, betonen die „Isolationisten" die Eigenständigkeit des Galicischen gegenüber dem Portugiesischen und schlagen eine auf der kastilischen beruhende Orthographie vor (vgl. Albrecht 1992; Luyken 1994). 1982 wurden die Normvorschläge der Isolationisten, die sowohl von der 1971 gegründeten Real Academia Galega als auch dem der Universität von Santiago angegliederten Instituto da Lingua Galega favorisiert wurden, per Dekret offiziell[23]. In den letzten Jahren hat sich die Stellung des Galicischen im öffentlichen Leben zunehmend gefestigt (Fernández Rodríguez 2000), allerdings ist die sprachliche Situation komplex: Neben dem Standardgalicischen und dem Standardkastilischen existieren eine Reihe regionaler Varietäten des Galicischen und des Kastilischen.

4 Baskisch

Probleme der Normalisierung

Obwohl auch in der Autonomen Gemeinschaft Baskenland (País Vasco, Euskadi) und in der baskischsprachigen Zone Navarras die Regionalsprache (*euskera*) kooffiziell mit dem Spanischen und diesem als Amtssprache rechtlich gleichgestellt ist, ist die Lage hier in jeder

[23] Die beiden unterschiedlichen Haltungen schlagen sich in der Auswahl der Grapheme für bestimmte Laute nieder: So werden z. B. die Phoneme /ʎ/ und /ɲ/ in der offiziellen Orthographie durch die Grapheme <ll> und <ñ> wiedergegeben (*fillo* ‚Sohn', *viño* ‚Wein'), während die sog. reintegrationistische Orthographie hierfür die Schreibungen <lh> und <nh> (*filho, vinho*) verwendet.

Hinsicht komplexer als in den anderen Autonomen Gemeinschaften. Die tief greifenden strukturellen Unterschiede zwischen den beiden typologisch nicht verwandten Sprachen – Baskisch ist eine nicht indogermanische Sprache, „Rest einer alteuropäischen Hirtenkultur im Pyrenäenraum“ (Berschin u. a. 1995:51) – erklären die problematische soziolinguistische Situation im Baskenland. Die Zahl der Baskischsprecher (*euskaldunes*) ist im Vergleich zu den anderen autonomen Regionen mit einer eigenen Sprache relativ niedrig: Nur etwas mehr als ein Viertel der ca. 2 Mio. umfassenden Gesamtbevölkerung sprechen Baskisch und die Normalisierungsbemühungen stoßen in der Regel auf geringe Akzeptanz (Siguan 1992:236 f.; Ariztondo Akarregi 2000). Im Zuge der probaskischen, auf gesellschaftlichen Bilinguismus zielenden Sprachpolitik hat das Baskische zwar in den letzten Jahren an öffentlicher Präsenz gewonnen, in den Bereichen Handel, Industrie und Technologie, aber auch im Erziehungswesen wird allerdings nach wie vor die Staatssprache favorisiert. Der Normalisierung stehen ferner die starke dialektale Zersplitterung sowie das Fehlen einer Schriftkultur im Wege – beides ist Konsequenz der jahrhundertelangen ausschließlichen Oralität dieser Sprache (vgl. Rotaetxe 1997). Um das Baskische als Schriftsprache zu etablieren, wurde daher von der baskischen Sprachakademie (*Euskaltzaindia*) auf der Basis der Varietät von Guipúzcoa eine einheitliche überregionale Schriftsprache geschaffen, das *euskera batua*. Derzeit wird ebenfalls im Hinblick auf die Normalisierung an verschiedenen Korpus- und Standardisierungsprojekten gearbeitet, u. a. an einem Wörterbuch des Baskischen, einer Grammatik sowie einem Sprachatlas.

5 Aragonesisch und Asturisch

Sprachpolitik in Aragón und Asturien

Da Aragón und Asturien keine „Comunidades Autónomas con lengua propia“ sind, haben Aragonesisch und Asturisch als *modalidades lingüísticas* kein Recht auf Kooffizialität. Die Autonomiestatute enthalten allerdings jeweils einen Passus mit Schutzbestimmungen für die regionalen Idiome, ohne dass diesen daraus ein besonderer rechtlicher Status erwächst. In **Aragón** sind die Überlebenschancen des nichtkastilischen Idioms am schlechtesten. Von den rund 1,2 Mio. Einwohnern der autonomen Region verwenden nur knapp 1 % das Aragonesische als Umgangssprache, weitere 5 % verfügen über passive Kenntnisse (Winkelmann 1995:63). 1976 wurde zwar ein *Consello de Fabla Aragonesa* gegründet, ansonsten sind die sprachpolitischen Aktivitäten der autonomen Regierung von Aragón eher bescheiden; ein einheitliches Sprachbewusstsein gibt es nicht. In **Asturien** hingegen ist der Rückhalt, den das *asturianu* bzw. das *bable* in der Bevölkerung hat, erstaunlich groß. Die Sprecherzahl beträgt ca. 600.000; in einer 1992 durchgeführten Umfrage bei 10.500 Einwohnern Asturiens gaben

68,2% der Befragten an, Asturisch gut zu verstehen, 44% behaupteten, es gut oder sehr gut zu sprechen; lesen und schreiben konnten es allerdings wesentlich weniger (ebd. 64). Während *bable* heute ein Überbegriff für verschiedene asturisch-leonesische Varietäten ist, die in den Regionen Asturien, León und Kantabrien gesprochen werden, bezieht sich *asturianu* auf die stark vom Kastilischen beeinflusste Varietät der städtischen Zentren. 1981 wurde die *Academia de la Llingua Asturiana* gegründet, die im gleichen Jahr orthographische Normen erarbeitete. Seit den 1990er Jahren ist eine gewisse Stagnation der Normalisierung in Asturien zu beobachten (Bauske 1995).

B Sprachpflege und Sprachkultur im heutigen Spanien

1 Die „Krise des Spanischen"

Krisensymptome

Seit 1970 sind in den spanischen Printmedien immer wieder Beiträge zur Situation der spanischen Sprache erschienen, in denen das Desinteresse der Spanier an ihrer Sprache und die daraus resultierende Nichtbeachtung der Sprachnorm, die auf der „lengua media culta" basiert, kritisiert werden. Als Symptome für eine mögliche „Krise" werden von den Sprachpflegern, die in der Mehrheit eine gemäßigt puristische Haltung vertreten (Lebsanft 1997:88), u. a. genannt:

- die Verarmung des Allgemeinwortschatzes im täglichen Gebrauch,
- die Häufung von Neologismen und Technizismen in den Zeitungen,
- die Herausbildung neuer Argots bzw. Jargons,
- die Ablehnung des guten Sprachgebrauchs durch die gebildeten Schichten bilingualer Zonen Spaniens und
- seine Vernachlässigung durch Radio- und Fernsehsprecher.

Negativ beurteilt werden einerseits die Medien, vor allem das Fernsehen, andererseits aber auch die Politiker, deren nachlässige Ausdrucksweise sich nicht an der Sprachrichtigkeit und dem Ideal der durch Schlichtheit (*llaneza*) garantierten Klarheit orientiert und somit in den Augen vieler Sprachkritiker negative Auswirkungen auf den allgemeinen Sprachgebrauch hat. Eine weitere Zielscheibe der Kritik ist das Bildungswesen, das nach Meinung vieler Kritiker für die mangelnde Sprachausbildung verantwortlich ist. Im Mittelpunkt der Diskussion über Sprache steht die **Sorge um die Qualität des Spanischen** sowie um seinen Kommunikationsradius, Themen, die in der Tradition des Purismus des 19. Jhs. bzw. in der Tradition des Sprachenwettstreits wurzeln. Die Folge der Debatte über das Spanische sind vielfältige sprachpflegerische Aktivitäten sowohl von staatlicher als auch nicht staatlicher Seite.

2 Die Real Academia Española

Das Wörterbuch

Auch am Ende des 20. Jhs. ist die Real Academia, die auf ihrer Unabhängigkeit von der politischen Macht beharrt, die wichtigste Institution der spanischen Sprachkultur.

Das *Diccionario de la lengua española* der RAE ist nach wie vor das einflussreichste Wörterbuch im heutigen Spanien. Es „soll dem gebildeten Sprecher als Referenzwerk dienen, in dem der Wortschatz nicht nur des aktuellen guten Sprachgebrauchs, sondern auch vergangener, in ihren großen literarischen Werken noch heute zugänglicher Epochen in gültiger Weise verzeichnet und definiert ist" (Lebsanft 1997:146). 1984 erschien die 20. Auflage in zwei Bänden mit ca. 77.000 Stichwörtern (Alvar Ezquerra 1992:644); deutlich umfangreicher (83.000 Einträge) ist die 1992 erschienene 21. Auflage, in der sich die Akademie stärker als früher dem tatsächlichen Sprachgebrauch öffnet und sich aufgeschlossener gegenüber der Aufnahme hispanoamerikanischen Wortgutes zeigt. Indem sie im Prinzip anerkennt, dass Wörter des europäischen Spanisch nicht mehr *a priori* als panhispanisch ausgewiesen werden können, verzichtet sie auf den Anspruch, die europäische Norm „als eine Art Supranorm" auch außerhalb Spaniens zu verbreiten (Lebsanft: 1998:271). Eine ihrer Hauptaufgaben sieht die Akademie derzeit in der Erstellung zweier großer digitaler Korpora zur spanischen Sprache, des *Corpus de Referencia del Español Actual* (CREA) und des *Corpus Diacrónico del Español* (CORDE) (García Yebra 1998:245).

Orthographie

Das durch die spanische Akademie kodifizierte Regelwerk der spanischen Rechtschreibung ist heute in der gesamten Hispanophonie einheitlich. Seit den fünfziger Jahren des 20. Jhs. wurden bei den Kongressen der Akademien spanischsprachiger Länder allerdings immer wieder Vorschläge für weitere Reformen der Orthographie gemacht. Dabei ging es vor allem um die Aufgabe etymologischer Relikte und die Anpassung von Fremdwörtern (vor allem Anglizismen), über deren Schreibung bisher noch keine Einigung erzielt wurde (*basquetbol* oder *basket-ball*?): Während in Spanien die graphische Hispanisierung verbreitet ist, ist es in den hispanoamerikanischen Ländern eher üblich, die Ursprungsgraphie zu belassen (Lebsanft 1998:262). **1999** legte die RAE eine im Einvernehmen mit der philippinischen und den amerikanischen Sprachakademien erarbeitete neue **panhispanische *Ortografía de la lengua española*** vor. Dabei handelt es sich jedoch nicht um eine grundlegende Rechtschreibreform, sondern um geringfügige Änderungen bei der Regelformulierung und -exemplifizierung (z. B. im Bereich der Akzentsetzung), durch die amerikanischen Schreibgewohnheiten stärker Rechnung getragen werden soll; das Problem der Schreibung von Fremdwörtern ist nach wie vor nicht befriedigend gelöst (Lara 2000).

Ezbozo

Mit der Veröffentlichung des erstmals von Fachleuten verfassten *Esbozo de una nueva gramática de la lengua española* im Jahre 1973 deutete sich bei der RAE ein Umschwung in der Grammatikschreibung an. Zwar weist das Vorwort darauf hin, dass die *Comisión de Gramática* den präskriptiven Charakter der früheren Ausgaben nicht aufrecht erhalten möchte: *Por su carácter, pues, de simple proyecto, el presente Esbozo carece de toda validez normativa*, de facto war die normative Wirkung des *Esbozo* jedoch nicht zu leugnen. Aufbau und Konzeption sind zwar weiterhin traditionell, methodisch gesehen weist diese Grammatik aber Neuerungen auf, da man um eine Synthese von normativer und deskriptiver, von traditioneller und moderner Grammatik bemüht war (vgl. Onieva Morales 1993). Auch die Auffassung über die *autoridades* hat sich geändert: Die sprachlichen Beispiele stammen jetzt überwiegend von Autoren des 19. und 20. Jhs. und ein nicht unwesentlicher Teil auch von hispanoamerikanischen Autoren, so dass zumindest theoretisch das Postulat vom Kastilischen als diatopischer Norm und vom Spanischen des Siglo de Oro als Modell für das Gegenwartsspanische aufgegeben ist (Schmitt 1989, 1990). Mit der programmatischen Öffnung in Richtung auf eine gleichberechtigte Beschreibung des hispanoamerikanischen Sprachgebrauchs wird auch in der Grammatikographie der Akademie der Übergang von einer eher ‚eurozentristischen' zu einer ‚panhispanischen Norm' eingeleitet (Fries 1984:187).

Neue Grammatiken und Wörterbücher

Wenngleich der *Esbozo* ausdrücklich als Vorstufe für eine neue, umfangreichere Grammatik konzipiert war, ist dieses Projekt bislang nicht verwirklicht. Eine offizielle normative Grammatik gibt es derzeit für die spanische Sprachgemeinschaft nicht, denn die 1994 erschienene ***Gramática de la lengua española***, die **Emilio Alarcos Llorach** im Auftrag der RAE verfasst hat, fand nicht die mehrheitliche Zustimmung der Akademiemitglieder und hat heute allenfalls halboffiziellen Charakter (Lebsanft 1997:141). Mit der unter der Leitung von **Ignacio Bosque** und **Violeta Demonte** konzipierten dreibändigen ***Gramática descriptiva de la lengua española*** (Madrid 1999) verfügt das Spanische jetzt allerdings über eine moderne, linguistisch fundierte Referenzgrammatik. Im Bereich der Lexikographie außerhalb der Akademie ist die 1998 erschienene aktualisierte Fassung des ***Diccionario de uso del español*** von **María Moliner** zu nennen sowie das 1999 erstmals veröffentlichte, von **Manuel Seco**, **Olimpia Andrés** und **Gabino Ramos** verfasste zweibändige ***Diccionario del español actual***, das den aktuellen Sprachgebrauch in seiner ganzen Variation dokumentieren soll.

Statuten von 1993

Am Ende des 20. Jhs. sieht die Akademie als die wesentliche Aufgabe der Sprachpflege die ‚Fortschreibung', d. h. die beständige Reform der bereits existierenden Kodifikation des guten Sprachgebrauchs in Wortschatz und Grammatik an. Die neuen Statuten von 1993 bedeuten insofern eine Neuorientierung der RAE, als sie bemüht ist, sich als Institution den veränderten gesellschaftlichen Bedingungen anzupassen. Sie ist heute eher bereit, eine **plurizentrische Norm** des Spanischen anzuerkennen und von der bislang vorherrschenden Eurozentriertheit abzurücken (*s. S. 160*). So werden z. B. seit einiger Zeit die beiden wichtigsten Merkmale der guten, nichtkastilischen Aussprache, *yeísmo* und *seseo*, von der RAE als korrekt angesehen (Lebsanft 1998:264). Deutlicher als bisher betont die Akademie in den neuen Statuten die Verantwortung der Institution für die Spracheinheit:

La Real Academia Española tiene como misión principal velar porque los cambios que experimente la Lengua Española en su constante adaptación a las necesidades de sus hablantes no quiebren la esencial unidad que mantiene en todo el ámbito hispánico (zit. nach Lebsanft 1997:109).

Sprachpflegerisches Engagement

Was die grundsätzliche Frage betrifft, ob die Akademie den Sprachgebrauch lediglich dokumentieren oder ihn auch beeinflussen, d. h. eine aktive Orientierungshilfe geben soll, so ist die öffentliche Meinung in Spanien gespalten. Tatsächlich ist die Sprachpolitik der RAE wenig energisch, was wiederum bis zu einem gewissen Grad zu ihrem Selbstverständnis gehört. Sie versteht sich als Organ, das durch seine sprachbeschreibenden Werke eher Orientierung in Sprachenfragen gibt, als dirigistische Maßnahmen z. B. in Bezug auf die Anglizismen ergreift. Zum jetzigen Zeitpunkt sieht es so aus, als ob die RAE deutlicher als bislang den Kontakt zu Schulen, Massenmedien etc. sucht, um den Sprachgebrauch direkt zu beeinflussen, und sie meldet sich auch in anderen sprachpolitischen Fragen zu Wort. So griff sie z. B. 1991 mit einem Gutachten direkt in die durch die Europäische Gemeinschaft ausgelöste Debatte um die Beibehaltung des *ñ* (eñe) auf den Computertastaturen ein; 1994 ergriff sie im Zusammenhang mit der schwelenden Krise in Katalonien Partei und warnte vor einer zunehmenden Diskriminierung des Kastilischen in Katalonien (Lebsanft 1996:229).

Die *Asociación de Academias*

Die RAE ist heute eingebettet in die 1960 gegründete *Asociación de Academias de la Lengua Española*, deren Koordinierungsstelle die *Comisión Permanente* in Madrid ist. Ziel der Zusammenarbeit der Akademien ist es, alle spanischsprachigen Länder an der Festlegung der sprachlichen Norm zu beteiligen; so werden die amerikanischen Akademien vor allem in die ständige Überarbeitung des Akademiewörterbuches mit eingebunden. De facto sind die Lenkungsmöglichkeiten der Akademien und ihr Einfluss in den jeweiligen Ländern aber gering; es ist „wohl realistischer, die Chance für die Einheit der spanischen Sprache in der Alphabetisierung und damit Verbreitung der Hochsprache, in der Wirkung der Massenmedien und in den intensiven kulturellen Beziehungen zwischen den spanischsprachigen Ländern zu sehen" (Berschin u. a. 1995:123).

3 Staatliche Sprachpflege

Anders als in Frankreich, wo der Staat mit Sprachgesetzen direkt in den sprachlichen Alltag eingreift, ist bis heute vom spanischen Par-

Sprachgesetze ja oder nein?

lament kein Sprachgesetz verabschiedet worden. Sprachdirigistische Maßnahmen von Seiten des Staates sind in Spanien zwar des öfteren erörtert worden – so kam etwa Mitte der siebziger Jahre der Anstoß zu einer Debatte über ein Sprachgesetz aus Frankreich, als dort mit dem Gesetz *Bas-Lauriol* aktiv gegen die Anglizismen vorgegangen wurde –, sie wurden jedoch in Spanien nie umgesetzt. Das zentrale Anliegen der spanischen Sprachpolitik ist nicht so sehr die Verteidigung der Sprache gegen Anglizismen, als vielmehr die Regelung des Zusammenlebens der verschiedenen Sprachen in Spanien sowie die Wahrung der *unidad de la lengua* in den Ländern der Hispanophonie.

Anglizismen

Im Gegensatz zu Frankreich wird das Eindringen von Anglizismen in Spanien nicht als Katastrophe angesehen, der man mit gesetzgeberischen Maßnahmen begegnen sollte. Nach dem Erlass der *Loi Toubon* in Frankreich im Jahre 1994 unterstrich der damalige Präsident der RAE die Ansicht der Sprachakademie, dass es sich bei den Anglizismen um ein kulturelles Problem handele, dem man nicht mit sprachpolitischen Aktionen, sondern nur mit einer Reform des Bildungswesens beikommen könne (Lebsanft 1997:96–99). Während sich die Haltung Spaniens gegenüber den Anglizismen bislang durch **relative Toleranz** auszeichnete[24], sehen einige lateinamerikanische Länder das zunehmende Eindringen von Anglizismen in ihre Sprache weniger gelassen. So versuchte der argentinische Kulturminister im Jahre 1994 vergeblich, nach dem Vorbild Frankreichs ein Sprachgesetz zu erlassen, das fremdsprachige Termini, die eine Entsprechung im Spanischen haben, verbietet.

Instituto Cervantes

Mit dem 1991 gegründeten Instituto Cervantes (IC), der bekanntesten staatlichen Institution mit sprachpolitischem Auftrag, versucht der spanische Staat, der immer wichtiger werdenden Rolle des Spanischen in der Welt Rechnung zu tragen. Aufgabe der 35 Filialen des IC ist die Verbreitung der spanischen Sprache und hispanischen Kultur im Ausland, darüber hinaus veröffentlicht das IC regelmäßig Bestandsaufnahmen der Situation des Spanischen in der Welt und bietet über das Internet (Centro Virtual Cervantes) gezielten Fremdsprachenunterricht und Sprachberatung an (vgl. Tamarón 1995)[25].

---

24 *De facto* ist die Zahl der Anglizismen im Spanischen eher niedrig (Braselmann/Hinger 1999:291). Während Anglizismen in Frankreich in der Regel durch einen französischen Neologismus ersetzt werden, tendiert das Spanische zur Assimilation des Fremdworts. Vgl. Pratt (1980) und Rodríguez González/Lillo Buades (1997).

25 Mit dem Centro Virtual Cervantes (http://www.cvc.cervantes.es) sowie der zunehmenden Nutzung des Internets durch die Akademie (http://www.rae.es) zeichnet sich gegenwärtig eine neue Epoche der spanischen Sprachpflege ab, in der der öffentliche, auch virtuelle Diskurs über Sprache eine entscheidende Rolle spielt (vgl. Anuario Cervantes 2000).

Trotz der relativen Liberalität Spaniens in Sprachenfragen gibt es auch hier bestimmte Formen z. T. staatlich beeinflusster Sprachpflege. Zum einen sind eine Reihe offizieller Verordnungen zu nennen, die etwa den Erhalt des *ñ* auf Computer-Tastaturen betreffen, zum anderen gibt es staatlich gelenkte Institutionen, die auf verschiedene Weise sprachpolitisch aktiv werden, wie z. B. die öffentlich-rechtliche spanische Fernseh- und Radiogesellschaft (RTVE) oder das dem Ministerio de Asuntos Sociales zugeordnete Instituto de la Mujer, das 1989 eine Broschüre *Propuestas para evitar el sexismo en el lenguaje* veröffentlichte, in der die Gleichstellung der Frau auch auf sprachlicher Ebene gefordert wird. Von besonderer Aktualität ist derzeit der Ausbau der Fachsprachen (vgl. Lebsanft 2001).

Öffentliche und halböffentliche Institutionen

4 Die Medien

Als weitere Instanz neben staatlichen Institutionen und der RAE spielen die Medien im heutigen Spanien eine nicht zu unterschätzende Rolle bei der Sprachpflege. Sowohl die audiovisuellen als auch die Printmedien werden als „los nuevos creadores de la norma lingüística" (Salvador 1990:119) angesehen, die darüber hinaus einen wichtigen Beitrag zum Zusammenhalt der spanischsprachigen Welt leisten. Selbst der ehemalige Direktor der RAE, Fernando Lázaro Carreter, betonte 1998, dass die Verantwortung für die Sprachpflege heute in erster Linie in den Händen der Journalisten liege. Bei der Festlegung des Sprachgebrauchs orientieren sich zwar sowohl die Nachrichtenagenturen als auch die Zeitungen an der RAE, da aber der Abstand zwischen dem aktuellen Sprachgebrauch und den kodifizierenden Werken der Akademie oft als zu groß erachtet wird, werden die Normen der Akademie teilweise aktualisiert und so bestimmte Entwicklungen in der Sprache relativ schnell dokumentiert.[26]

Nachrichtenagenturen und Presse

Die wichtigsten sprachpflegerischen Instrumente der Medien sind die von den einzelnen Presseorganen und Agenturen herausgegebenen *Libros de Estilo*, die nach dem Vorbild der im angloamerikanischen Raum weit verbreiteten *style-books* konzipiert und auf die speziellen Arbeitsbedingungen von Journalisten abgestimmt sind. Es handelt sich hier um **Kodifizierungen des massenmedialen Sprachgebrauchs**, die zunächst nur für Journalisten der jeweiligen Unternehmen gedacht waren, mittlerweile aber auch ein breiteres Publikum erreicht haben. Die einflussreichsten Stilbücher sind das *Manual del Español*

Die *Libros de Estilo*

[26] Im Zusammenhang mit den sprachnormativen Aktivitäten insbesondere der Zeitung *El País* stehen auch die sprachkritischen Werke von F. Lázaro Carreter (1997) und A. Grijelmo (1998, 2000), die von einer breiten Öffentlichkeit rezipiert wurden.

Urgente der halbstaatlichen spanischsprachigen Nachrichtenagentur Agencia Efe, der beiderseits des Atlantiks eine besondere Rolle im Zusammenhang mit dem öffentlichen Sprachgebrauch zukommt, sowie die *Libros de estilo* der beiden wichtigsten überregionalen Tageszeitungen *El País* und *ABC* (vgl. Lebsanft 1997:275 ff.). Aufbau und Konzeption der verschiedenen *Libros de Estilo* sind ähnlich: Zunächst enthalten die Stilbücher einige Bestimmungen zu Orthographie und Grammatik, die z. T. völlig eigenständig und oftmals von der RAE nicht offiziell bestätigt sind; im Hauptteil, der dem Wortschatz gewidmet ist, finden Journalisten Informationen über die Verwendung von Fremdwörtern oder von der RAE noch nicht sanktionierten Neologismen. Dabei herrscht Konsens, dass direkte Entlehnungen aus dem Englischen nach Möglichkeit vermieden werden sollen. Die jüngste Diskussion dreht sich um das Problem der Harmonisierung der von den verschiedenen Instanzen herausgegebenen *Libros de Estilo* im Sinne eines einheitlichen Sprachgebrauchs in den Massenmedien der Hispanophonie, zumal die „überdachende" Kodifikation durch die RAE nur langsam vorankommt (Lebsanft 1997:232–262).

Literatur

Fernández Beaumont (1987); Lebsanft (1990, 1991, 1997:189–262); García Domínguez/Gómez Font [Hrsg.] (1990); Hernández (1992).

4 Die Hispanophonie

1 Hispanophonie und Frankophonie

Sprecherzahlen

Analog zu dem Begriff *Frankophonie* gewinnt heute der Terminus *Hispanophonie* an Bedeutung, der stärker als der Begriff *hispanidad* die sprachliche Zusammengehörigkeit zum Ausdruck bringt. Die Hispanophonie umfasste im Jahre 2000 ca. 435 Millionen Sprecher[27], die Frankophonie dagegen zählte 108 Millionen Sprecher (Frémy/Frémy 1999:912). Spanisch ist Amts- bzw. Nationalsprache in Spanien (knapp 40 Mio.) und 19 amerikanischen Staaten; das Land mit der größten Zahl an Spanischsprechern ist Mexiko (ca. 93 Mio.). In den USA wird die Zahl der Hispanophonen auf mittlerweile ca. 35 Mio. geschätzt. Im Gegensatz zur Frankophonie ist der identitäre Freiraum bei den Nationen der Hispanophonie größer, was u. a. auf die unterschiedliche Hispanisierungspolitik in den spanischen Kolonien im 16. und 17. Jh., den im Vergleich zu Frankreich wenig vehementen Sprachpurismus sowie auf die verhältnismäßig tolerante Beziehung zwischen Spanien und den hispanoamerikanischen Ländern in sprachlichen Fragen zurückzuführen ist (Ludwig 1995).

[27] Andere Schätzungen gehen nur von 332 Mio. Sprechern aus (Anuario Cervantes 1999).

2 *Norma hispánica* und *norma castellana*

Relative Einheitlichkeit

Historisch gesehen ist das hispanoamerikanische Spanisch, das trotz des riesigen Verbreitungsgebietes zumindest im Bereich der *habla culta* eine relative Einheitlichkeit bewahren konnte, ein Kolonialdialekt des Spanischen, der auf den in Südspanien gesprochenen Varietäten basiert. Die Unterschiede zwischen dem *español atlántico* (s. S. 187 f.) und der kastilischen Norm erklären sich also zum einen dadurch, dass das Spanische in Amerika aus regional markierten Sprachformen des europäischen Spanisch hervorging, zum anderen dadurch, dass das hispanoamerikanische Spanisch in der Zeit nach der Conquista teilweise von den Entwicklungen des europäischen Spanisch abgekoppelt war (Berschin u. a. 1995:103). Hauptmarksteine bei der Abgrenzung zwischen der *norma castellana* und der *norma hispánica* waren und sind Aussprache und Lexik; die durchaus vorhandenen Unterschiede im Bereich der Morphosyntax werden in diesem Kontext weniger häufig angeführt, zumal es hier nur wenige wirklich eigenständige Entwicklungen gibt (Lope Blanch 1995).

Lautung

Was die Lautung anbelangt, so gilt in Hispanoamerika allgemein der *seseo*; der *yeísmo* ist weit verbreitet, in Teilen des andinen Hochlandes und in Paraguay bleibt die Opposition zwischen /λ/ und /j/ allerdings erhalten. Die phonetische Realisierung des Phonems /j/ als /ʒ/ (*žeísmo*). gilt als charakteristisch für das La-Plata-Gebiet. Silbenschließendes -s wird in nahezu ganz Lateinamerika abgeschwächt und kann, wie z. B. im karibischen Raum, fast völlig schwinden (Lapesa 1981: 535–602; s. S. 113).

Morphosyntax

Die wichtigste grammatische Erscheinung innerhalb des hispanoamerikanischen Spanisch ist der *voseo* (Ersatz des Pronomens der 2. Pers. Singular *tú* durch *vos*) sowie der sog. *tratamiento unificado*, d. h. die in Lateinamerika generalisierte Aufgabe der im europäischen Standard funktionierenden Opposition zwischen *vosotros cantáis* und *ustedes cantan* zugunsten von *ustedes cantan* ‚ihr singt, Sie singen'. Durch den *voseo* und den Verlust von *vosotros* ist es in ganz Lateinamerika zu zahlreichen Veränderungen im Bereich der Morphosyntax, vor allem des Verbs gekommen. Weitere Charakteristika sind der in Hispanoamerika weit verbreitete Gebrauch der etymologisch richtigen Form *lo* als direktes Objektpronomen im Maskulinum Singular sowie die im Vergleich zur kastilischen Norm unterschiedliche Verwendung der Vergangenheitstempora (*indefinido*-Präferenz im hispanoamerikanischen Spanisch). Nahezu alle der als typisch lateinamerikanisch geltenden Erscheinungen in Lautung und Grammatik haben Entsprechungen im europäischen Spanisch; während sie in Lateinamerika jedoch als normgerecht gelten und zum (regionalen) Standard gehören, werden sie in Spanien als diatopisch stark bzw. diastratisch niedrig markierte Erscheinungen eingestuft, d. h. das Varietätengefüge Spaniens und das der einzelnen hispanoamerikanischen Länder bieten ein unterschiedliches Bild. „Für bestimmte lautliche, morphosyntaktische und lexikalische Erscheinungen kann für Lateinamerika der spanische Standard nicht postuliert werden" (Koch/Oesterreicher 1990:205; vgl. auch 209 ff.).

Wortschatz

Im Bereich des Wortschatzes und der Phraseologie gibt es nicht nur erhebliche Divergenzen zwischen Hispanoamerika und Spanien, sondern auch zwischen den einzelnen lateinamerikanischen Ländern, was zum einen darauf zurückzuführen ist, dass das hispanoamerikanische Spanisch älteres und dialektales Wortgut bewahrt und zahlreiche Indigenismen integriert hat, zum anderen darauf, dass es in den verschiedenen Ländern Lateinamerikas zu spezifischen Innovationen in formaler und semantischer Hinsicht gekommen ist.

3 Plurizentrische Sprachkultur

Divergenz und Konvergenz

In Lateinamerika gab es nach der Erlangung der politischen Unabhängigkeit im 19 Jh. eine z.T. heftige Auseinandersetzung um ein eigenständiges Spanisch als Symbol einer von Spanien unabhängigen Kultur. „War das Spanische der Kolonialzeit für seine Sprecher noch unbestritten ein monozentristisches System, so veränderte die Entkolonisierung den Vorstellungskomplex von der Sprache nachhaltig" (Eberenz 1995:48). Nach dieser durch die Suche nach kultureller und sprachlicher Identität gekennzeichneten Epoche der „Divergenz" beginnt mit dem 20. Jh. eine Periode der „Konvergenz", in der – den veränderten Prämissen entsprechend – die Bemühungen um Bewahrung der Spracheinheit wieder an Bedeutung gewinnen (Guitarte 1991). Auch heute noch ist die Diskussion über Sprache in Hispanoamerika gekennzeichnet durch ein starkes Bewusstsein für länderspezifische Verschiedenheiten und die Ablehnung der spanienzentrierten Sichtweise, allerdings wird in der hispanophonen Welt das Ideal eines gemeinsamen Sprach- und Kulturraums von keiner Seite mehr wirklich in Frage gestellt. Gegenwärtig zielen die Bestrebungen der hispanophonen Länder auf einen einheitlichen Wirtschafts- und damit auch Kommunikationsraum ab, was sich in sprachlicher Hinsicht in ernst zu nehmenden Bemühungen um eine **plurizentrische Norm** niederschlägt (Gauger 1992; Lebsanft 1998, 2000b). Dabei schließen sich die Erfassung der jeweiligen nationalen Standards und das Bemühen um eine panhispanische Norm offenbar nicht aus. **Regionale Standards** werden nicht mehr als Gefahr für die Universalität des Spanischen und damit für die Verständigung zwischen den gebildeten Sprechern diesseits und jenseits des Atlantiks betrachtet (Lara 2000; Oesterreicher 2000). Als Bindeglied der Hispanophonie fungiert die ***habla culta***, der gehobene Standard, in den nicht alle

Sonderentwicklungen der verschiedenen Formen des Regionalspanischen (insbesondere im Substandard ist es zu erheblichen Eigenentwicklungen in den einzelnen hispanophonen Ländern gekommen) eingegangen sind. Die *habla culta,* die durch ein weitgespanntes Forschungsprojekt in den wichtigsten spanischsprachigen Hauptstädten der Welt erfasst wird (Lope Blanch 1986), trägt zum einen zur Aufrechterhaltung eines weltweiten spanischen Kommunikationsraumes bei, zum anderen ermöglicht sie es den einzelnen hispanophonen Ländern, sich im Sinne der Identitätsbildung bis zu einem gewissen Grad sprachlich voneinander abzugrenzen, ohne dass die *unidad de la lengua* dadurch gefährdet wird.

Bibliographie

AGENCIA EFE (1995): *Manual del Español Urgente*. Madrid: Cátedra.

ALBRECHT, Sabine (1992): *Die Standardnorm des Galicischen*. Bonn: Romanistischer Verlag.

ALONSO, Amado ([5]1979): *Castellano, español, idioma nacional*. Buenos Aires: Losada.

ALONSO, Amado ([2]1967–1969): *De la pronunciación medieval a la moderna en español*. 2 Bde., Madrid: Gredos.

ALONSO GONZÁLEZ, A./CASTRO RAMOS, L./GUTIÉRREZ RODILLA, B./PASCUAL RODRÍGUEZ, J. A. [Hrsg.] (1996): *Actas del III Congreso Internacional de Historia de la Lengua Española, Salamanca 1993*. 2 Bde., Madrid: Arco Libros.

ALVAR, Carlos/BELTRÁN, Vicente [Hrsg.] (1985): *Antología de la poesía gallego-portuguesa*. Madrid: Alhambra.

ALVAR EZQUERRA, Manuel (1983): *Lexicología y lexicografía. Guía bibliográfica*, Salamanca: Almar.

ALVAR EZQUERRA, Manuel (1992): „Spanisch: Lexikographie", in: Holtus/Metzeltin/Schmitt [Hrsg.] (1988 ff.), Bd. VI, 1: 636–651.

ANDERSON, James M. (1988): *Ancient languages of the Hispanic Peninsula*. Lanham: Univ. Press of America.

ANRW = Aufstieg und Niedergang der römischen Welt. Geschichte und Kultur Roms im Spiegel der neueren Forschung. Berlin/New York: de Gruyter.

ANUARIO CERVANTES 1999 = *Anuario del Instituto Cervantes 1999*. Madrid: Instituto Cervantes.

ANUARIO CERVANTES 2000 = *Anuario del Instituto Cervantes 2000, El Español en el Mundo*. Madrid: Instituto Cervantes.

ARIZTONDO AKARREGI, Josune (2000): „La política lingüística en la Comunidad Autónoma Vasca", in: Bossong/Báez de Aguilar González [Hrsg.] 2000: 69–80.

BAHNER, Werner (1956): *Beitrag zum Sprachbewußtsein in der spanischen Literatur des 16. und 17. Jhs.* Berlin: Rütten & Loening.

BALDINGER, Kurt ([2]1972): *La formación de los dominios lingüísticos en la península ibérica*. Madrid: Gredos.

BANNIARD, Michel (1992): *VIVA VOCE. Communication écrite et communication orale du IVe au IXe siècle en Occident latin*. Paris: Editions BREPOLS.

BANNIARD, Michel (1993a): *Europa. Von der Spätantike bis zum frühen Mittelalter*. München/Leipzig: List.

BANNIARD, Michel (1993b): „Latin tardif et français prélittéraire: observations de méthode et de chronologie", in: *Bulletin de la Société Linguistique de Paris* 88: 139–162.

BAUSKE, Bernd (1995): *Sprachplanung des Asturianischen. Die Normierung und Normalisierung einer romanischen Kleinsprache im Spannungsfeld von Linguistik, Literatur und Politik*. Berlin: Dr. Köster.

BELLO, Andrés (1847): *Gramática de la lengua castellana destinada al uso de los americanos*. Santiago de Chile: Imprenta del Progreso [*Gramática de la lengua castellana*. Con las notas de R. J. Cuervo, estudio y edición de Ramón Trujillo, 2 Bde., Madrid: Arco Libros 1988].

BERKENBUSCH, Gabriele [Hrsg.] (1990): *Klassiker der spanischen Sprachwissenschaft. Eine Einführung in die Sprachwissenschaft des 16. und 17. Jahrhunderts*. Bonn: Romanistischer Verlag.

BERNECKER, Walther L./DIRSCHERL, Klaus (1998): *Spanien heute. Politik, Wirtschaft, Kultur*. Darmstadt: WBG.

BERNECKER, Walther L./PIETSCHMANN, Horst ([2]1997): *Geschichte Spaniens*. Stuttgart: Kohlhammer.

BERSCHIN, Helmut/BERSCHIN, Walter (1987): „Mittellatein und Romanisch", in: *Zeitschrift für romanische Philologie* 103:1–19.

BERSCHIN, Helmut/FERNÁNDEZ-SEVILLA, Julio/FELIXBERGER, Josef ([2]1995): *Die spanische Sprache. Verbreitung, Geschichte, Struktur*. Ismaning: Hueber.

BLEIBERG, Germán/MARÍAS, Julián ([4]1972): *Diccionario de literatura española*. Madrid: Revista de Occidente.

BOCHMANN, Klaus u. a. [Hrsg.] (1993): *Sprachpolitik in der Romania. Zur Geschichte sprachpolitischen Denkens und Handelns von der Französischen Revolution bis zur Gegenwart*. Berlin/New York: de Gruyter.

BOSQUE, Ignacio/DEMONTE, Violeta (1999): *Gramática descriptiva de la lengua española*. 3 Bde., Madrid: Espasa Calpe.

BOSSONG, Georg (1979): *Probleme der Übersetzung wissenschaftlicher Werke aus dem Ara-*

bischen in das Altspanische zur Zeit Alfons des Weisen. Tübingen: Niemeyer.

Bossong, Georg (1982): „Las traducciones alfonsíes y el desarrollo de la prosa científica española", in: Hempel, Wido/Briesemeister, Dietrich [Hrsg.]: *Actas del Coloquio hispano-alemán Ramón Menéndez Pidal*. Tübingen: Niemeyer, 1–14.

Bossong, Georg (1990): *Sprachwissenschaft und Sprachphilosophie in der Romania*. Tübingen: Narr.

Bossong, Georg (1991): „Differential Object Marking in Romance and Beyond", in: Wanner, Dieter/Kibbee, Douglas A. [Hrsg.]: *New Analyses in Romance Linguistics*. Amsterdam/Philadelphia: Benjamins, 143–170.

Bossong, Georg/Báez de Aguilar González, Francisco [Hrsg.] (2000): *Identidades lingüísticas en la España autonómica*. Frankfurt a. M.: Vervuert/Madrid: Iberoamericana.

Braselmann, Petra (1991): *Humanistische Grammatik und Volkssprache. Zur ‚Gramática de la lengua castellana' von Antonio de Nebrija*. Düsseldorf: Droste.

Braselmann, Petra/Hinger, Barbara (1999): „Sprach(en)politik und Sprachpflege in Spanien", in: Ohnheiser, Ingeborg u. a. [Hrsg.]: *Sprachen in Europa. Sprachsituation und Sprachpolitik in europäischen Ländern*. Innsbruck: Institut für Sprachwissenschaft der Universität Innsbruck, 281–296.

Brumme, Jenny (1992): „Spanisch: Sprachbewertung/Lingüística y valoración", in: Holtus/Metzeltin/Schmitt [Hrsg.] (1988 ff.), Bd. VI, 1: 379–396.

Brumme, Jenny (1993a): „Die *unidad de la lengua* als Ersatz für den Verlust der spanischen Kolonien", in: Bochmann u. a. [Hrsg.]: 341–382.

Brumme, Jenny (1993b): „Sprachpolitik der spanischen Falange", in: Bochmann u. a. [Hrsg.]: 382–407.

Brumme, Jenny (1994): „Nationalsprache und Regionalsprachen in Spanien. Ein Problemaufriß von heute auch für morgen", in: Lüsebrink, Hans-Jürgen [Hrsg.]: *Nationalismus im Mittelmeerraum,* Passau: Passavia Universitätsverlag, 74–99 (= Passauer Mittelmeerstudien 4).

Brumme, Jenny (1997): *Spanische Sprache im 19. Jahrhundert. Sprachliches Wissen, Norm und Sprachveränderungen*. Münster: Nodus.

Bruyne, Jacques de (1993): *Spanische Grammatik*, übersetzt von Dirko-J. Gütschow. Tübingen: Niemeyer.

Bußmann, Hadumod ([2]1990): *Lexikon der Sprachwissenschaft*. Stuttgart: Kröner.

Calepino, Giacomo (1502): *Dictionarium*. Reggio nell'Emilia.

Callebat, Louis [Hrsg.] (1995): *Latin vulgaire – latin tardif IV. Actes du 4e colloque international sur le latin vulgaire et tardif. Caen, 2–5 septembre 1994*. Tübingen: Niemeyer.

Cano Aguilar, Rafael (1989): „La construcción del idioma en Alfonso X El Sabio", in: *Philologia Hispalensis* IV/2, Facultad de Filología, Universidad de Sevilla, 463–473.

Cano Aguilar, Rafael ([2]1992): *El español a través de los tiempos*. Madrid: Arco Libros.

Catalán, Diego (1958): „Génesis del español atlántico. Ondas varias a través del Océano", in: *Revista de Historia Canaria* 24: 233–242.

Corominas Joan/Pascual, José A. (1980–91): *Diccionario crítico etimológico castellano e hispánico*. 6 Bde. Madrid: Gredos.

Corominas, Joan ([3]1973): *Breve diccionario etimológico de la lengua castellana*. Madrid: Gredos.

Corriente, Federico (1992): *Árabe andalusí y lenguas romances*. Madrid: Mapfre.

Corriente, Federico (1999): *Diccionario de arabismos y voces afines en Iberorromance*. Madrid: Gredos.

Coseriu, Eugenio (1974): *Synchronie, Diachronie und Geschichte. Das Problem des Sprachwandels*. München: Fink.

Coseriu, Eugenio (1978a): „Das sogenannte ‚Vulgärlatein' und die ersten Differenzierungen in der Romania", in: Kontzi [Hrsg.]: 257–291.

Coseriu, Eugenio (1978b): „Das Problem des griechischen Einflusses auf das Vulgärlatein", in: Kontzi [Hrsg.]: 448–460.

Coseriu, Eugenio ([3]1979): „System, Norm und Rede", in: ders., *Sprache – Strukturen und Funktionen*. Tübingen: Narr, 45–59.

Coseriu, Eugenio (1988): „‚Historische Sprache' und ‚Dialekt'", in: Albrecht, Jörn / Lüdtke, Jens / Thun, Harald [Hrsg.]: *Energeia und Ergon. Studia in honorem E. Coseriu*. Bd. I:54–61.

Covarrubias y Orozco, Sebastián de (1611/1977): *Tesoro de la lengua castellana o española*. Ed. facsimilada. Madrid: Ed. Turner.

Cuervo, Rufino José (1867–1872): *Apuntaciones*

críticas sobre el lenguaje bogotano con frecuente referencia al de los países de Hispano-América. Bogotá: Instituto Caro y Cuervo (91955).

CURCHIN, Leonard A. (1991): *Roman Spain. Conquest and Assimilation*. London/New York: Routledge.

DEYERMOND, Alan (1980): *Edad Media*. Bd. I von: Rico, Francisco [Hrsg.]: *Historia y crítica de la literatura española*. Barcelona: Editorial Crítica.

DIETRICH, Wolf (1996): „Gemeinromanische Tendenzen III: Verbalperiphrasen", in: Holtus/Metzeltin/Schmitt [Hrsg.] (1988 ff.), Bd. II,1: 273–309.

DIETRICH, Wolf (1998): „Griechisch und Romanisch", in: Holtus/Metzeltin/Schmitt [Hrsg.] (1988 ff.), Bd. VII: 121–134.

DIETRICH, Wolf/GECKELER, Horst (32000): *Einführung in die spanische Sprachwissenschaft. Ein Lehr- und Arbeitsbuch*. Berlin: Erich Schmidt Verlag.

DURANTE, Marcello (1981): *Dall latino all'italiano moderno*, Bologna: Zanichelli.

EBERENZ, Rolf (1983): *„Sea como fuere*. Zur Geschichte des spanischen Konjunktiv Futur", in: *Vox Romanica* 42: 181–201.

EBERENZ, Rolf (1989): „Conciencia lingüística y prenacionalismo en los reinos de la España medieval", in: Strosetzki/Tietz [Hrsg.]: 201–210.

EBERENZ, Rolf (1991): „Castellano antiguo y español moderno: reflexiones sobre la periodización en la historia de la lengua", in: *Revista de Filología Española* 81: 79–106.

EBERENZ, Rolf (1992): „Sprache und Gesetzgebung/Lengua y legislación", in: Holtus/Metzeltin/Schmitt [Hrsg.] (1988ff.), Bd. VI,1: 368–378.

EBERENZ, Rolf (1995): „Norm und regionale Standards des Spanischen in Europa und Amerika", in: Müller, Oskar [Hrsg.]: *Sprachnormen und Sprachnormwandel in gegenwärtigen europäischen Sprachen, Rostock*, 47–58.

ECHENIQUE ELIZONDO, María Teresa (21987): *Historia lingüística vasco-romana*. Madrid: Paraninfo.

ECHENIQUE ELIZONDO, María Teresa (1995): „Kastilische Koiné/La koiné castellana", in: Holtus/Metzeltin/Schmitt [Hrsg.] (1988 ff.), Bd. II,2: 527–536.

ESPARZA TORRES, Miguel Ángel (1995): *Las ideas lingüísticas de Antonio de Nebrija*. Münster: Nodus.

FERGUSON, Charles (1959): „Diglossia", in: *Word* 15: 325–340.

FERNÁNDEZ BEAUMONT, José (1987): *El lenguaje del periodismo moderno. Estilo en la prensa de prestigio*. Madrid: SGALK.

FERNÁNDEZ RODRÍGUEZ, Mauro (2000): „Entre castellano y portugués: La identidad lingüística del gallego", in: Bossong/Báez de Aguilar González [Hrsg.]: 81–105.

FLEISCHMAN, Suzanne (1982): *The Future in Thought and Language. Diachronic Evidence from Romance*. Cambridge: CUP.

FONTANELLA DE WEINBERG, M.ª Beatriz (1992): *El español de América*. Madrid: Mapfre.

FRÉMY, Dominique/FRÉMY, Michèle (1999): *Quid 2000*. Paris: Ed. Robert Laffont.

FRIES, Dagmar (1984): *Sprachpflege in der Real Academia Española*. Diss. Aachen.

GALMÉS DE FUENTES, Alvaro (1983): *Dialectología mozárabe*. Madrid: Gredos.

GALMÉS DE FUENTES, Alvaro (1995): „Mozarabische Varietäten/Las variedades mozárabes", in: Holtus/Metzeltin/Schmitt [Hrsg.] (1988ff.), Bd. II,2: 720–735.

GALSTERER, Hartmut/UNTERMANN, Jürgen (1998): „Einleitung", in: *Die Iberer*, 21–34.

GARCÍA, Erica C. (1993): „Syntactic diffusion and the irreversibility of linguistic change: personal *a* in Old Spanish", in: Schmidt-Radefeldt, Jürgen/Harder, Andreas [Hrsg.]: *Sprachwandel und Sprachgeschichte. Festschrift für Helmut Lüdtke zum 65. Geburtstag*. Tübingen: Narr, 33–50.

GARCÍA DOMÍNGUEZ, Pedro /GÓMEZ FONT, Alberto [Hrsg.] (1990): *El idioma español en las agencias de prensa*. Madrid: Fundación Germán Sánchez Ruipérez.

GARCÍA GÓMEZ, Emilio (1990): *Las jarchas romances de la serie árabe en su marco*. Madrid: Alianza.

GARCÍA Y BELLIDO, Antonio (1972): „Die Latinisierung Hispaniens", in: *ANRW* I: Temporini, Hildegard [Hrsg.]: *Von den Anfängen Roms bis zum Ausgang der Republik*, 1. Bd.: 462–491.

GARCÍA YEBRA, Valentín (1998): „Defensa y cultivo de la lengua en la Real Academia Española", in: Greule, Albrecht/Lebsanft, Franz [Hrsg.]: *Europäische Sprachkultur und Sprachpflege*. Tübingen: Narr, 245–253.

GAUGER, Hans-Martin (1967): „Bernardo

Aldrete (1565–1648). Ein Beitrag zur Vorgeschichte der romanischen Sprachwissenschaft", *Romanistisches Jahrbuch* 18: 207–248.

GAUGER, Hans-Martin (1992): „Sprachbewußtsein im spanischen Lateinamerika", in: Reinhard, Wolfgang/Waldmann, Peter [Hrsg.]: *Nord und Süd in Amerika. Gegensätze – Gemeinsamkeiten – Europäischer Hintergrund.* Freiburg: Rombach, Bd. 1: 506–520.

GECKELER, Horst (1989): „‚Alter Wein in neue Schläuche'. Überlegungen zur Nützlichkeit verworfener traditioneller Kategorien für die typologische Beschreibung romanischer Sprachen", in: Raible [Hrsg.]: 163–190.

GECKELER, Horst/DIETRICH, Wolf (²1995): *Einführung in die französische Sprachwissenschaft.* Berlin: Erich Schmidt Verlag.

GENERALITAT DE CATALUNYA (2000): *Informe sobre política lingüística. Any 1999.* Barcelona.

GERGEN, Thomas (2000): *Sprachgesetzgebung in Katalonien. Die Debatte um die „Llei de política lingüística" vom 7. Januar 1998,* Tübingen: Niemeyer.

GIER, Albert (1988): „Reflexiones preliminares sobre unos centros de la literatura hispánica en la Edad Media", in: Beltrán, V. [Hrsg.]: *Actas del I Congreso de la asociación hispánica de literatura medieval (Santiago de Compostela 1985).* Barcelona: 87–99.

GIER, Albert (1991): „12.–14. Jahrhundert: Lyrik, Epik, Roman und Drama", in: Strosetzki [Hrsg.]: 1–26.

GONZÁLEZ OLLÉ, Fernando (1980): *Lengua y literatura españolas medievales. Textos y glosario,* Barcelona: Ariel.

GORROCHATEGUI, Joaquín (1995): „The Basque Language and Its Neighbours in Antiquity", in: Hualde u. a. [Hrsg.]: 31–64.

GRIJELMO, Álex (1998): *Defensa apasionada del idioma español.* Madrid: Taurus.

GRIJELMO, Álex (2000): *La seducción de las palabras.* Madrid: Taurus.

GUITARTE, Guillermo L. (1991): „Del español de España al español de veinte naciones: La integración de América al concepto de lengua española", in: Hernández, César u. a. [Hrsg.]: *El Español de América. Actas del III Congreso Internacional de El Español de América, Valladolid 3 a 9 de julio 1989.* Valladolid: Junta de Castilla y León, 65–86.

GUMBRECHT, Hans Ulrich / LINK-HEER, Ursula / SPANGENBERG, Peter-Michael (1987): *Grundriß der romanischen Literaturen des Mittelalters.* Bd. XI/I: *La littérature historiographique des origines à 1500.* Heidelberg: Winter.

HAENSCH, Günther (1990): „Spanische Lexikographie", in: Hausmann, Franz Josef u. a. [Hrsg.]: *Wörterbücher. Dictionaries. Dictionnaires. Ein internationales Handbuch der Lexikographie.* 3 Bde., Berlin/New York: de Gruyter, Bd. 2: 1738–1767.

HARRISON, Richard J. (1988): *Spain at the Dawn of History. Iberians, Phoenicians and Greeks.* London: Thames and Hudson.

HEGER, Klaus (1960): *Die bisher veröffentlichten Harǧas und ihre Deutungen.* Tübingen: Niemeyer.

HEGYI, Otmar (1995): „Die Sprache der Aljamiadoliteratur und der Moriscos", in: Holtus/Metzeltin/Schmitt [Hrsg.] (1988 ff.), Bd. II, 2: 736–753.

HEINE, Hartmut (1984): *Geschichte Spaniens in der frühen Neuzeit. 1400–1800.* München: Beck.

HERMAN, József (³1975): *Le latin vulgaire.* Paris: PUF.

HERMAN, József (1990): „La différenciation territoriale du latin et la formation des langues romanes", in: ders., *Du latin aux langues romanes.* Tübingen: Niemeyer: 62–92.

HERMAN, József (1993): „La fragmentation linguistique de la Romania: Conclusion", in: Hilty [Hrsg.], Bd. 2: 694–698.

HERMAN, József (1995): „Les ardoises wisigothiques et le problème de la différenciation territoriale du latin", in: Callebat [Hrsg.]: 63–76.

HERMAN, József (1996a): „Varietäten des Lateins/Les variétés du latin", in: Holtus/Metzeltin/Schmitt [Hrsg.] (1988 ff.), Bd. II, 1: 44–61.

HERMAN, József (1996b): „The End of the History of Latin", in: *Romance Philology* 49: 364–382.

HERNÁNDEZ, César (1992): „Spanisch: Sprachnormierung und Standardsprache", in: Holtus/Metzeltin/Schmitt [Hrsg.] (1988 ff.), Bd. VI, 1: 354–368.

HILTY, Gerold (1981): „La lengua del ‚Auto de los Reyes Magos'", in: *Logos Semantikos. Studia linguistica in honorem Eugenio Coseriu,* Bd. V, Madrid/Berlin/New York: de Gruyter, 289–302.

HILTY, Gerold [Hrsg.] (1993): *Actes du XXᵉ*

Congrès International de Linguistique et Philologie Romanes. Université de Zurich (6–11 avril 1992). Tübingen/Basel: Francke.
HILTY, Gerold (1996): „La base dialectal de las *Glosas Emilianenses*“, in: Kremer, Dieter/Monjour, Alf [Hrsg.]: *Studia ex hilaritate. Mélanges de linguistique et d'onomastique sardes et romanes offerts à M. Heinz Jürgen Wolf*, = *Travaux de Linguistique et de Philologie* XXXIII–XXXIV (1995–1996): 151–162.
HOLTUS, Günter/METZELTIN, Michael/SCHMITT, Christian [Hrsg.] (1988ff.): *Lexikon der Romanistischen Linguistik (LRL)*. Tübingen: Niemeyer.
HUALDE, José I./LAKARRA, Joseba A./TRASK, R. L. [Hrsg.] (1995): *Towards a History of the Basque Language*. Amsterdam: Benjamins.
Die Iberer (1998). Bonn: Kunst- und Ausstellungshalle der Bundesrepublik Deutschland, 15. 5.–23. 8. 1998.
INEICHEN, Gustav (1997): *Arabisch-orientalische Sprachkontakte in der Romania*. Tübingen: Niemeyer.
JAYYUSI, Salma Khadra [Hrsg.] (1994): *The Legacy of Muslim Spain*. 2 Bde., Leiden/New York/Köln: Brill.
KABATEK, Johannes (1996): *Die Sprecher als Linguisten. Interferenz- und Sprachwandelprobleme dargestellt am Galicischen der Gegenwart*. Tübingen: Niemeyer.
KENISTON, Hayward (1937): *The Syntax of Castilian Prose: The Sixteenth Century*. Chicago: University of Chicago Press.
KIESLER, Reinhard (1994): *Kleines vergleichendes Wörterbuch der Arabismen im Iberoromanischen und Italienischen*. Tübingen: Francke.
KOCH, Peter (1993): „Pour une typologie conceptionnelle et médiale des plus anciens documents/monuments des langues romanes“, in: Selig [Hrsg.]: 39–81.
KOCH, Peter/OESTERREICHER, Wulf (1990): *Gesprochene Sprache in der Romania: Französisch, Italienisch, Spanisch*. Tübingen: Niemeyer.
KONTZI, Reinhold [Hrsg.] (1978): *Zur Entstehung der romanischen Sprachen*. Darmstadt: Wiss. Buchgesellschaft.
KONTZI, Reinhold [Hrsg.] (1982): *Substrate und Superstrate in den romanischen Sprachen*. Darmstadt: Wiss. Buchgesellschaft.
KONTZI, Reinhold (1982): „Das Zusammentreffen der arabischen Welt mit der romanischen und seine sprachlichen Folgen“, in: Kontzi [Hrsg.]: 387–450.
KONTZI, Reinhold (1998): „Arabisch und Romanisch“, in: Holtus/Metzeltin/Schmitt [Hrsg.] (1988ff.), Bd. VII: 328–347.
KREFELD, Thomas (1988): „Italienisch: Periodisierung“, in: Holtus/Metzeltin/Schmitt [Hrsg.] (1988 ff.), Bd. IV: 748–762.
KREFELD, Thomas (1995): „Un cas de mystification phonologique: la corrélation de quantité en latin classique – et sa disparition“, in: Callebat [Hrsg.]: 163–177.
KREFELD, Thomas (1999): *Wortgestalt und Vokalsystem. Plädoyer für eine gestaltphonologische Rekonstruktion des romanischen Vokalismus*. Kiel: Westensee-Verlag.
KREMNITZ, Georg (1993): „Demokratische Alternativen in der Gegenwart: Spanien/Frankreich“, in: Bochmann u. a. [Hrsg.]: 426–472.
LANG, Jürgen (1998): *Die Ausgliederung der Sprachräume auf der Pyrenäenhalbinsel, II: Die phonische Ausgliederung*. Erlangen: Institut für Romanistik.
LANTOLF, James P. (1974): *Linguistic Change as a Socio-Cultural Phenomenon: A Study of the Old Spanish Sibilant Devoicing*. Ph. D. thesis, Pennsylvania State University.
LAPESA, Rafael ([9]1981): *Historia de la lengua española*. Madrid: Gredos.
LARA, Luís F. (2000): „La nueva ‚Ortografía‘ de la Academia y su papel normativo“, in: *Nueva Revista de Filología Hispánica* 48:1–23.
LAUSBERG, Heinrich (1956–1972): *Romanische Sprachwissenschaft*. Berlin: de Gruyter.
LÁZARO CARRETER, Fernando ([2]1985): *Las ideas lingüísticas en España durante el siglo XVIII* [[1]1949]. Barcelona: Editorial Crítica.
LÁZARO CARRETER, Fernando (1997): *El dardo en la palabra*. Barcelona: Galaxia Gutenberg.
LEBSANFT, Franz (1990): *Spanien und seine Sprachen in den Cartas al Director von El País (1976–1987)*. Tübingen: Narr.
LEBSANFT, Franz (1991): „La crisis del español de España – problema real o imaginario?“, in: *Actas del I Encuentro Franco-Alemán de Hispanistas*, Mainz 1989. Frankfurt a. M.: Vervuert, 338–347.
LEBSANFT, Franz (1996): „Das Spanische als Kultur- und Weltsprache. Anmerkungen zu neuen Lobreden (*elogios*) auf die Sprache aus der Sicht der Linguistik“, in: Schmitt, Christian/Schweickard, Wolfgang [Hrsg.]:

Kulturen im Dialog. Die iberoromanischen Sprachen aus interkultureller Sicht. Bonn: Romanistischer Verlag, 208–232.

LEBSANFT, Franz (1997): *Spanische Sprachkultur. Studien zur Bewertung und Pflege des öffentlichen Sprachgebrauchs im heutigen Spanien*. Tübingen: Niemeyer.

LEBSANFT, Franz (1998): „Spanische Sprachkultur: Monozentrisch oder plurizentrisch?“, in: Greule, Albrecht/Lebsanft, Franz [Hrsg.]: *Europäische Sprachkultur und Sprachpflege*, Tübingen: Narr, 255–276.

LEBSANFT, Franz (2000a): „Geschichte des Neuspanischen als Geschichte der Sprachkultur“, in: *Zeitschrift für romanische Philologie* 116: 197–212.

LEBSANFT, Franz (2000b): „Nation und Sprache: das Spanische“, in: Gardt, Andreas [Hrsg.]: *Nation und Sprache. Die Diskussion ihres Verhältnisses in Geschichte und Gegenwart*. Berlin/New York: Walter de Gruyter, 643–671.

LEBSANFT, Franz (2001): „Sprachverlust und Sprachausbau im Spanischen“, in: Ehlich, Konrad/Ossner, Jakob/Stammerjohann, Harro [Hrsg.]: *Hochsprachen in Europa. Entstehung, Geltung, Zukunft*, Freiburg i. Br.: Fillibach, 73–88.

LIPSKI, John (1994): *Latin American Spanish*. London/New York: Longman.

LLEAL, Coloma (1990): *La formación de las lenguas romances peninsulares*. Barcelona: Barcanova.

LLOYD, Paul M. (1987): *From Latin to Spanish*, Bd. I: *Historical phonology and morphology of the Spanish language*. Philadelphia: American Philosophical Society.

LOPE BLANCH, Juan M. (1986): *El estudio del español hablado culto*. México: UNAM.

LOPE BLANCH, Juan M. (1995): „El problema de la lengua española en América“, in: *Nueva Revista de Filología Hispánica* 43: 17–36.

LÓPEZ MORALES, Humberto (1998): *La aventura del español en América*. Madrid: Espasa Calpe.

LÜDTKE, Helmut (1968): *Geschichte des romanischen Wortschatzes*. Bd. 1, Freiburg: Rombach.

LÜDTKE, Helmut (1978): „Die Entstehung der romanischen Schriftsprachen“, in: Kontzi [Hrsg.]: 386–409.

LÜDTKE, Helmut (1989): „Prämissen für die Darstellung der romanischen Sprachgeschichte“, in: Raible [Hrsg.]: 1–10.

LÜDTKE, Helmut (1998): „Lateinisches Kultursuperstrat und Romanisch“, in: Holtus/Metzeltin/Schmitt [Hrsg.] (1988 ff.), Bd. VII: 499–517.

LÜDTKE, Helmut (1999): „L'objectif visé par la réforme linguistique carolingienne“, in: Petersmann, Hubert/Kettemann, Rudolf [Hrsg.]: *Latin vulgaire – latin tardif. Actes du Ve Colloque international sur le latin vulgaire et tardif, Heidelberg 5–8 septembre 1997*. Heidelberg: C. Winter, 41–48.

LUDWIG, Ralph (1995): „Sprache als Kultursymbol. Entwicklungen in der Frankophonie und Hispanophonie“, in: Raible, Wolfgang [Hrsg.]: *Kulturelle Perspektiven auf Schrift- und Schreibprozesse*. Tübingen: Narr, 187–214.

LUYKEN, Michaela (1994): *Das Galicische. Eine Fallstudie zur Verschriftungsproblematik romanischer Minderheitensprachen*. Wilhelmsfeld: Egert.

MACKAY, Angus ([5]1995): *La España en la Edad Media. Desde la frontera hasta el Imperio (1000–1500)*. Madrid: Cátedra.

MAKKI, Mahmoud (1994): „The Political History of al-Andalus (92/711–897/1492)“, in: Jayyusi [Hrsg.], Bd. 1: 3–87.

Manual del Español Urgente s. Agencia Efe

MARCOS MARÍN, Francisco (1992): „Periodisierung/Periodización“, in: Holtus/Metzeltin/Schmitt [Hrsg.] (1988 ff.), Bd. VI, 1: 602–607.

MARINER BIGORRA, Sebastián (1983): „Hispanische Latinität und sprachliche Kontakte im römischen Hispanien“, in: *ANRW* II, Bd. 29,2, Haase, Wolfgang [Hrsg.]: *Sprache und Literatur (Sprache und Schriften)*, 819–852.

MEIER, Harri (1978): „Die Herausbildung der portugiesischen Sprache“, in: Kontzi [Hrsg.]: 187–215.

MEISENBURG, Trudel (1996): *Romanische Schriftsysteme im Vergleich*. Tübingen: Narr.

MEISENBURG, Trudel (1999): „Überlegungen zum Diglossiebegriff“, in: Stehl, Thomas [Hrsg.]: *Dialektgenerationen, Dialektfunktionen, Sprachwandel*. Tübingen: Narr, 19–35.

MENÉNDEZ PIDAL, Gonzalo (1951): „Como trabajaron las escuelas alfonsíes“, in: *Nueva Revista de Filología Hispánica* 5: 363–380.

MENÉNDEZ PIDAL, Ramón (1950): „La lengua en tiempo de los Reyes Católicos“, in: *Cuadernos hispanoamericanos* 5: 9–24.

MENÉNDEZ PIDAL, Ramón (1962): „Sevilla frente a Madrid. Algunas observaciones sobre el español de América“, in: *Estructuralismo e historia. Homenaje A. Martinet*, La Laguna, Bd. 3: 99–165.

MENÉNDEZ PIDAL, Ramón ([6]1978): *La lengua de Cristóbal Colón*. Madrid: Espasa-Calpe.

MENÉNDEZ PIDAL, Ramón ([9]1979): *El idioma español en sus primeros tiempos*. Madrid: Espasa Calpe (= Colección austral 250).

MENÉNDEZ PIDAL, Ramón ([9]1980): *Orígenes del español. Estado lingüístico de la Península Ibérica hasta el siglo XI* [1926]. Madrid: Espasa Calpe.

MENÉNDEZ PIDAL, Ramón (1991): *La lengua castellana en el siglo XVII*. Madrid: Espasa Calpe.

METZELTIN, Michael/WINKELMANN, Otto (1992): „Die Sprachen der Iberischen Halbinsel und ihre Verbreitung“, in: Metzeltin/Holtus/Schmitt [Hrsg.], Bd. VI, 1: 1–36.

MEYER-LÜBKE, Wilhelm ([4]1968): *Romanisches etymologisches Wörterbuch*. Heidelberg: Winter = *REW*.

MICHELENA, Luis (1968): „L'euskaro-caucasien“, in: Martinet, André [Hrsg.]: *Le langage*. Paris: Gallimard, 1414–1437.

MOLINER, María ([2]1998): *Diccionario de uso del español*. 2 Bde., Madrid: Gredos.

MONDÉJAR CUMPIÁN, José (1981): *‚Castellano‘ y ‚español‘ dos nombres para una lengua*. Granada: Editorial Don Quijote.

MORENO BERNAL, Jesús (1993): „Les conditions de l'apocope dans les anciens textes castillans“, in: Selig [Hrsg.]: 193–206.

MÜHLSCHLEGEL, Ulrike (2000): *Enciclopedia, vocabulario, dictionario. Spanische und portugiesische Lexikographie im 17. und 18. Jahrhundert*. Frankfurt: Vervuert/Madrid: Iberoamericana.

MÜLLER, Bodo (1996): „Bezeichnungen für die Sprachen, Sprecher und Länder der Romania“, in: Holtus/Metzeltin/Schmitt [Hrsg.] (1988 ff.), Bd. II, 1: 134–151.

NEBRIJA, Antonio de (1492/1989): *Grámatica de la lengua castellana*. Estudio y edición Antonio Quilis, Madrid: Centro de Estudios Ramón Areces, [3]1989.

NEU-ALTENHEIMER, Irmela (1992): *Sprach- und Nationalbewußtsein in Katalonien während der Renaixença (1833–1891)*. Barcelona: Institut d'Estudis Catalans.

NEUMANN-HOLZSCHUH, Ingrid (1991): „Spanische Grammatiken in Deutschland“, in: Dahmen, Wolfgang u. a. [Hrsg.]: *Zur Geschichte der Grammatiken romanischer Sprachen*. Tübingen: Narr, 257–283.

NEUMANN-HOLZSCHUH, Ingrid (1992): „Spanisch: Grammatikographie“, in: Holtus/Metzeltin/Schmitt [Hrsg.] (1988 ff.), Bd. VI, 1: 616–635.

NEUMANN-HOLZSCHUH, Ingrid (1997): *Die Satzgliedanordnung im Spanischen*. Tübingen: Niemeyer.

NEUSCHÄFER, Hans-Jörg [Hrsg.] (1997): *Spanische Literaturgeschichte*. Stuttgart: Metzler.

NEUSCHÄFER, Hans-Jörg (1997a): „Das 19. Jahrhundert“, in: Neuschäfer [Hrsg.] 1997: 231–314.

NEUSCHÄFER, Hans-Jürgen (1997b): „Das 20. Jahrhundert“, in: Neuschäfer [Hrsg.] 1997: 315–402.

NIEDEREHE, Hans-Josef (1975): *Die Sprachauffassung Alfons des Weisen. Studien zur Sprach- und Wissenschaftsgeschichte*. Tübingen: Niemeyer (Spanisch: *Alfonso el Sabio y la lingüística de su tiempo*. Madrid 1987).

NIEDEREHE, Hans-Josef (1986): „Das ‚Universal Vocabulario‘ des Alfonso Fernández de Palencia (1490) und seine Quelle“, in: Quilis, Antonio/Niederehe, Hans-J. [Hrsg.]: *The History of Linguistics in Spain*. Amsterdam/Philadelphia: Benjamins, 39–54.

NIEDEREHE, HANS-JOSEF (1998): „El español en contacto con el francés“, in: García Turza, Claudio u. a. [Hrsg.]: *Actas del IV Congreso internacional de historia de la lengua española, abril 1997*. Logroño: Univ. de la Rioja: 103–125.

NOLL, Volker (1996): „Der arabische Artikel *al* und das Iberoromanische“, in: Lüdtke, Jens [Hrsg.]: *ROMANIA ARABICA. Festschrift für Reinhold Kontzi zum 70. Geburtstag*. Tübingen: Narr, 299–313.

NOLL, Volker (2001): *Das amerikanische Spanisch. Ein regionaler und historischer Überblick*. Tübingen: Narr.

OBEDIENTE SOSA, Enrique (1997): *Biografía de una lengua. Nacimiento, desarrollo y expansión del español*. Mérida: Universidad de Los Andes.

OESTERREICHER, Wulf (1995): „L'oral dans l'écrit. Essai d'une typologie à partir des sources du latin“, in: Callebat [Hrsg.]: 145–157.

OESTERREICHER, Wulf (2000): „Plurizentrische Sprachkultur – der Varietätenraum des Spanischen", in: *Romanistisches Jahrbuch* 51: 287–318.

ONIEVA MORALES, Juan Luis (1993): *La Gramática de la Real Academia Española (resumida y aclarada)*. Madrid: Playor.

PASTOR, José Francisco (1929): *Las apologías de la lengua castellana en el siglo de oro*. Madrid (Los Clásicos olvidados).

PENNY, Ralph (1993): *Gramática histórica del español*. Barcelona: Ariel Lingüística.

PENNY, Ralph (2000): *Variation and change in Spanish*. Cambridge: Cambridge University Press.

PENSADO, Carmen (1991): „How was Leonese Vulgar Latin read?", in: Wright [Hrsg.]: 190–204.

PENSADO, Carmen (1993): „Sobre el contexto del cambio *F* > *h* en castellano", in: *Romance Philology* 57: 147–176.

Poema de Mio Cid ([5]1987). Edición, introducción y notas de Ian Michael. Madrid: Castalia (Clásicos Castalia 75).

PRATT, Chris (1980): *El anglicismo en el español peninsular contemporáneo*. Madrid: Gredos.

QUESADA, Juan D. (1994): *Periphrastische Aktionsart im Spanischen*. Frankfurt a. M.: Lang.

RADATZ, Hans-Ingo (1993): „‚Katalanisch' oder ‚Valenzianisch'?: Zum sprachlichen Sezessionismus im Land València", in: *Zeitschrift für Katalanistik* 6: 97–120.

RAIBLE, WOLFGANG [Hrsg.] (1989): *Romanistik, Sprachtypologie und Universalienforschung*. Tübingen: Narr.

RAIBLE, Wolfgang (1996): „Relatinisierungstendenzen/Tendances de rélatinisation", in: Holtus/Metzeltin/Schmitt [Hrsg.] (1988 ff.), Bd. II, 1: 120–134.

RAMÍREZ, Arnulfo G. (1992): *El español de los Estados Unidos. El lenguaje de los hispanos*. Madrid: Mapfre.

REAL ACADEMIA ESPAÑOLA (1726–1739): *Diccionario de la lengua castellana* [= *Diccionario de Autoridades*]. 6 Bde., Madrid: Francisco del Hierro [Nachdruck Madrid: Gredos 1963].

REAL ACADEMIA ESPAÑOLA ([21]1992): *Diccionario de la lengua española*. 2 Bde., Madrid: Espasa Calpe.

REAL ACADEMIA ESPAÑOLA (1771/1984): *Gramática de la lengua castellana* [Madrid: Joachim de Ibarra, 1771], Edición facsímil y apéndice documental por Ramón Sarmiento, Madrid: Ed. Nacional.

REAL ACADEMIA ESPAÑOLA (1962): *Gramática de la lengua española*, nueva edición reformada de 1931. Madrid: Espasa Calpe.

REAL ACADEMIA ESPAÑOLA ([1]1973): *Esbozo de una nueva gramática de la lengua española*. Madrid: Espasa Calpe.

REHRMANN, Norbert/KOECHERT, Andreas [Hrsg.] (1999): *Spanien und die Sepharden. Geschichte, Kultur, Literatur*. Tübingen: Niemeyer.

REW s. MEYER-LÜBKE, Wilhelm.

RIVAROLA, José Luis (1990): *La formación lingüística de Hispanoamérica*. Lima: Pontificia Universidad Católica de Perú.

RODRÍGUEZ GONZÁLEZ, Félix/LILLO BUADES, Antonio (1997): *Nuevo diccionario de anglicismos*. Madrid: Gredos.

ROHLFS, Gerhard (1971): *Romanische Sprachgeographie*. München: Hueber.

ROTAETXE, Karmele (1997): „La Norma Vasca: codificación y desarrollo", in: *Revista española de lingüística* 17: 219–244.

SALA, Marius (1998): „Die romanischen Judensprachen", in: Holtus/Metzeltin/Schmitt [Hrsg.] (1988 ff.), Bd. VII: 372–395.

SALVADOR, Gregorio ([3]1990): *Lengua española y lenguas de España*. Barcelona: Ariel.

SARMIENTO, Ramón (1984) = Real Academia Española (1771/1984).

SCHMID, Beatrice (1992): „Spanisch: Geschichte der Verschriftung", in: Holtus/Metzeltin/Schmitt [Hrsg.] (1988 ff.), Bd. VI, 1: 414–427.

SCHMITT, Christian (1989): „Zur Ausbildung der Sprachnorm im Neuspanischen", in: Strosetzki/Tietz [Hrsg.]: 125–146.

SCHMITT, Christian (1990): „Bemerkungen zum normativen Diskurs in der Grammatik der ‚Real Academia Española'", in: Settekorn, Wolfgang [Hrsg.]: *Sprachnorm und Sprachnormierung. Deskription – Praxis – Theorie*. Wilhelmsfeld: G. Egert, 27–43.

SCHMITT, Eberhard [Hrsg.] (1984): *Die großen Entdeckungen. Dokumente zur Geschichte der europäischen Expansion*. Bd. 2, München: C. H. Beck.

SCHÜTZ, Jutta (1997): „Das 18. Jahrhundert", in: Neuschäfer [Hrsg.]: 185–230.

SCOTTI-ROSIN, Michael (1982): *Die Sprache der Falange und des Salazarismus*. Frankfurt a. M.: Lang.

SECO, Manuel/ANDRÉS, Olivia/RAMOS, Gabino (1999): *Diccionario del español actual*. 2 Bde., Madrid: Aguilar.

SELIG, Maria (1992): *Die Entwicklung der Nominaldeterminanten im Spätlatein.* Tübingen: Narr.

SELIG, Maria [Hrsg.] (1993): *Le passage à l'écrit des langues romanes.* Tübingen: Narr.

SEPHIHA, Haïm Vidal ([2]1979): *L'agonie des Judéo-Espagnols.* Paris: Ed. Entente.

SIGUAN, Miquel (1992): *España plurilingüe.* Madrid: Alianza Universidad.

SÖLL, Ludwig ([3]1985): *Gesprochenes und geschriebenes Französisch.* Berlin: E. Schmidt.

SOLÁ-SOLÉ, Josep M. (1983): *Sobre árabes, judíos y marranos y su impacto en la lengua y literatura españolas.* Barcelona: Puvill Libros.

STEFENELLI, Arnulf (1992): *Das Schicksal des lateinischen Wortschatzes in den romanischen Sprachen.* Passau: Wissenschaftsverlag Richard Rothe.

STEFENELLI, Arnulf (1996a): „Thesen zur Entstehung und Ausgliederung der romanischen Sprachen", in: Holtus/Metzeltin/Schmitt [Hrsg.] (1988 ff.), Bd. II, 1: 73–90.

STEFENELLI, Arnulf (1996b): „Gemeinromanische Tendenzen VIII. Lexikon und Semantik", in: Holtus/Metzeltin/Schmitt [Hrsg.] (1988 ff.), Bd. II, 1: 368–386.

STROSETZKI, Christoph [Hrsg.] (1991): *Geschichte der spanischen Literatur.* Tübingen: Niemeyer.

STROSETZKI, Christoph/TIETZ, Manfred [Hrsg.] (1989): *Einheit und Vielfalt der Iberoromania.* Hamburg: Buske.

TAGLIAVINI, Carlo ([2]1998): *Einführung in die romanische Philologie.* München: C. H. Beck.

TAMARÓN, Marqués de (1995): „El papel internacional del español", in: Tamarón, Marqués de [Hrsg.]: *El peso de la lengua española en el mundo.* Valladolid: Fundación Duques de Soria, 13–75.

TIETZ, Manfred (1997): „Mittelalter und Spätmittelalter", in: Neuschäfer [Hrsg.]: 1–68.

TORREJÓN, Alfredo (1993): *Andrés Bello y la lengua culta. La estandarización del castellano en América en el siglo XIX.* Boulder (Colorado): Society of Spanish and Spanish-American Studies.

TOVAR, Antonio (1982): „La sonorisation et la chute des intervocaliques phénomène latin occidental", in: Kontzi [Hrsg.]: 252–273.

TOVAR, Antonio (1985): „La inscripción del Cabeço das Fráguas y la lengua de los lusitanos", in: Hoz, Javier de [Hrsg.]: *Actas del III Coloquio sobre lenguas y culturas paleohispánicas (Lisboa, 5–8 noviembre 1980).* Salamanca: Ed. Universidad de Salamanca, 227–253.

TOVAR, Antonio ([3]1989): *Einführung in die Sprachgeschichte der Iberischen Halbinsel.* Tübingen: Narr.

UNTERMANN, Jürgen (1961): *Sprachräume und Sprachbewegungen im vorrömischen Hispanien.* Wiesbaden: Harrassowitz.

UNTERMANN, Jürgen (1980): „Hispania", in: Neumann, Günter [Hrsg.]: *Die Sprachen im römischen Reich der Kaiserzeit.* Köln, 1–17.

VÄÄNÄNEN, Veikko ([3]1981): *Introduction au latin vulgaire.* Paris: Klincksieck; spanische Übersetzung: *Introducción al latín vulgar.* Madrid 1982.

VÄÄNÄNEN, Veikko (1983): „Le problème de la diversification du latin", in: *ANRW* II, Bd. 29,1, Haase, Wolfgang [Hrsg.]: *Sprache und Literatur (Sprache und Schriften),* 480–506.

VALDÉS, Juan de (1535/1969): *Diálogo de la lengua,* hrsg. von Lope Blanch, Juan. Madrid: Castalia.

VICENS VIVES, Jaime ([9]1977): *Atlas de historia de España,* Barcelona: Editorial Teide.

WARTBURG, Walther von (1936): „Die Ausgliederung der romanischen Sprachräume", in: Kontzi [Hrsg.] 1978: 53–122.

WARTBURG, Walther von (1950): *Die Ausgliederung der romanischen Sprachräume.* Bern: Francke.

WEINRICH, Harald ([2]1969): *Phonologische Studien zur romanischen Sprachgeschichte.* Münster: Aschendorff.

WEINRICH, Harald (1980): „Anekdotisches zur spanischen Sprachgeschichte im Siglo de Oro", in: Izzo, Herbert J. [Hrsg.]: *Italic and Romance. Linguistic Studies in honor of Ernst Pulgram.* Amsterdam: Benjamins, 263–272.

WEINRICH, Harald (1985): „Das spanische Sprachbewußtsein im Siglo de Oro", in: ders.: *Wege der Sprachkultur.* Stuttgart: Deutsche Verlags-Anstalt, 155–181.

WEIßKOPF, Ralf (1994): *System und Entwicklung der spanischen Orthographie.* Wilhelmsfeld: G. Egert.

WINKELMANN, Otto (1995): „Die Lage der romanischen Minderheitensprachen in Spanien", in: Kattenbusch, Dieter [Hrsg.]: *Minderheiten in der Romania.* Wilhelmsfeld: G. Egert, 61–79.

WIPPICH-ROHÁCKOVÁ, Katrin (2000): *„Der Spannisch Liebende Hochdeutscher". Spa-*

nischgrammatiken im 17. und frühen 18. Jahrhundert. Hamburg: Buske.

WOLF, Heinz Jürgen (1991): *Glosas Emilianenses*. Hamburg: Buske.

WOLF, Lothar/HUPKA, Werner (1981): *Altfranzösisch. Entstehung und Charakteristik. Eine Einführung*. Darmstadt: Wissenschaftliche Buchgesellschaft.

WRIGHT, Roger (1982): *Late Latin and Early Romance in Spain and Carolingian France*. Cambridge: Francis Cairns.

WRIGHT, Roger [Hrsg.] (1991): *Latin and the Romance Languages in the Early Middle Ages*. London/New York: Routledge.

WRIGHT, Roger (1994): *Early Ibero-Romance. Twenty-one studies on language and texts from the Iberian Peninsula between the Roman Empire and the Thirteenth Century*. Newark, Delaware: Juan de la Cuesta.

WRIGHT, Roger (1996): „Latin in Spain: Early Ibero-Romance", in: Nielsen, Hans Frede/ Schøsler, Lene [Hrsg.]: *The Origins and Development of Emigrant Languages*, Odense: Odense University Press, 277–298.

ZAMORA VICENTE, Alonso ([2]1970): *Dialectología española*. Madrid: Gredos.

Register